TAYLOR SWIFT

TAYLOR SWIFT

LA HISTORIA COMPLETA

Chas Newkey-Burden

HarperCollins *Español*

Los libros de HarperCollins Español pueden ser adquiridos con fines educativos,
empresariales o promocionales. Para más información, envíe un correo
electrónico a SPsales@harpercollins.com.

Título original: *Taylor Swift: The Whole Story*

Primera edición en inglés publicada por HarperCollins Publishers en el Reino
Unido, 2014

Edición revisada y actualizada, 2024

PRIMERA EDICIÓN DE HARPERCOLLINS ESPAÑOL, 2025

Traducción: Tamara Pachón

Diseño: Yvonne Chan

Este libro ha sido debidamente catalogado en la Biblioteca del Congreso de los
Estados Unidos.

ISBN 978-0-06-341665-9

25 26 27 28 29   HDC   10 9 8 7 6 5 4 3 2 1

TAYLOR
SWIFT

· INTRODUCCIÓN ·

CUANDO TAYLOR SWIFT RECORDABA EL 2013, NO podía creer lo cruciales que fueron esos doce meses para ella. Su cuarto álbum, *Red*, había hecho que las ventas de sus discos superaran los veintiséis millones de dólares. Para ese año sus canciones se habían descargado setenta y cinco millones de veces, lo que la convertía en la artista con el mayor número de sencillos digitales de todos los tiempos.

Los logros de Taylor son aún más impresionantes si se comparan con los de otros artistas. Por ejemplo, a principios de ese año, se convirtió en la primera artista, desde los Beatles, en ocupar el primer lugar durante seis o más semanas con tres álbumes consecutivos.

Alcanzó estos logros tan excepcionales antes de cumplir veinticuatro años. A pesar de ser una artista muy joven, en 2013 los Country Music Association Awards le otorgaron el Pinnacle Award —un premio a toda una carrera—, como si fuera una veterana de la industria. La mayoría de las instituciones suele conceder este tipo de premios a artistas que rondan los cincuenta años o más. En la ceremonia de premiación emitieron un video tributo en el que Julia Roberts, Justin Timberlake y Mick Jagger elogiaban el talento y la influencia de Taylor.

Mientras que la industria de la música country, que escuchan los mayores, la trata como a una estadista de mediana edad, el mercado del pop, que mueven los adolescentes, la reconoce con entusiasmo como a una de los suyos. Las publicaciones musicales serias la reverencian, y las revistas de chismes y farándula están obsesionadas con su vida amorosa. ¿Quién más que ella podría llevar el banjo al mundo del pop con tanta gracia y estilo?

Taylor es la princesa de la paradoja. Mientras que algunos artistas se sienten atrapados por los géneros musicales y enfrascados en su propia imagen, a Taylor esto no la inquieta. Además de sumergirse en las aguas del pop, ha escrito canciones osadas para escenarios enormes y ha experimentado hasta con el dubstep.

Esta chica encantadora y llena de contrastes puede, en el mismo álbum, susurrar letras de canciones que ofrecen una perspectiva tierna y dulce del amor y el romance, para luego escupir coros furiosos que hablan de venganza, rebeldía o denuncia. Es una rubia convencionalmente guapa que sin embargo se comporta como el típico *outsider* desgarbado.

En una época de espectáculos subidos de tono como los que protagonizan Rihanna y Lady Gaga, Taylor se presenta como una estadounidense pulcra y saludable, una diva recatada y dulce como el pastel de manzana. Apenas unas semanas después de que su amiga Miley Cyrus causara revuelo mundial por hacer *twerking* en una entrega de premios, Taylor, elegantemente, acaparaba los titulares a su manera: compartiendo micrófono con el

príncipe William y Jon Bon Jovi en un lujoso evento de benefi-
cencia que se celebró en los jardines de Kensington.

Así, ese año que Taylor empezó besando en Manhattan a
Harry Styles, el rompecorazones de One Direction, lo terminó
chocando los cinco con el futuro rey de Inglaterra. Mientras tanto, la portada de la influyente revista *New Yorker* la llamaba «La
mayor estrella de pop del mundo». La también reconocida —y
más bien seria— revista *Rolling Stone* se sumó a la letanía de
elogios para Taylor. Refiriéndose a su actuación durante la gira
Red, la revista afirmó: «Ver a Taylor Swift en vivo en 2013 es ver
a una virtuosa en su mejor momento».

En apariencia, Taylor se hacía la desentendida y actuaba
como si todas estas experiencias fueran algo normal. Por dentro,
sin embargo, no podía creer lo emocionante que se había vuelto
su vida. Todo esto distaba mucho del mundo en el que había
crecido.

· CAPÍTULO 1 ·

TODO PUDO HABER SIDO TAN DISTINTO... TAYLOR Swift no estaba destinada a ser cantante ni compositora, se suponía que iba a ser corredora de bolsa. Incluso sus padres escogieron su nombre de pila pensando en el mundo de los negocios. Su madre, Andrea, eligió para su hija un nombre que podía ser de cualquier género, para que cuando creciera y buscara trabajo en el sector financiero, dominado por hombres, nadie supiera si era hombre o mujer. Era un plan pensado desde el amor, pero que nunca se haría realidad. En lugar de esto, millones y millones de fans en todo el mundo sabrían exactamente cuál era el género de la primogénita de Andrea sin siquiera haberla conocido.

En «The Best Day», una conmovedora canción en la que Taylor evoca una infancia maravillosa, le canta a un padre «excelente» cuya «fuerza me hace más fuerte». Este padre excelente es Scott Kingsley Swift, quien estudió Negocios en la Universidad de Delaware. Vivió en la residencia estudiantil Brown, donde hizo muchos amigos; entre ellos, Michael DiMuzio, quien se cruzaría profesionalmente con Taylor tiempo después. Scott se graduó con honores y se dedicó a desarrollar una carrera profesional impresionante. Quizá Taylor lleve el don para los negocios en la sangre: su padre y su abuelo también trabajaron en finanzas.

Scott fundó su propia banca de inversión, una empresa llamada Swift Group, que ofrecía asesoramiento financiero claro y bien informado bajo el auspicio de Merrill Lynch. El padre de Taylor se incorporó a esta empresa de renombre mundial en la década de 1980 y ascendió rápidamente hasta convertirse en el primer vicepresidente. Debido a su trabajo viajaba a menudo y fue en uno de esos viajes, a Harris, Texas, donde conoció a una joven seis años menor que él, llamada Andrea Gardner Finlay. Al igual que él, trabajaba en finanzas pero desde una agencia de publicidad, como directora de marketing; también era decidida y tenía mucho empuje.

Aunque descubrieron que tenían mucho en común, cuando Scott se le cruzó en el camino por primera vez, Andrea estaba concentrada en su carrera y no pensaba en el matrimonio. Había tenido que esforzarse mucho para entrar en el sector financiero, que a finales de los setenta era un espacio casi exclusivamente masculino. Pero lo había conseguido, y podía darse el lujo de sentirse muy satisfecha al respecto. Más tarde Taylor le contaría a un entrevistador de televisión que, antes de conocer a Scott, su madre tenía «una carrera propia y vivía sola». También era económicamente independiente. Conocer esta parte del pasado de Andrea infundió en Taylor un enorme respeto por su madre, y moldeó su forma de pensar el trabajo y la vida.

Después de haber trabajado duro y haber sido tan fuerte, Andrea no estaba dispuesta a perder de vista su objetivo. Sin embargo, Scott le derritió el corazón y pronto se enamoraron. Se casaron en Texas el 20 de febrero de 1988, y luego se mudaron a Pensilvania, estableciéndose en West Reading, en el condado de Berks. Luego, cuando tenía treinta años, Andrea descubrió que estaba embarazada de su primera hija. La niña nació el 13 de diciembre de 1989 en Wyomissing. La llamaron Taylor Alison, y desde pequeña demostró el talante de estrella que la llevaría a la fama. A las pocas horas de nacer, la bebé ya había impresionado a un miembro del personal del hospital. Uno de los pediatras le dijo a Andrea: «Es una niña muy buena, ¡pero sabe exactamente lo que quiere y cómo conseguirlo!». En ese momento, Andrea se preguntó qué demonios quería decir ese hombre. ¿Cómo podía conocer la personalidad de una bebé que había nacido hacía solo unas horas? Con el tiempo, Andrea tendría que reconocer que la impresión de ese hombre había dado directo en el clavo.

Para quienes creen en la teoría del orden de nacimiento, según la cual una parte importante del carácter y la experiencia vital de una persona viene determinada por el orden en que nace en la familia (si es primogénito, el hijo del medio, hijo único o el último), el hecho de que Taylor sea primogénita es relevante. Los primogénitos disfrutan de la atención ininterrumpida de sus padres hasta que llega un hermano o hermana. Entre las características típicas de los primogénitos están un marcado afán por agradar y una mayor tendencia a ajustarse a las normas. Sin embargo, es probable que los primogénitos sean más responsables o muestren signos de liderazgo en momentos de crisis.

También pueden ser cariñosos y afectuosos, pero son vulnerables a episodios de autocrítica y celos, emociones que se desencadenaron por primera vez el día en que se dieron cuenta de que ya no eran los hijos únicos en el hogar, y vieron que la atención y el afecto de sus padres se dirigían, en gran parte, a otra persona. Los astrólogos, por su parte, atribuyen rasgos distintos al signo zodiacal de Taylor, sagitario. Se dice que los nacidos bajo este signo son, en el aspecto positivo, honestos, generosos y rezuman carisma. En el menos positivo, también pueden ser imprudentes, superficiales y no tener mucho tacto. Otros sagitarianos famosos son Nicki Minaj, Jimi Hendrix, Frank Sinatra y Brad Pitt.

Taylor pasó sus primeros años en una granja de cuatro hectáreas y media, situada en el municipio de Cumru, que había sido del padre de Scott y donde sembraban árboles de navidad. La granja le daba a la familia unos ingresos adicionales muy útiles y les permitía vivir cada vez mejor a medida que Taylor crecía. A ella, la granja le parecía enorme. «Era el lugar más mágico y maravilloso del mundo», declaró. Podía corretear por ahí y dar rienda suelta a su imaginación, lo que sería clave para su desarrollo emocional y creativo. Mientras que a algunos jóvenes la infancia les destruye todas sus aspiraciones artísticas, la de Taylor alimentó y alentó sus sueños. En su inspirador libro *El camino del artista,* Julia Cameron explica de un modo bastante convincente la importancia de la infancia para cualquier joven con aspiraciones creativas. Si a Taylor le hubieran cortado las alas de niña, tal vez habría terminado trabajando en finanzas, tal como sus padres habían previsto en un principio: habría sido otra aspirante a artista que se perdía en el camino.

A los tres años, nació su hermano menor, Austin, el 11 de marzo de 1992. Dos años después, Andrea decidió dejar de lado su carrera y dedicarse exclusivamente a ser madre. Pero la influencia de Andrea en Taylor siguió siendo profunda. «Me educó para ser lógica y práctica —dice Taylor—. Me crie con una mujer muy fuerte en mi vida y creo que eso tuvo mucho que ver con que no quisiera hacer nada a medias». Taylor considera a sus padres opuestos complementarios. Scott compensa la personalidad racional y realista de Andrea y es, según ella, «un osito de peluche gigante que me dice que todo lo que hago es perfecto». Según Taylor, Andrea es «realista», y su padre optimista: siempre tiene «la cabeza en las nubes».

Su padre, sin embargo, no es de esos soñadores que ven siempre el vaso medio lleno: sus sólidos conocimientos financieros han sido de gran ayuda para Taylor, sobre todo desde que se hizo famosa. «Es brillante para los negocios», afirma. Aunque sus padres planeaban para ella un futuro en las finanzas, Taylor tenía en mente otra cosa. A los tres años empezó a cantar, e incluso hizo una impresionante interpretación del clásico «Unchained Melody» de los Righteous Brothers, todo un desafío vocal. Disfrutaba la sensación de cantar con su voz de niña las letras de las canciones, y a temprana edad descubrió que tenía buena memoria para las palabras y las melodías. Cuando Scott y Andrea la llevaban al cine, cantaba las canciones de la banda sonora de camino a casa; era capaz de memorizar la letra y la melodía con solo escucharla una vez. Taylor declaró al *Daily Mail* que sus padres «se espantaban» de esta habilidad para la memoria musical. «Lo que más retengo es la música», agregó.

¿De dónde había salido esta magia? Si queremos saber en qué rama el árbol genealógico de Taylor se desvió hacia la música, tenemos que retroceder una generación hasta llegar a la abuela materna, Marjorie Finlay. Finlay, una mujer carismática y llena de vida, llegó a ser una cantante de ópera exitosa y admirada en muchos países del mundo. Se casó con un hombre cuyo trabajo en la industria petrolera la llevó por todos lados, lo que le permitió actuar en lugares tan disímiles como los Estados Unidos, Singapur y Puerto Rico.

Diez años después de dar a luz a Andrea, Finlay y su familia se establecieron en los Estados Unidos. Allí le ofrecieron varias oportunidades, como la de ser parte de la Gran Ópera de Houston. Actuó en óperas como *El barbero de Sevilla*, de Rossini, y *La novia vendida*, de Smetana, y en otras producciones más convencionales como *West Side Story*, de Bernstein. También se desempeñó como presentadora de televisión, y en Latinoamérica condujo un programa importante de variedades que se llamaba *The Pan American Show*. Era un personaje entusiasta y a menudo cómico. Taylor declaró a la revista *Wood & Steel* que el español de su abuela era tan malo que se convirtió en una broma para algunos televidentes, a quienes les parecía «para morirse de risa».

Marjorie le heredó a su nieta ese carisma. Scott señala varios parecidos entre su suegra y su hija. «Las dos tenían una especie de magia que les permitía aprenderse enseguida los nombres de todo el mundo —afirma—. Taylor tiene la gracia y el físico de la madre de Andrea... Marjorie tenía esta cualidad única: adonde fuera, todos literalmente la amaban». Taylor, que recuerda la «emoción» de oír cantar a su abuela, también notaba su carisma y le gustaba la mujer que veía en ella. «Cuando entraba a algún lugar, sin importar lo que estuvieran haciendo, todos volteaban a mirarla», dijo Taylor al *Sunday Times*. Ese «algo» que vio en Marjorie le dio a Taylor lo que muchos niños buscan en los adultos. Hizo que su abuela fuera «diferente a todos los demás». Y ella quiso ser igual.

A pesar de su herencia familiar en la industria del entretenimiento, Taylor creció en una familia normal. Los Swift son una familia católica y Taylor hizo el preescolar en la Escuela Alvernia Montessori, dirigida por monjas. «Siempre le gustó cantar», declaró la directora de la escuela, la hermana Anne Marie Coll, al *Reading Eagle*. La familia iba con frecuencia a la iglesia y las misas le dieron a Taylor aún más experiencia en el canto, ya que podía entonar los himnos. A los seis años, Taylor comenzó a escuchar música en serio. Una de las primeras artistas que le llamó la atención fue LeAnn Rimes, la cantante de country/pop que saltó a la fama a los catorce años.

Swift tuvo que abrirse su propio camino para descubrir los encantos de Rimes, ya que ese tipo de música no era común en su casa. Andrea, por ejemplo, era fan de artistas más roqueros, como Def Leppard. Taylor cuenta que su madre escuchaba mucho esta banda cuando estaba embarazada de ella. Sin embargo, los Swift «tenían un gusto musical más bien ecléctico», y esto hizo que Taylor pudiera encontrar también ahí su lugar. «LeAnn Rimes fue mi primer acercamiento a la música country —declaró en *The Guardian*—. Compré su primer álbum cuando tenía seis años. Me encantó que pudiera hacer música y tener una carrera siendo tan joven».

También se enamoró de otras artistas como Shania Twain y Dixie Chicks. Después exploró la historia de la música country y, para su alegría, descubrió artistas mayores, como Patsy Cline y Dolly Parton. Se «obsesionó» con el sonido y con la posibilidad de contar historias que ofrecía el género. «Me sentía identificada. No sé muy bien por qué. Fue intuitivo». A los diez años, no podía contener la admiración que sentía por Shania Twain. A Taylor le impresionaba lo independiente que era esta artista y que «componía todas sus canciones». Así lo declaró a la revista *TIME*: «Eso significaba mucho para mí, incluso a los diez años.

Saber que las historias que contaba en esas canciones eran su propia vida».

Mientras tanto, Taylor seguía mostrando que tenía la misma estrella de su famosa antepasada. Quizá fue de su abuela de quien heredó el carisma. Andrea aún recuerda que, cuando Taylor tenía cinco años, organizó una sesión de fotos familiares para las tarjetas de Navidad. En una entrevista con la revista *Sugar,* Andrea recordó que su hija «posaba muy bien» para las fotos. Tanto que el fotógrafo sugirió que Taylor podría hacer una carrera como modelo infantil en Los Ángeles. Consciente de las potenciales situaciones sórdidas que podría traer ser parte de esta industria, Andrea decidió que ese no era el camino que quería para su hija.

En lugar de eso, Taylor empezó a hacer un recorrido más artístico, pero no relacionado exclusivamente con la música. Según declaró al *Washington Post,* desde niña, escribir se convirtió en una obsesión para ella. «Para mí, escribir es algo involuntario —afirmó—. Siempre estoy escribiendo». Esa obsesión comenzó con una fascinación por la poesía, y «por tratar de encontrar la combinación perfecta de palabras, la cantidad perfecta de sílabas y la rima perfecta para hacer que el poema cobrara vida propia». Al igual que con la música, descubrió que los poemas que leía se le quedaban grabados; repetía las rimas pegadizas que había leído e intentaba inventar unas propias. En la escuela, cuando el profesor de Lengua y Literatura les pedía que escribieran sus propios poemas, muchos de los compañeros de Taylor se quejaban. Ella no. Antes de darse cuenta, había escrito tres páginas de poemas rimados. Varios le quedaron muy bien.

Cuando estaba en cuarto grado, se presentó a un concurso nacional de poesía con una obra que había escrito titulada *Un monstruo en mi armario*. Le hacía mucha ilusión competir. La obra incluía los versos: «Hay un monstruo en mi armario, no sé bien qué hacer / ¿Lo has visto alguna vez? / ¿Se te ha tirado encima?». El texto se convirtió en un poema largo que Taylor escogió deliberadamente de su colección. «Elegí el más efectista que tenía; no quería que fuera muy oscuro», dijo. Ganó, y el triunfo le quedó gustando, la idea de aprovechar este éxito para escribir versos cada vez más impactantes empezó a «consumirla».

También le gustaba mucho leer cuentos, entre ellos *The Giving Tree*, un libro infantil escrito e ilustrado por Shel Silverstein. Publicado por primera vez en los años sesenta, el libro cuenta la historia de una mujer-árbol y un hombre que se hacen amigos. Taylor también disfrutaba la serie *Amelia Bedelia,* escrita primero por Peggy Parish y ahora por su sobrino Herman Parish. Los cuentos se volvieron una pasión para ella; le encantaba oírlos y contarlos. «Me quería pasar el día hablando y escuchando cuentos», le dijo a la periodista y presentadora Katie Couric. «Volvía loca a mi madre», añadió. Por lo general se rehusaba a irse a dormir si no le leían un cuento. «Y siempre quería oír uno nuevo». Estas lecturas encendieron una chispa creativa en ella. Andrea recuerda que, de niña, Taylor «escribía todo el tiempo». Cree que si su hija no hubiera triunfado como música, habría intentado ser escritora o periodista. Todavía es posible que siga ese otro camino. Un verano, durante unas largas vacaciones de la escuela, Taylor llegó a escribir una novela. Fue un esfuerzo de 350 páginas del que no ha dado muchos detalles. Pero tampoco ha descartado publicarla algún día, así que quizás las y los Swifties puedan llegar a leer su historia: tendría muchas ventas garantizadas.

A los lectores no debería sorprenderles si esta novela llegara a tener algo de oscuridad. De niña Taylor imaginaba historias y tramas con ardillas y pájaros muertos, víctimas de los gatos del establo. A pesar de su apariencia de típica rubia angelical estadounidense, estos momentos sugieren que Taylor tiene también un lado oscuro. Escribía relatos cortos que impresionaban a sus tutores, quienes consideraban que tenía un dominio del inglés muy avanzado para su edad. El entorno en la granja de árboles de navidad estimuló su imaginación. Mientras corría por ahí, podía «imaginarse historias y cuentos de hadas con elementos de la vida cotidiana», recuerda.

La granja también le ofreció a Taylor algún trabajito remunerado durante su infancia. Le encargaban una labor extraña: tenía que sacar los huevos que ponían las mantis religiosas en los árboles. Era una tarea importante porque evitaba que las casas de la zona se infestaran de insectos. Así que Taylor andaba entre los numerosos árboles de Navidad quitando todos los huevos que podía. En alguna ocasión se olvidó de revisar unos árboles y las mantis religiosas invadieron las casas de los vecinos. «Había cientos de miles —recordó durante una entrevista con Jay Leno en *The Tonight Show*—. Tenían niños pequeños y no podían matar a los insectos porque habría sido una Navidad fea».

A pesar de percances como este, cuando niña rara vez la disciplinaban con dureza, sobre todo porque desde pequeña demostró ser su crítica más dura, una especie de mandona de sí misma. «Cuando me portaba mal de niña, me mandaba yo misma a mi cuarto», le contó al *Daily Mail*. Andrea no era permisiva ni poco firme —de hecho, todo lo contrario—, pero dudaba de disciplinar a Taylor porque su hija ya era «muy dura consigo misma». Entonces, no sabía lo que quería hacer para ganarse la vida. Le decía a la gente que iba a ser agente de bolsa, pero, a pesar de que venía de una familia que trabajaba en ese sector, ni siquiera sabía en qué consistía ese trabajo. Sus amigas le decían que querían ser bailarinas o astronautas. «Y yo decía: "Voy a ser asesora financiera"», afirma.

Adaptarse a la realidad de la vida en el campo había sido un esfuerzo para Scott y para Andrea, sobre todo para él, que vivía una vida de contrastes: durante el día tenía un trabajo financiero de alto nivel en la ciudad y, al llegar a casa, hacía labores rurales. A Taylor, por su parte, le sentaba fantástico la vida en el campo. Paseaba en pony por los senderos, montaba en tractor, construía fuertes en el granero, vagaba por los huertos de frutas y adoptaba mascotas entre las abundantes criaturas que había en el bosque. Esta vida cercana a la tierra y su amor por la naturaleza influirían en su música durante los años venideros. De forma más inmediata, influyó en su aspecto: andaba con el pelo enmarañado y sin peinar. Desde entonces, Taylor ha dicho que está feliz de haber vivido en un «lugar» en el que podía ser «una niña loca con el pelo enredado».

Conforme se acercaba a los diez años, la Taylor aficionada al country sumaba el pop a sus gustos musicales, o al menos lo intentaba. Entre los grupos que escuchaba estaban Natasha Bedingfield, las Spice Girls y Hanson. En su cuarto álbum de estudio, *Red*, pueden escucharse algunos guiños a estos tres grupos. También escuchaba a los Backstreet Boys y a Britney Spears, y hacía coreografías de sus mejores éxitos con sus amigos. Taylor no coquetearía mucho tiempo con el pop pero, mientras le duró la fascinación, fue divertido.

A los diez años decidió que quería actuar. Ya había participado en pequeñas producciones locales, incluida una obra en la que interpretó a un personaje masculino que se llamaba Freddy

Fast Talk. A Taylor, el hecho de que el personaje fuera hombre, y además un *tipo malo*, le daba igual. «Pensé: "Pues me visto de hombre; quiero cantar esa canción"», afirmó. El siguiente paso en esa dirección fue cuando vio que un teatro infantil local, la Berks County Youth Theatre Academy, ponía en escena *Charlie y la fábrica de chocolate*, el clásico de Roald Dahl. Fue a verla y le encantó: sintió el deseo de estar ella misma en el escenario. A los pocos días estaba de vuelta en el teatro haciendo una audición para un papel en *Annie*, el espectáculo siguiente. Causó una impresión lo suficientemente buena como para que la aceptaran en el grupo. Allí tuvo una experiencia importante: conoció a otros jóvenes que eran como ella; tenían ganas de actuar y de alcanzar el éxito. Había mucha competencia y a veces también celos, pero al menos la determinación de estos chicos animaba a Taylor y le aseguraba que mejoraría sus habilidades y se mantendría concentrada. Entre esas paredes se alimentaron las ambiciones de Taylor.

Con el tiempo, se daría cuenta de que tenía varias cosas a su favor en el grupo de teatro: por ejemplo, era alta y se imponía en el escenario, como requerían los papeles protagónicos. Sin embargo, al llegar allí por primera vez, pensó que su altura sería una desventaja, ya que la hacía destacarse entre sus compañeros. Esto se sumó a la ansiedad que sentía esos primeros días. Afortunadamente, consiguió el papel en *Annie*, aunque era un rol menor. Según una fuente, prácticamente todos los que audicionaron consiguieron un papel en la obra.

Aun así, la confianza que le dio su experiencia en *Annie* le ayudó a conseguir su primer rol como protagonista en el conocido musical *The Sound of Music* (en español, *La novicia rebelde*). Asumió el papel con confianza, tanta que, contrariando los procedimientos habituales del grupo de teatro, no descansó durante la mitad de las actuaciones de los fines de semana. Al contrario, actuó en todas las presentaciones. Luego consiguió otro papel como protagonista, el de Sandy en la producción teatral de *Grease*.

Al interpretar las canciones de Sandy, Taylor se dio cuenta de que su voz tenía un tono que claramente venía de la música country. «Era casi lo único que había escuchado, así que supongo que era algo natural», declaró al canal Great American Country. A partir de ahí, lo demás es historia: dice que allí mismo decidió que «lo que tenía que hacer era música country».

Mientras tanto, se tomaba en serio su ambición de triunfar en el mundo de los musicales. Viajó a Nueva York para participar en audiciones en Broadway, pero también en teatros menos conocidos. Su profesor de canto, Kirk Cremer, se convirtió en su mánager no oficial en estas excursiones. Hacía que le tomaran fotos profesionales y la acompañaba a las audiciones en Manhattan. En una charla con *Inquirer Entertainment*, Taylor recuerda hacer «fila en un largo pasillo con un montón de gente». Más tarde, de vuelta en su ciudad natal, aceptó otro papel como protagonista en la producción *Bye Bye Birdie*. En esta obra interpretó a Kim MacAfee, una mujer que estaba secretamente enamorada de una estrella de rock. Esta obra tuvo menos éxito que las anteriores y la producción se vio afectada por varios problemas. Pero para entonces Taylor ya había decidido que su futuro estaba en la música country, así que pudo sobrellevar la decepción.

Desde que se hizo consciente de ello inició un proceso que continúa hoy a una escala mucho mayor: buscar oportunidades para cantar sus canciones favoritas en vivo, frente a un público. Empezó con el karaoke, al principio en el mismo karaoke del teatro. Elegía las canciones que le gustaban y se las cantaba a sus compañeros de actuación en las fiestas; disfrutaba tanto la experiencia que sentía que era «lo que más me gustaba». Recibía muchos elogios en el karaoke. Una noche, mientras Taylor cantaba otro clásico de la música country, alguien se acercó a Andrea y le dijo que era eso lo que su hija debía hacer para ganarse la vida. Los Swift tenían esa misma sensación.

Solo tenía que salir de ahí y cantar para otros públicos. Un lugar que solía frecuentar era el Pat Garrett Roadhouse, donde participaba en concursos de karaoke. Este bar lleno de humo no era tan apropiado para una preadolescente, pero sus padres entendieron lo que significaba para ella y la dejaban ir a competir, siempre y cuando estuvieran presentes en todo momento. Aunque se dice que uno de los padres del grupo de teatro acusó a Andrea y a Scott de ser esa especie temida de padres demasiado exigentes, Taylor prefiere ver el apoyo de los suyos como una forma de «empoderarla», no de presionarla.

En declaraciones a la Country Music Television, Taylor habló un poco más sobre su manera de ver la paternidad y a los padres que presionan a sus hijas o hijos. En su opinión, decirle a un niño que puede ser lo que quiera cuando sea grande y que debe seguir sus sueños es solo una parte. También se necesita que los padres se crean de verdad lo que dicen: «Mis padres en verdad se lo creían», dice. Tiene claro, sin embargo, que su madre y su padre «nunca la presionaron». En efecto, si lo hubieran hecho probablemente habría tenido mucho menos éxito, agrega.

Taylor iba al local de Pat Garrett todas las semanas. Puede que sus padres no fueran insistentes, pero ella sí, y estaba orgullosa de serlo. «Me la pasaba metida ahí —le dijo a *CMT News*—. No los dejaba en paz. Tenían estos concursos de karaoke... Y yo iba hasta que ganaba». También tocaba la guitarra en diferentes sitios, incluyendo cafés e incluso en reuniones de los Boy Scouts.

Su persistencia daba frutos, y venían en camino éxitos aún más grandes. Una vez, ganó un concurso de karaoke al cantar «Big Deal», de LeAnn Rimes. Como parte del premio, le ofrecieron ser telonera de la leyenda de la música country Charlie Daniels. Ya había cautivado a los escasos asistentes a los karaokes, así que Taylor empezó a buscar un público más grande. Una de sus metas más altas eran los equipos deportivos que necesitaban a alguien para que cantara el himno nacional en sus partidos. Los Reading Phillies, el equipo local de béisbol, fueron uno de los primeros equipos que la invitaron a cantar. Luego de actuar algunas veces para ellos, apuntó aún más alto. Para ella, era una ecuación sencilla. «Me di cuenta de que si lograba cantar esa sola canción, podría presentarme ante 20 000 personas sin tener ni siquiera un contrato discográfico», diría más tarde a la revista *Rolling Stone*.

Cantó en el torneo de tenis del US Open y luego en un partido de los Philadelphia 76ers. Era abril de 2002. Taylor se veía increíblemente patriótica cuando subió al escenario con una blusa estampada de banderitas estadounidenses. Cuando recuerda esa noche, le da risa lo nerviosa que se veía. En efecto, «estaba nerviosa», dice, pero aun así le pareció una experiencia «maravillosa».

Al salir de la cancha después de su presentación, vio al famoso rapero Jay-Z sentado entre el público. Cuando pasó por su lado, él se inclinó hacia ella y la felicitó chocándole los cinco. Se emocionó muchísimo: Taylor dice que alardeó de ese momento «durante todo un año». Para una cantante primeriza, era todo un honor. Cantar el himno nacional le resultaba más fácil entre más lo hacía, pero admite que sintió nervios cuando lo cantó en un partido de la Serie Mundial que terminó en un empate entre los Philadelphia Phillies y los Tampa Bay Rays. Dice que el «desafío» era el «silencio absoluto que se produce cuando hay 40 000 personas en un estadio de béisbol y tú eres la única que está cantando». Taylor recuerda que la primera vez que se enfrentó a ese silencio fue «surrealista». Entonces, hizo lo que sueñan muchos artistas, por aterrador que parezca: llenar ese silencio con su melodiosa voz.

«Al principio me daba un poco de miedo», contó en la revista *Elle Girl*. Con el tiempo aprendió que la mejor forma de lidiar con los nervios era seguir cantando. «Cada vez que tocas en otro concierto te vas sintiendo mejor», añadió. Esto le funcionó mejor que otras estrategias. También probó la técnica de imaginarse a cada persona del público en ropa interior, y descubrió que no le funcionaba «para nada». A quienes la conocieron en ese entonces puede sorprenderlos enterarse de que le daban nervios, pues en apariencia se mostraba muy segura de sí misma.

Su mánager *de facto*, Kirk, estaba tan impresionado con sus continuos progresos que organizó la grabación de algunos temas en el estudio de su hermano mayor, Ronnie. Entre las canciones que grabó había versiones de algunos de sus artistas favoritos, como: «Here You Come Again» (Dolly Parton); «One Way Ticket» (LeAnn Rimes); «There's Your Trouble» (Dixie Chicks) y otras más. Le encantaba estar en un estudio de grabación, pararse frente al micrófono con los audífonos puestos. Cuando veía los controles para mezclar se preguntaba qué hacían las personas detrás de las consolas; pero, sobre todo, sentía que se estaba convirtiendo en una artista profesional, como lo eran sus ídolas.

La habían guiado e inspirado tres estrellas distintas, como

diría más tarde en una entrevista a la revista *Rolling Stone*. «Vi que Shania Twain tenía una independencia, un atractivo que trascendía los géneros; vi que Faith Hill aportó ese *glamour* clásico de la vieja escuela, su belleza y su gracia; y vi que las Dixie Chicks tenían una rareza absoluta que decía "No nos importa lo que pienses". Me encantaba todo lo que estas mujeres habían sido capaces de hacer y de aportar a la música country». Se sentía inspirada como música y como mujer; era puro poder femenino, pero con acento country.

Le parecía emocionante estar de gira, aunque su vida familiar también era agradable y cómoda. Los esfuerzos de sus padres en los negocios daban frutos y les permitían a los Swift vivir de maravilla. La nueva casa de la familia era una cómoda construcción con seis dormitorios y en una excelente ubicación: quedaba en 78 Grandview Boulevard, Reading, Pensilvania, 19609, y era un hogar que muchos envidiarían. Según informes, tenía ascensor y una piscina interior con *jacuzzi*. La casa, de estilo clásico, era grande y espaciosa, con una superficie de 1540 metros cuadrados. Un anuncio que se publicó después sobre la propiedad decía que tenía un «estudio luminoso», donde Taylor tocaba la guitarra. Cuando salió al mercado en el verano de 2013, estaba valuada en 799 500 dólares. En aquel entonces, le dieron el ático. Dado el tamaño de la casa, tenía un piso entero para ella sola, con tres habitaciones, incluido un dormitorio. Era casi como tener un apartamento propio a los once años. De hecho, cuando sus amigos y compañeros del grupo de teatro visitaban la casa, quedaban impactados y a muchos seguramente les dio algo de envidia ver cómo vivía. En el grupo de teatro había niños de distintas clases sociales y algunos de ellos no tenían idea de que había gente que podía vivir con tanto lujo.

Taylor era muy privilegiada, y hacía lo que podía para que no le importaran las miradas envidiosas. En el verano, como muchos otros estadounidenses, la familia se trasladaba a una preciosa casa de vacaciones en Stone Harbor, Nueva Jersey. Según el *New York Times*, la zona consiste en «una cuadra tras otra de relucientes McMansiones y tiendas elegantes»; es una de las ciudades más ricas de los Estados Unidos. Hace unos años, se volvió más conocida gracias a su aparición en el *reality show Jersey Shore*. Para Taylor, este lugar fue una parte fundamental de su educación: «La mayoría de mis recuerdos de infancia son de ahí», dice.

Taylor, que en una ocasión declaró a la revista *Sea Ray* que desde los cuatro años «andaba con un chaleco salvavidas puesto», adoraba esta zona costera en la que la familia había adquirido una propiedad cuando ella cumplió dos años. Stone Harbor le parecía «mágico»; le encantaba nadar en el mar y practicar deportes acuáticos, como el *jet ski* y navegar en velero, a pesar de que, en general, no se le daban bien los deportes. A veces veían delfines y ella sentía que se llenaba de vida al estar cerca de esta belleza natural. «Había muchos lugares para explorar, podía buscar una isla nueva en la ensenada o caminar hasta la calle 96 para comer un helado», dice. Al entrar en Springer's, la heladería que tanto le gustaba, la paralizaba la indecisión. Veía la larga lista de sabores, y le parecía muy difícil elegir solo uno. A pesar de esto, por lo general terminaba pidiendo *cookies 'n' cream*. El lugar, que manejaba con orgullo la familia Humphrey, era uno de los que más le gustaban a Taylor. También le encantaba un restaurante italiano en la misma calle, donde devoraba pizza y ensalada César. Dice que, gracias a los largos veranos de los Swift en Stone Harbor, «mi infancia no podría haber sido más divertida».

La casa de la familia quedaba al frente de un santuario de aves, por lo que Taylor disfrutaba de ver a estos amigos emplumados sin ni siquiera salir de la casa. Abría la ventana, se ponía los binoculares y ya podía disfrutar del placer de observar pájaros. Tanto le fascinaban que a veces se pasaba el día entero en esas. Otros días, hacía travesuras, sobre todo en el desfile anual de barcos que veía el Día de la Independencia. «Nos reuníamos todos en el muelle cuando pasaban los desfiles del 4 de julio y les tirábamos globos de agua a los barcos», afirmó para Philly.com. Pero también durante estos veranos, encontró una nueva inspiración creativa. Para muchos artistas estar cerca del agua puede ser una experiencia mágica e inspiradora, y parece que también lo era para Taylor. «Mis padres me dejaban ser una niña un poco rara, estrafalaria y ocurrente, eso era lo que más me gustaba de vivir en la costa», afirma.

Parte de esta energía creativa la usó para hacer experimentos musicales y ensayar algunos ejercicios literarios, incluida la novela que mencioné. Se animó a escribirla porque extrañaba a sus amigos: escribir sobre ellos la hacía sentir un poco más cerca. «Les mandaba capítulos», afirma. Sin embargo, algo de esta energía se orientaba también a lo doméstico. Desde pequeña, a Taylor le gustaba el cuidado de la casa. Se hizo cargo de la habitación que estaba arriba del garaje y la convirtió en su guarida personal, un santuario en el que ella era la reina. «Pinté toda la habitación de colores diferentes y me la pasaba ahí, sin hacer nada más que estar sentada en medio de mi pequeño club —dice—, porque era mío».

Pero había algo —o, para ser más exactos, alguien— que no podía considerar suyo, por mucho que quisiera. Un chico que vivía junto a la casa de vacaciones de los Swift había llamado su atención. Pasaba mucho tiempo en casa de ellos, ya que sus padres eran amigos de los padres de Taylor. Pronto empezó a desear que fueran algo más. De hecho, decidió que quería casarse con él. Taylor quería que el chico la invitara a salir, pero él le hablaba largo y tendido de otras chicas en las que se había fijado. El rechazo que sintió tras este primer amor no correspondido fue la chispa creativa que originó una de sus primeras canciones. «Me sentía... bueno, invisible —dice—. Obviamente. Así que escribí una canción al respecto». Como veremos, la canción se incluiría en su primer álbum, aunque como un *bonus track*. También compuso un segundo tema, «Smokey Black Nights». Taylor describe esta canción, sobre la vida en la costa, como «un pequeño demo que hice cuando tenía once».

A pesar de esta experiencia de desamor y de la canción triste que resultó de ella, Taylor andaba relajada y se divertía mucho durante las vacaciones de verano, y sus ganas de encontrar nuevas oportunidades para presentarse delante de un público no desaparecían. Encontró locales decentes en la Tercera Avenida y en la calle 98. «Cantaba en el karaoke de Henny's y tocaba guitarra acústica durante horas en Coffee Talk, un pequeño café de la calle 98 —cuenta—. Llevaba a mis padres a esos sitios y todos sus amigos venían y me echaban unos dólares en el tarro de las propinas». A veces tocaba sesiones larguísimas y al cabo de un rato se le acababan las canciones. Como no quería dejar de ser el centro de atención, se inventaba canciones nuevas sobre la marcha. Actuaciones en vivo, delfines, juegos y un amor no correspondido: eran veranos idílicos para los Swift, y Taylor disfrutaba al máximo del drama y la diversión que ofrecían.

A estas alturas, también tocaba mejor la guitarra. A los ocho años le habían regalado su primera guitarra, una eléctrica. Al comienzo, el instrumento la confundía y desanimaba, así que abandonó los intentos de aprender a tocarlo. Pero un día vino un hombre a arreglar el computador de la familia. Al ver la guitarra, se ofreció a enseñarle algunos acordes. Rápidamente empezó a sentirse más segura con el instrumento y el hombre volvió para enseñarle más acordes. Pronto, Andrea empezó a notar que practicaba tanto que las cuerdas le agrietaban las yemas de los dedos. «Tenía una motivación que nunca había visto», observó su madre. La determinación de sus antepasados, sobre todo de su lado materno, ardía con fuerza en Taylor.

Entonces le empezó a rondar la idea de tocar otro tipo de guitarra: una acústica de doce cuerdas. Cuando un profesor le dijo que nunca sería capaz de dominar ese instrumento, a Taylor se le metió en la cabeza una sola cosa: demostrarle que estaba equivocado. «Aprendí a tocar la guitarra con una de doce cuerdas porque un tipo me dijo que nunca podría hacerlo, que tenía los dedos demasiado pequeños. Cada vez que alguien me dice que no puedo hacer algo, me dan más ganas de hacerlo». La terquedad de ese «te lo voy a demostrar» le ha servido a Taylor desde entonces.

Al regresar a su casa en Pensilvania, se sentía tan plena que estaba aún más decidida a hacer realidad su sueño. Quería ser cantante de música country. Pero para concretar sus aspiraciones, tendría que convencer a su familia de que se mudara a cientos de kilómetros de casa. Para una niña de once años es más fácil decirlo que hacerlo, pero Taylor puede ser muy insistente.

· CAPÍTULO 2 ·

L O QUE LE MOSTRÓ A TAYLOR EL CAMINO PARA LLE-
gar a Nashville, Tennessee, no fue un letrero en la
vía, sino otra cantante. Como hemos visto, una de sus
primeras heroínas fue la cantante de música country Faith Hill.
La carrera de Hill, que nació en Mississippi en 1967, no despe-
gó sino hasta que se mudó a Nashville, el corazón de la música
country y un lugar que se ha vuelto casi un sinónimo del género.

La herencia de Nashville, la Ciudad Musical de los Estados
Unidos, se remonta a la primera mitad del siglo xix. Sin embargo,
el furor musical empezaría en el siglo siguiente. En 1925 comenzó a celebrarse el Grand Ole Opry, un recital de música country
que desde entonces se produce todas las semanas. Durante las
décadas siguientes, hubo tantos sellos musicales que abrieron
sus oficinas al suroeste de Downtown Nashville que esta zona
pasó a llamarse Music Row, el corredor de la música. Sería difícil caminar unos metros por ahí sin encontrarse con una figura

importante de la industria con la cabeza y el entusiasmo puestos en sus proyectos musicales.

Para mediados del siglo xx, la ciudad ya había producido su propio género musical. El «sonido Nashville» era una mezcla de country y folk salpicada de la chispa del pop, y produjo algunos temas pegadizos que han quedado en la memoria de muchos. Decca Records, RCA Records y Columbia Records fueron los principales promotores de este estilo, que influenciaría a varios artistas, incluyendo a Taylor. Brenda Lee, Jim Reeves y Dottie West fueron algunos de los pioneros de este sonido y Elvis Presley, una figura clave. Aunque empezó su carrera en Nashville, y recibió la influencia de la música country, Presley convirtió al rock and roll en el ritmo de la época.

Luego vendrían artistas de la talla de Dolly Parton y Garth Brooks, que pusieron al country, y a Nashville en particular, en el centro del panorama musical. Cuando Taylor, con once años, se enamoró de la música country, la ciudad ya era otra vez el corazón del movimiento. Como la carrera de Faith Hill había despegado al trasladarse a Nashville, Taylor decidió que tenía que seguir sus pasos. Luego recordaría ese momento como si se le hubiera prendido «un bombillito» en la cabeza que la llevó a tomar la decisión de mudarse allí. Desde hacía tiempo que sentía que Wyomissing era «el lugar más x del mundo para una cantante de música country». Algo iba a tener que cambiar.

Así que se embarcó sin descanso en una campaña implacable, y a cada rato les preguntaba a sus padres: «Oigan, mamá y papá, ¿podemos irnos a vivir a Nashville?». Por supuesto, al principio Andrea y Scott se sorprendieron; la pregunta los desconcertó. Habían construido un hogar cómodo para la familia en Pensilvania, y tenían además su preciosa casa de vacaciones en la costa; era comprensible que los perturbara la idea de trasladarse al corazón de Tennessee.

Sin embargo, Taylor era firme en su campaña, casi que obstinada. De hecho, los dos temas que se repiten en la historia de su vida, y que veremos particularmente en este capítulo, son su determinación y su valentía a la hora de asumir riesgos. A pesar de que en un principio su plan de mudarse a Nashville encontró una fuerte oposición, Taylor estaba decidida. Siguió rogándoles a sus padres para que tomaran la decisión que, según ella, haría realidad sus sueños. Presionó sobre todo a Andrea, tal vez con la esperanza de que su madre, que era una mujer resuelta, comprendiera la fuerza de su deseo. Andrea terminó cediendo, aunque no del todo. Aprobó un primer paso: hacer un viaje inicial. La madre de Taylor cuenta que le impresionó sobre todo que su hija nunca dijera que lo que la motivaba a mudarse a Nashville era volverse famosa. A diferencia de los concursantes de los *realities* que vemos en televisión, que aseguran suplicantes que lo que más quieren en el mundo es ser famosos, Taylor alegó otra cosa. Dijo que quería ir a Nashville para trabajar con artistas que admiraba y respetaba, para que un día, con suerte, pudiera conmover a su público tal como ellos la habían conmovido a ella. «Su idea era que nos mudáramos a un lugar donde ella pudiera componer con gente de la que pudiera aprender algo», explicó Andrea.

Taylor tenía otra razón para alegrarse del cambio de opinión de Andrea frente a la mudanza a Nashville. En la escuela, algunos de sus compañeros le hacían *bullying*. Taylor tenía todas las comodidades que pueden garantizar unos padres adinerados, pero, desafortunadamente, su nivel de vida producía envidia alrededor. Por si fuera poco, se empezaba a hablar de ella en los medios. En ese entonces, la atención de la prensa fue un arma de doble filo para Taylor. Aunque la halagaba y le servía para su carrera, también la convertía en el blanco de burlas y rechazos en la escuela. Cuando salía en el periódico local cantando el himno nacional en algún evento deportivo sabía que al día siguiente «la pasaría mal en la escuela».

Su afición por la música country también era motivo de burlas. Al igual que a muchos chicos que se interesan por géneros musicales poco convencionales, a Taylor la molestaban por atreverse a ser distinta. Mientras que los fines de semana ella se concentraba exclusivamente en la música, sus compañeros de clase «se quedaban a dormir en casas de amigos y asaltaban el bar de sus padres». Su dedicación a la música la diferenciaba aún más de sus compañeros, que se burlaban hasta de sus dedos, que le quedaban rojos y adoloridos después de pasarse horas tocando la guitarra. Andrea, además, se los había vendado, y para los *bullies*, ver a una chica con los dedos vendados era un motivo más que suficiente para tildarla de «rara». Un día, un grupo de chicas que habían sido sus amigas empezó a rechazarla. Cuando se sentó a almorzar con ellas, se levantaron y se cambiaron de mesa. En otras ocasiones, sus compañeros de escuela le gritaban comentarios desagradables. Andrea se acostumbró a ayudar a Taylor a lidiar con estos incidentes «horribles». «Tenía que levantarla del suelo», dice. Para ella, era una tortura saber que su hija sufría tanto en la escuela.

Taylor se dio cuenta de que no era «popular» por ser ella misma. Bajo la presión del *bullying*, y la amenaza del ostracismo, intentó hacer lo mismo que hacían sus compañeros. En esos días, sin embargo, aprendió una lección valiosa. Descubrió que entre más se esforzaba por integrarse al grupo, menos la respetaban. «Me di cuenta de que tratar de ser como los demás no funciona», dice.

Recuerda un día particularmente doloroso, cuando les propuso a unas chicas que conocía que se encontraran para ir juntas al centro comercial de la zona. Para Taylor era un plan divertido y se decepcionó cuando todas le dijeron que ya tenían cosas que hacer. Decidió entonces ir con su madre. Pero cuando entraron con Andrea al centro comercial, vio que las chicas que había invitado antes estaban reunidas ahí. «Me acuerdo como si hubiera sido ayer —le dijo Andrea a *Elle Girl*—. Entramos con Taylor a una tienda y estas seis niñas que decían estar "muy ocupadas" estaban todas ahí».

Taylor se sintió fatal, no lo podía creer. Andrea la tomó de la mano y se fueron a hacer las compras en otro centro comercial, lejos de allí. Cuando piensa en ese día tan horrible, Taylor afirma que «es uno de esos recuerdos dolorosos que nunca superas del todo». Agradece que Andrea la haya guiado ese día. Fueron a otro centro comercial y, a pesar de lo que había pasado, se divirtieron. Era esa la mejor manera de afrontar el desprecio que habían sufrido. El King of Prussia, como se llamaba ese otro centro comercial, quedaba a noventa minutos en carro, pero el viaje había valido la pena.

De todos modos, Taylor no estaba completamente aislada. Se había hecho amiga de una chica llamada Britany Maack desde cuando eran muy pequeñas, y esa amistad siguió fortaleciéndose durante y más allá de la infancia. «Más que amigas, éramos hermanas —declaró Maack para el *Reading Eagle*—. La familia de Taylor era mi familia». Aun así, este vínculo no aplacaba el dolor que sentía cuando los otros chicos le hacían *bullying*. A muchos, Taylor les parecía «fastidiosa» y «sin gracia». Parte de lo que la hacía impopular era que no le interesaba emborracharse. Eso la convertía en una «rara» pero a ella, por su parte, le parecía raro que chicos de doce años anduvieran borrachos en las fiestas. Una vez, en una pijamada con un grupo enrome de chicas en casa de una amiga, alguien sugirió al grupo que se fueran a casa de un chico que seguro tenía cerveza en su casa. Mientras que a sus amigas les entusiasmaba la idea, a Taylor esto la horrorizaba. Quiso llamar a Andrea y pedirle que la llevara a casa.

En retrospectiva, comprende que todos los chicos de la escuela intermedia, populares y no populares, *bullies* y víctimas del *bullying*, luchaban contra sus propias inseguridades. Pero en ese entonces le hacía mal el rechazo. Llegaba al colegio sin saber con quién iba a juntarse ese día, o a quién le iba a hablar, si es que iba a hablar con alguien. «Y esto, para alguien de doce años, es terrorífico», dice. Según Taylor, en ese entonces se sentía una *outsider*: andaba siempre ensimismada. Ahora, con la perspectiva que da el tiempo, esa soledad le parece saludable: esos momentos difíciles fueron una chispa creativa para su música.

El tema de sentirse diferente, que aparece en tantas canciones de distintos géneros, se volvería una fuente de inspiración en su carrera musical. Lo abordó por primera vez en una canción que compuso justamente cuando tenía doce años y, como veremos, desde entonces aparece en muchas de sus canciones.

La soledad que sintió en la escuela intermedia también le dio mucho tiempo para dedicarse a la música. Si se hubiera esforzado más por encajar con los otros chicos, quizás habría hecho más cosas típicas de su edad y habría pasado menos tiempo ensimismada con su guitarra, que la acompaña desde entonces. El hecho de que pudiera recurrir a su guitarra para consolarse cuando se sentía deprimida también impidió que cayera en las drogas o en el alcohol para escapar de su realidad. «Mi válvula de escape siempre ha sido la música», dice.

Ahora Taylor les agradece a quienes la rechazaron en ese entonces y reconoce el regalo que le dio el *bullying*. Muchos artistas encuentran en la tristeza un terreno fértil para crear, pero esa inspiración sin duda tiene su precio. En su caso, el precio que tuvo que pagar fue sentirse atormentada y excluida esos años.

Imaginemos entonces el alivio que debió sentir al darse cuenta de que, ante su insistencia, Andrea empezaba a ceder a la idea de mudarse a la ciudad de sus sueños. Como sabemos, en un primer momento Andrea estuvo de acuerdo con ir a Nashville solo para hacer una visita de unos días. En unas vacaciones de la escuela, Andrea recorrió con Taylor y su hermano los 1046 kilómetros que los separaban de Nashville. Al llegar, Taylor dejaría su demo en varios sellos discográficos, con la esperanza de que algún productor se interesara en su música.

Aunque Andrea había aprobado y organizado el viaje, fue muy precisa respecto a cuál sería su papel. Iba a apoyar a su hija, pero su ayuda no sería incondicional. «Lo dejé muy claro —contó en el programa de televisión *Teen Superstar*—. Okey, si esto es lo que quieres, tienes que hacerlo tú», le dijo a Taylor. Agregó que nunca había accedido a ser la mánager de su hija y que sin duda no se veía a sí misma como la típica mamá que se ocupa de la carrera de sus hijos. Iba a limitarse a acompañar a su hija hasta la puerta de las disqueras. A partir de ahí, Taylor tendría que continuar sola. Andrea, que recordaba orgullosa sus propios logros profesionales, quería que su hija sintiera lo mismo.

El demo de Taylor tenía un diseño sencillo, que ella misma había elaborado. En la carátula del CD había puesto una foto de su rostro, y al lado la palabra «llámame». En la contracarátula, anotó su teléfono y su correo electrónico. Mientras conducían por Nashville, Taylor veía de repente el nombre de un sello discográfico y soltaba un grito. «¡Ahí está Mercury Records! —exclamaba—. ¡Para aquí! ¡Tengo que dejarles mi demo!». Cuando llegaba a la recepción del lugar, entregaba su CD casero y decía: «Hola, tengo once años y quiero un contrato para grabar un disco». Luego, con un gesto que repetía la carátula del CD, exclamaba con una sonrisa: «¡Llámame!». Si bien era una estrategia muy tierna, no era la más eficaz. Ya con la experiencia que dan los años, y viéndolo en retrospectiva, a Taylor le causa gracia su campaña de mercadeo. «¿Cómo me fue con eso? —recuerda ahora—. ¡Pues no me fue!».

En las semanas que siguieron al viaje, se sintió profundamente decepcionada, pues ninguno de los sellos que había visitado la llamó; excepto uno. En casa esperaba y esperaba a que sonara el teléfono, o a que le llegara una notificación a su correo electrónico, pero no pasaba nada. Por esos días se sentía abrumada, las horas pasaban tan lento y había tan pocas novedades que sentía que habían pasado semanas. Hasta que un día sonó el teléfono: era un tipo de una compañía disquera. Le dijo que, si seguía promocionándose así, su carrera no llegaría a ningún lado. «Fue muy amable conmigo», recuerda.

Se había considerado alguien especial, pero pronto se dio cuenta de que había «cientos de personas» que querían triunfar en Nashville: al parecer, todas tenían «el mismo sueño». Supo entonces que no era tan excepcional como pensaba, y que tendría que esforzarse de verdad para sobresalir. Aunque no era una novedad para ella, no se lo tomó mal. Todo lo contrario, redobló sus esfuerzos. A Taylor la incentivan los desafíos. «Nadie triunfa en Nashville así como así, pensé. Voy a tener que buscar algo que me haga especial» le dijo a *Teen Superstar*.

El viaje a Nashville no tuvo el efecto inmediato que esperaba. De hecho, la primera vez que una casa discográfica importante le prestaría atención sería gracias a una de sus actuaciones en eventos deportivos. En una ocasión, Dan Dymtrow, que estaba en el público, se fijó en ella. En ese momento, Dymtrow era el mánager de Britney Spears, la princesa del pop. Se acercó a Taylor y le preguntó si podía darle más muestras de su talento, quería saber más sobre ella. A Scott se le ocurrió una idea para persuadir a los productores: grabar un video casero para mostrar una faceta diferente de su hija. «Mi papá hizo el típico video que hacen los padres, como esos en los que sale un gato mordiendo el cuello de la guitarra y cosas así», le contó a *Wood & Steel*. Con eso le alcanzó: Dymtrow la invitó a que lo visitara en su oficina.

Taylor llegó ahí con su guitarra de doce cuerdas y le tocó un par de canciones. Lo impresionó. Pero el primer proyecto que tenía para ella estaba más relacionado con el modelaje que con la música: le propuso participar de una sesión de fotos de Abercrombie & Fitch que saldría en la revista *Vanity Fair* bajo el título «Raising Stars» (Estrellas en asenso). Con este truco de *marketing*, la marca quería relacionarse con futuras estrellas vistiéndolas con su colección de otoño. Dymtrow les mandó un kit de prensa de Taylor y la invitaron a participar. En las fotos, Taylor lleva un top blanco y unos jeans. Posa como si le hubieran roto el corazón, hasta tiene un pañuelo en la mano con el que se seca una lágrima. En la otra mano tiene su guitarra, pero la imagen que proyecta estaba todavía muy lejos de lo que en verdad quería hacer. En ese entonces también estaba preocupada de no ser tan *cool* como para posar en una revista: una secuela de su experiencia en la escuela, quizás.

La ironía es que, en efecto, ella ya era bastante *cool* como para aparecer en revistas, y con eso les demostraba a los *bullies* que después de todo no era tan *outsider*. Era un honor ser considerada una estrella en ascenso y participar de la campaña de una marca reconocida. Entre las personas que seleccionaron también, antes de que se volvieran famosas, están Channing Tatum, Jennifer Lawrence, Ashton Kutcher y Penn Badgley. Más recientemente, Abercrombie & Fitch eligió a Jacob Artist, estrella de *Glee*, Lily Rabe, de *American Horror Story*, Scott Eastwood, de *Texas Chainsaw 3D*, entre otros jóvenes talentos. Ahora Taylor sobresale en esta lista, pero en su momento se sentía una impostora dentro de ese grupo.

Le preocupaban todo tipo de escenarios, incluso que sacaran su foto de la publicación. Imaginemos la emoción que sintió ese julio de 2004, cuando vio su foto en la revista *Vanity Fair*, que vendían en todos los quioscos. Ahí estaba ella, en una fotografía que ocupaba casi toda la página, junto a un texto en el que les explicaba a los lectores quién era. «El año pasado, después de cantar el himno nacional en el US Open, firmé con un mánager importante en la industria musical». Luego pasaba a describir su amor por la música country: «Me encanta cómo suenan los violines y las mandolinas, y me encantan las historias que se cuentan en el country. A veces escribo sobre el típico romance adolescente, pero ahora soy una chica de catorce años y no tengo novio. A veces me preocupa, pienso si me habré echado un repelente contra chicos, pero luego me doy cuenta de que todavía estoy descubriendo quién soy, eso es lo que pasa. En este momento, lo más importante de mi vida es la música, quiero que la gente se conmueva con mis canciones», concluye.

Taylor aspiraba a lo más alto, pero tampoco se desalentaba cuando tenía que aceptar trabajos de principiante en la industria de la música country. Por ejemplo, consiguió una pasantía en el festival CMA, un evento de cuatro días que celebra cada año la Asociación de Música Country de Nashville. Le dieron una tablita con pisapapeles y se puso a trabajar en tareas administrativas. Le fascinaba ver a los fans perseguir a las estrellas para que les dieran un autógrafo. «Me acuerdo de pensar... si un día la gente hace fila para que les firme algo, ese día me voy a sentir realizada», dice.

En esta época también participó de otra campaña publicitaria: sacaron una canción suya en el álbum *Chicks With Attitude* (Chicas con actitud), de la línea de cosméticos Maybelline. Después, su mánager la hizo hacer una gira frenética para reunirse con varios sellos discográficos. En cierto sentido, la gira daría sus frutos. Este tipo de reuniones pueden tener toda suerte de resultados. Algunas veces, los jóvenes que son muy talentosos logran emocionar a los empresarios. Otras, los ejecutivos pueden ser muy parcos con ellos, e incluso despreciarlos. Es moneda corriente que rechacen a los artistas antes de que logren pasar la recepción.

Taylor quería participar en más proyectos musicales y, en un principio, se alegró de que Dymtrow le consiguiera un contrato con RCA Records. Parecía que había logrado exactamente lo que quería: el reconocimiento de un sello importante en Nashville. Por un momento, pensó que ese era el gran paso que siempre había soñado. No cabía de la emoción. «Estaba eufórica —declaró en *CMT Insider* tiempo después—. No lo podía creer, un sello importante me ofrecía un contrato para desarrollar mi carrera. ¡Dios mío, qué emoción!». Inicialmente parecía tener varios motivos para entusiasmarse: RCA había decidido darle dinero para patrocinios y horas en el estudio.

Sin embargo, el acuerdo no resultó tan emocionante como parecía. «Un contrato de desarrollo es un contrato intermedio —le dijo a la cadena NBC—. Es como cuando un tipo te dice que quiere salir contigo, pero no quiere ser tu novio. Sabes que en verdad no quieren firmar un contrato de grabación, ni sacarte un álbum. Lo que quieren es ver tus progresos durante un año». Tenía catorce años, y querían dejarla en remojo hasta que cumpliera dieciocho. Pero para una adolescente era imposible esperar tanto; cuatro años le parecían una eternidad, y ella sentía que se le acababa el tiempo. Para Taylor la adolescencia no era un obstáculo a la hora de convertirse en una cantante capaz de componer sus propias canciones. Quería ser cantautora de una vez. «Quería plasmar esos años de mi vida en un álbum mientras todavía representaban lo que estaba viviendo», recuerda.

Esa confianza en sí misma pronto se vería recompensada: tras el acuerdo con RCA sus padres accedieron a mudarse a Nashville de forma indefinida. «Mi padre tenía un trabajo que podía hacer desde cualquier lugar —declaró en la revista *Blender*—. Mis padres se mudaron al otro lado del país para que pudiera cumplir mi sueño». Ver las cosas de esta manera le quita un poco de importancia al sacrificio que hicieron Scott y Andrea. Taylor era consciente de la magnitud de ese sacrificio, a pesar de que sus padres se esforzaban por minimizarlo. No la presionaban de ningún modo ni se lo echaban en cara. Al contrario, actuaron como si fuera una decisión que habían tomado ellos mismos en sus propios términos.

Pero ella no se lo creía ni un poquito. «Sabía que yo era la razón por la que nos mudábamos. Pero ellos intentaron no presionarme. Decían cosas como "Bueno, de todas formas, nos hace bien un cambio" y "Qué amables que son en Tennessee"», le contó a la revista *Self*. Los padres de Taylor se aseguraron de que no sintiera el peso de la expectativa familiar. Había sido por ella que se habían mudado a miles de kilómetros: si no lograba triunfar, sería muy fácil que sintiera que los decepcionaba. Más tarde, Andrea le diría a *Entertainment Weekly*: «Nunca quise que el propósito de esa mudanza fuera que Taylor "triunfara"». Tenía miedo de que, si no lo lograba, fuera demasiado «horrible» para ella.

Mientras buscaba casa en Nashville, Andrea encontró en Old Hickory Lane un lugar que le gustó, y cuadró para que el resto de la familia fuera a verla. Scott le contaría después a Sea Ray, una empresa de yates, lo rápido que se convenció de que ese era el lugar ideal para vivir. «Cuando fuimos a ver la casa, nos fijamos en el muelle —recuerda—. Miré por la ensenada hacia el lago, me imaginé mi Sea Ray amarrado ahí y pensé: "Me la llevo"». Hasta el agente de bienes raíces se sorprendió: «¿No quiere verla por dentro primero?», le preguntó.

Scott se sintió en casa de inmediato, y sus hijos también. Taylor y Austin entraron a Hendersonville, una escuela secundaria de la zona. Allí, para alivio de Taylor, a sus nuevos compañeros no les daban envidia sus proyectos musicales. Al contrario, les impresionaba el empeño que les ponía y se alegraban de ayudarla a hacer realidad su sueño. «Todo el mundo era muy amable conmigo —le contó al *New Yorker*—. Me decían cosas como: "Nos dijeron que eres cantante. Tenemos un concurso de talentos la próxima semana, ¿quieres participar?"». Era una gran mejoría; le parecía increíble que la mudanza a Nashville hubiera salido tan bien. Era un mundo completamente alejado de las aflicciones que había conocido en Pensilvania. «Me apoyaban mucho», recuerda de sus nuevos vecinos.

Besó por primera vez a un chico a los quince años. Pero fue Brandon Borello, un novio que tuvo después, quien la inspiró a componer una canción. Estaba en el primer año de la escuela secundaria cuando le pidieron que escribiera algo para un concurso de talentos del grado noveno. «Estaba ahí sentada pensando: "Tengo que escribir una canción bien movida que le guste a todo el mundo" —contó en AOL—. En ese entonces salía con un chico, y no teníamos canción. Entonces escribí una, y la toqué en el concierto. Meses después la gente todavía se me acercaba y me decía: "Me encantó esa canción que tocaste". Solo la habían escuchado una vez, así que pensé: aquí hay algo».

El primer día de la escuela, en clase de Inglés, se sentó al lado de una chica que se llamaba Abigail Anderson. Empezaron a hablar y pronto se hicieron muy amigas. Sintieron una conexión inmediata, seguramente porque las dos se sentían *outsiders*, pero tenían también ambiciones muy definidas: Anderson quería convertirse en nadadora profesional. Por fin Taylor tenía una amiga con la que podía identificarse en distintos niveles. Las dos eran *outsiders* que querían ser, en el sentido más amplio de la palabra, las número uno. También compartían un pícaro sentido del humor.

Su amistad con Anderson no fue lo único bueno de esas clases. Taylor, a quien le encantaban las palabras y la escritura, disfrutaba muchísimo esta materia. En clase de Inglés estudiaban un libro que sería fundamental en la educación de muchos jóvenes: *Matar a un ruiseñor*, la novela de Harper Lee. Esta novela clásica de la literatura estadounidense se convertiría en una inspiración para ella. «Ya sabes, escuchas historias como la de *Matar a un ruiseñor* y eso... te abre la mente —dice—. Te hace sentir que el mundo es más amplio. Después de leer algo así piensas más en lo que te pasa, y lo haces con conceptos más elaborados».

Tras estudiar en el día como cualquier otra chica en la secundaria, por la noche Taylor participaba de un mundo mucho más adulto: se juntaba con compositores consagrados para escribir con ellos. Tiempo después, describiría la curiosa dualidad de esos días como «una vida muy extraña: mientras estaba en el colegio era una adolescente normal, y por la noche era como si tuviera cuarenta y cinco años. Mi mamá me recogía del colegio y me llevaba al centro de la ciudad, donde me encontraba con compositores famosos y escribía canciones con ellos».

Taylor le contó a *American Songwriter* que sabía muy bien que estas sesiones eran una oportunidad única. También, era consciente de lo importante que era que se mostrara lo más confiada posible. «Sabía que, como tenía catorce años, cualquiera que trabajara conmigo pensaría con razón que iba a tener que componer una canción para una niña». Quería evitar esto a toda costa. «Entonces llegaba con diez o quince melodías o coros que ya casi estaban terminadas. Quería asegurarme de que todo el mundo supiera que iba en serio».

En el día buscaba nuevas experiencias que la inspiraran, y no perdía la oportunidad de grabarlas. Cuando tenía momentos de inspiración garabateaba las letras que se le ocurrían en lo que fuera que tuviera a la mano: sus cuadernos de la escuela, una servilleta. A veces, eso la ponía en situaciones extrañas. De vez en cuando los profesores revisaban un cuaderno al azar y cuando le tocaba a ella, se llevaban una sorpresa: encontraban las letras de una canción angustiosa al lado de su tarea. «Pero aprendieron a lidiar conmigo», dice. Otras veces le venía una melodía a la cabeza, y la tarareaba en el teléfono para grabarla. No era raro que sus compañeras la pillaran —la escucharan— en el baño tarareando algo que empezaba a sonar como una melodía.

Aquí vemos una diferencia importante entre su nueva y su antigua escuela. Antes, la crueldad de sus compañeros se convertía en una potencial inspiración para sus canciones. Cuando la excluían y se burlaban de ella, sentía tanto desasosiego que debía componer algo que la hiciera sentir mejor. Ahora, sus compañeros la inspiraban de una forma más positiva y deliberada. Las noches que se iban de campamento algunos de ellos se juntaban con Taylor y la escuchaban cantar y tocar la guitarra. Estos chicos tenían la edad del público al que Taylor quería llegar, así que eran la audiencia perfecta para poner a prueba sus canciones.

La documentación obsesiva a la que se entregaba y estos frecuentes ensayos con sus compañeros hicieron que Taylor llegara a sus sesiones de escritura con bastante material. No había duda de que era una joven talentosa a la que todavía le hacía falta la guía de adultos con más experiencia. Por ejemplo, trabajó con la compositora Liz Rose. «Creo que terminó escribiendo conmigo porque yo no cambiaba lo que ella componía —le dijo Rose a *American Songwriter*—. Procuraba que sonara mejor, ajustaba sus letras o le decía "a ver, espera, escribe eso"; por eso nos iba bien. De verdad la respetaba y entendía lo que quería hacer, no quería obligarla a componer siguiendo el molde de la típica canción de Nashville».

La joven compositora la había impresionado. Con el tiempo, sintió que su rol ahí no era sino editar las canciones de Taylor. «Escribía sobre lo que había pasado en su escuela ese día —le contó a *Blender*—. Tenía una visión muy clara de lo que quería decir. Y llegaba con estos estribillos increíbles». En estas sesiones descubrieron que se complementaban muy bien. De una de ellas saldría «Tim McGraw», la canción que haría despegar la carrera de Taylor y cuyos primeros versos compuso en clase de Matemáticas. Empezó a tararear la melodía en la clase y luego, según cuenta, tardó solo un cuarto de hora en componer la estructura básica de la canción. Al llegar a casa, la ajustó y mejoró un poco, agregándole una melodía de piano. Estaba lista para llevarla a la sesión con Rose.

En esta canción, que originalmente se iba a llamar «When You Think Tim McGraw», Taylor recuerda una relación que tuvo con un chico, que, se cree es, su exnovio Brandon Borello. La letra tiene la estructura de una carta a su expareja. Borello salió con Taylor en su último año de secundaria, cuando ella apenas empezaba el primero. Por eso, la canción habla de un septiembre lleno de lágrimas; fue entonces, cuando terminaba el año escolar, que Taylor y Brandon se separaron.

La fuerza de la canción reside, según Taylor, en el poder del recuerdo. «Me inspiré en un recuerdo. Pensaba en cuando te acuerdas de una relación que tuviste y que luego se terminó». Y agrega: «Creo que una de las emociones más poderosas es cuando sientes que algo debería haber sido y no fue. Era una canción muy buena para empezar mi carrera, porque mucha gente puede identificarse con ese deseo de tener algo que no está a tu alcance». En ese entonces Taylor ya sabía lo que hace que una canción sea buena, tanto intelectual como instintivamente. «Tim McGraw» sería el primer tema de su álbum debut, y todo había empezado en una clase de Matemáticas.

Pronto Taylor sintió que estaba en una buena racha. Le dijo al *Washington Post* que en esa época encontraba inspiración en todo: «Si sabes contar bien una historia, puedes valerte de cualquier cosa: una mirada obscena, o que un tipo que te coqueteaba empiece a salir con otra chica o si alguien con quien hablas casualmente dice algo que te enfurece muuuucho; puedes crear una historia solo con eso».

Otra de las primeras canciones que compuso fue «Lucky You», un tema «sobre una chica que se atreve a ser diferente», dice. Los paralelos con su propia vida saltan a la vista. «En ese entonces, estaba describiéndome a mí misma», agrega. Después de esta canción y de «Tim McGraw», compuso otra sobre su relación con Drew Hardwick, un chico del que estaba enamorada, aunque el sentimiento no era mutuo. «Él se sentaba a hablarme todos los días de otra chica: de cómo era de linda, simpática, inteligente y perfecta», le contó al *Country Standard Time*. Era como revivir ese enamoramiento no correspondido de sus vacaciones de verano de hacía unos años. De nuevo, mientras él le hablaba sobre otras chicas, ella hacía lo posible por fingir una sonrisa y se preguntaba si él podría imaginarse que, después del encuentro, ella pensaría en él toda la noche.

La canción, que nombraba directamente a Drew, se titulaba «Teardrops on My Guitar». Empezó a componerla un día que regresaba a casa desde la escuela. Es sorprendente que de una situación así haya salido una canción con tanta fuerza, madurez y aplomo. En ella, Taylor suspira de amor por Drew y el aspecto impecable del chico que le gusta la deja sin palabras. A Taylor solo le queda esperar, con algo de amargura, que esa chica tan perfecta cuide bien de él. La imagen de ese chico, que es como la canción que ella canta mientras maneja —y que no puede sacarse de la cabeza—, le da a este tema musical un atractivo especial: es perfecto para las emisoras de radio. Cuando los oyentes conectan de verdad con la letra y con las emociones que Taylor describe, la fuerza del sentimiento puede llevarlos a derramar unas cuantas lágrimas.

Sus canciones empezaban a volverse muy populares. En poco tiempo se empezó a hablar en la ciudad de una chica increíble que componía con una serenidad y destreza particulares. Muy pronto, fue contactada por la poderosa compañía Sony, que le propuso componer canciones para sus artistas. Taylor accedió y se convirtió en la compositora más joven de la historia en ser contratada por la prestigiosa casa Sony/Tree. El significado de esto no pasó desapercibido: uno de los sellos discográficos más importantes del mundo contrataba a una chica que era apenas una adolescente para que les compusiera las canciones a artistas mucho mayores y más reconocidos que ella.

Taylor hizo entonces una jugada arriesgada: se fue de RCA para buscar un sello que de verdad creyera en ella. Fue una decisión difícil, que tomó después de pensárselo mucho. Para rechazar un sello importante que ya había demostrado interés se necesitaba mucha valentía y, sobre todo, confianza. Sin embargo, las diferencias entre la artista y su sello discográfico no eran menores: RCA pensaba que a Taylor todavía le hacía falta tiempo y madurez. Ella, en cambio, sabía que ya estaba lista. El argumento de los primeros era que Taylor no quería triunfar en la industria del pop —el género más apropiado para estrellas adolescentes—, sino en la de la música country, que se caracteriza por las letras fatigadas de sus canciones y porque sus fans ya están más entrados en la madurez.

Pero Taylor estaba segura de que era el momento. «Pensé: si no creen en mí ahora, no van a creer nunca», dijo. Respiró hondo y se retiró, pero se fue a seguir preparándose para triunfar a lo grande. Pasaba horas practicando su autógrafo: llenaba un cuaderno con su firma y así se preparaba para el día en que fuera tan famosa como para tener filas de fans pidiéndole autógrafos. Aunque cuando Taylor se hizo famosa ya la firma no era una prueba fehaciente del encuentro con una celebridad —su generación necesitaba, más bien, tomarse una foto con ella—, estos cuadernos llenos de autógrafos demuestran que estaba decidida a convertirse en una verdadera estrella.

De nuevo, su valentía se vería recompensada. Al poco tiempo apareció la persona que lo cambiaría todo: Scott Borchetta, el hombre que la convertiría en una reina. Según él, la decisión de ficharla había sido pan comido. «Me enamoré de ella —dice—. Es así de sencillo». Borchetta nació en los años sesenta, y siempre fue un hombre competitivo y motivado: desde la escuela intermedia competía en carreras de autos con amigos. En algún momento se dio cuenta de que tenía dentro un «demonio aficionado a las carreras», le contó a *Forbes*. Después de terminar la escuela, decidió intentar triunfar en la industria musical. Aceptó un trabajo en el departamento de correo de la empresa de publicidad que tenía su padre. No sería el primer empresario de una compañía discográfica que entraba a la industria a través del departamento de correo: Simon Cowell, ahora muy reconocido, comenzó su carrera de la misma manera. Borchetta se trasladó entonces de California a Nashville y aceptó un trabajo en el departamento de publicidad del sello discográfico MTM, propiedad de Mary Tyler Moore. Después fundó su propia empresa independiente de publicidad, que dirigió por un tiempo antes de incorporarse a la casa discográfica MCA.

Luego se unió al Universal Music Group, que lo auspició para lanzar DreamWorks Nashville. Así, pasó a ser parte de uno de los sellos discográficos más importantes del mundo. Sin embargo, en 2005 su departamento cerró, y Borchetta tuvo que embarcarse en la búsqueda de una nueva estrella con la que pudiera lanzar su próximo sello. Taylor, que sería la candidata perfecta, se cruzó con él en Bluebird Café, el famoso centro de eventos en Nashville. A Taylor la emocionaba la posibilidad de tocar en este lugar que, además de presentar eventos musicales regularmente, era frecuentado por cazatalentos de la industria discográfica local. En ese entonces, el café ya era una institución: había sido el primer escenario de artistas que habían logrado llegar lejos, entre ellos, Garth Brooks, quien tocó ahí en 1987. Esa misma noche lo fichó Capital Records. El resto ya lo sabemos.

La historia se repetiría la noche en la que Taylor llegó a presentarse. Subió al escenario con su guitarra al hombro y tocó un set acústico. Para entonces ya se sentía bastante cómoda cantando en público, pero también era consciente de que ese público no era como cualquier otro. Tenía la ilusión de que entre la gente estuviera algún representante de un sello discográfico, alguien capaz de hacer realidad sus sueños. Borchetta, por su parte, tenía el revés de ese sueño: buscaba a una joven talentosa que pudiera convertir en una estrella internacional.

Cuando Taylor se acomodó en el escenario, tanto ella como Borchetta —quien, a excepción de un breve encuentro que tuvieron cuando él trabajaba en DreamWorks Nashville, era un completo desconocido— respiraron hondo y esperaron el milagro. Borchetta recuerda estar sentado con los ojos cerrados y preguntarse: «¿Me irá a gustar? Y pues, me gustó». «Me atrapó de inmediato», le contaría luego a Great American Country. «Fue como un flechazo». Apenas se acabó la función, fue al encuentro de Taylor y los Swift para hacerles una propuesta.

«Tengo una noticia buena y una mala —le dijo a Taylor—: La buena es que quiero firmar un contrato contigo. La mala, que ya no trabajo para Universal Music Group». Le explicó que quería que lo esperara un poco; estaba a punto de lanzar su propio sello discográfico. «Estoy trabajando en algo», le dijo. A Taylor le pareció lo suficientemente convincente; sintió que esta persona tenía bajo la manga algo en lo que ella querría participar.

Borchetta le contó a la cadena NBC cómo fue que lo conquistaron: «Creo que fue en agosto de 2005. Taylor tocaba una canción que se llamaba "When You Think Tim McGraw". Ni bien terminó la canción le dije: "¿Te das cuenta de lo que acabas de escribir? ¿Tienes idea?". Ese fue el momento de revelación, ahí me cayó la bomba». Se sentía inspirado, y corrió a decirles a sus amigos que había encontrado a una futura sensación de la música country. Pero cuando les contó que era una adolescente que todavía estaba en la escuela, notó sus caras de escepticismo. «La gente me miraba raro. Tenía la sensación de que mientras les contaba, iban borrando mi contacto de sus Blackberry». Para él, sin embargo, Taylor era tan increíble como Sugarland y Trisha Yearwood, artistas que ya había fichado y le habían dado buenos resultados.

¿Pero cuál era ese as que Borchetta tenía bajo la manga? Quería lanzar un sello que se llamaría Big Machine Records. («El nombre Big Machine es una especie de chiste», dijo en una entrevista a *Fast Company*, «somos todo menos eso»). Lo fundó pocos meses después de que DreamWorks Nashville cerrara. Su criterio para contratar a un artista en Big Machine ha sido siempre el mismo: «O me enamoro de su música, o no me enamoro», dice. También se planteó en su nuevo sello una misión difícil: darle prioridad «a la música y al artista». «Es la industria *de* la música. No la música *de* la industria», agrega. Borchetta se define felizmente a sí mismo y a su equipo como unos adictos al trabajo. «No existen los atajos —declaró en una reunión del sector—. Trabajamos 24/7, y nos encanta».

Se había enamorado de verdad de la música de Taylor, y ella estaba convencida de que por fin tenía a su lado a alguien que podía llevarla adonde quería llegar. Había tenido varios retrocesos, pero ahora, finalmente sentía que se encaminaba hacia algo grande. Había salido bien librada del *bullying* en la escuela, se había mudado a cientos de kilómetros de casa, había superado varios rechazos e incluso había roto un acuerdo con un sello importante que no le ofrecía lo suficiente, y en todo este tiempo, había tenido que mantener su autoestima a salvo. Con el optimismo que trajeron las primeras reuniones con Borchetta, pudo sentirse realmente orgullosa de sí misma.

Y sin embargo siempre estuvo cerca —y sigue estándolo— de quienes más la han apoyado: sus padres. Cuando quiere recordar el papel que sus padres desempeñaron en su éxito, solo tiene que pensar en una amiga suya. «Soy muy amiga de Kellie (Pickler), a quien abandonó su madre —le contó al *Washington Post*—. Veo a mi madre, que siempre ha estado ahí, y pienso que, si hubiera estado en la situación de Kellie, probablemente no lo hubiera logrado. Veo a otras personas que tienen padres ausentes, o madres absortas en sí mismas, y sé que tengo mucha suerte». Los Swift estaban demostrando ser un equipo fabuloso.

· CAPÍTULO 3 ·

TAYLOR SE CONSIDERA A SÍ MISMA UNA ARTISTA que evita los trucos baratos, por más tentadores que parezcan; a corto plazo dan solo resultados superficiales. Una vez firmado su contrato de grabación, y con sus padres de acuerdo con todo el proyecto, llegó el momento de que Taylor tomara la música en la que venía trabajando durante algunos años y la transformara en un primer álbum. La artista que llevaba dentro quería producir un disco que la hiciera sentir orgullosa. Su lado más empresarial quería que el disco fuera, además, un éxito comercial.

La venía tentando esta última idea, y entre más trabajaba en sus canciones, más consciente se hacía de que traían un aire fresco a la industria. Sin duda iban a destacarse en el mundo de la música country, cuyo público es, por lo general, un público adulto. «Todas las canciones que escuchaba en la radio hablaban de casarse, tener hijos y sentar cabeza», cuenta. Taylor no lograba identificarse con esos temas, así que, en lugar de imitar a otros artistas y cantar canciones que claramente no eran acordes a su edad, decidió quedarse con lo que sabía hacer. No tenía ninguna intención de convertirse en uno de esos niños artistas que, en una especie de acto de cabaret espantoso, se dedican a cantar temas vetustos, incongruentes con su edad.

Hasta donde sabía, no había ninguna regla que estipulara que las canciones de música country no podían contar las experiencias de gente joven. Para Taylor, disipar las dudas de algunas autoridades de la industria no sería ningún problema: siempre se ha sentido cómoda manteniéndose firme en su posición. De hecho, algunos de sus conocidos afirman que Taylor se siente más desenvuelta cuando hay una tensión en el aire. «Seguí escribiendo canciones sobre un chico con el que salí un tiempo y que me puso los cuernos, y sobre otras cosas que me pasaban —le contó a *Entertainment Weekly*—. Nada impide que el country les llegue a personas de mi edad, si quien compone las canciones es como ellas». Volvió a tocar el tema en una entrevista con *Billboard*: «Escribía sobre lo mismo que escribo ahora: sobre chicos, obvio. Siempre me ha fascinado cómo se tratan las personas, y cómo interactúan entre ellas. Ese tipo de cosas me fascinan, siempre me han fascinado».

En el trasfondo de su primer álbum estaban estos temas. La recopilación estuvo a cargo de un grupo de productores, con Nathan Chapram, un talentoso de la producción, a la cabeza. Chapram se unió al proyecto después de conocer a Liz Rose. Aunque había sido productor antes, nunca le había tocado trabajar en un álbum completo. Desde que se graduó de la carrera de Inglés de la Universidad Lee, en 2001, había buscado la oportunidad para hacer despegar su carrera. La encontraría de la mano de Taylor. Ella ya había trabajado con él en algunos demos, pero quedó totalmente impresionada al ver cómo él manejaba los controles en el estudio. Chapman aceptó colaborar con ella, y no la decepcionó. Así se lo contó a la Country Music Television (CMT) en 2006: «Pude grabar con un montón de productores increíbles en Nashville, pero nada sonaba como lo que hacía Nathan... teníamos una química perfecta».

Tenía a la persona adecuada para hacer este trabajo, y estaba dispuesta a dejarla brillar. A diferencia de otras divas, Taylor reconoce la importancia del papel que desempeñan los productores en el proceso creativo, aunque en el estudio está en todo. Sabe que es una artista que también tiene mucho para aportar en la producción. «Cuando estoy componiendo una canción, la escucho toda en mi cabeza... Oigo la producción, oigo cómo suena la batería, dónde entra la mandolina, qué está haciendo el bajo. Entonces, cuando vamos al estudio, solo tengo que sentarme diez minutos con Nathan y decirle: "Quiero que suene así", y él hace su magia».

En ese primer álbum tanto la batería como la mandolina, el bajo y los otros instrumentos terminarían sonando muy bien. Le llevó cuatro meses terminarlo, pero quedó encantada con el resultado. No es de extrañar que su álbum debut homónimo resultara siendo una selección fascinante de canciones. Con él, Taylor pudo mostrarle al mundo por primera vez, y de manera contundente, su visión de la música. Ya hemos hablado sobre cómo compuso «Tim McGraw», la primera canción del álbum. La versión final sonaba muy bien, la mezcla de esos *slides* de guitarra marcaba el tono desde el principio. En ella, Taylor recuerda la amargura de esa relación y la canción termina dando cuenta de un revoltijo de emociones: por un lado, es romántica y alentadora, y por el otro, se siente cargada de tristeza y dolor.

También tiene sus momentos graciosos —por ejemplo, cuando rememora la camioneta del chico, que se «vara» a cada rato en medio de carreteras desoladas— e imágenes vívidas, como la de la luna que se refleja en el lago. Fue el comienzo perfecto de su primer álbum.

Algunas canciones de Taylor necesitan tiempo; nos atrapan solo después de escucharlas varias veces. Otras, nos cautivan de inmediato. Una de estas últimas es «Picture to Burn», una canción en la que vemos por primera vez su tendencia a descargar la ira en sus letras. Es justamente esa ira lo que hace que esta canción te agarre y no te suelte. Taylor ha contado la historia detrás de ella: «Es sobre un chico que me gustaba, pero que no me ponía atención. Me daba mucha rabia, ¿sabes?». En realidad, Taylor y el chico nunca salieron: a ella le perturbaba mucho que el tipo fuera tan arrogante y narcisista, «de ahí nace la canción».

Le contó más sobre esto a *CMT Insider*: «Es la canción iracunda del álbum». Pero «Picture to Burn» no trata solo de la ira: en el segundo verso de la canción —cuando dice que el narcisista siempre se querrá a sí mismo más de lo que podrá quererla a ella— Taylor demuestra lo aguerrida que es como vocalista. Sin embargo, cuando se lanzó la canción en la radio, decidió cambiar el verso siguiente, en el que antes bromeaba con sus amigos diciendo que el tipo era gay. No quería ofender a algunos de sus fans innecesariamente.

El tono del coro le da un toque alegre a la canción, que hace que sus fans terminen con las manos arriba. Con ese banjo complejo y esa línea de guitarra memorable, podemos ver en «Picture to Burn» las influencias musicales de Amy Dalley y Ashlee Simpson, que hacen que todo suene mejor. Y, aun así, se le siente la rabia a la canción. Al repetir tanto la palabra «*burn*» al final, toma unos tintes agresivos que nos hacen pensar que tal vez esa chica que canta con tanta pasión no sea tan inofensiva. En general, este sencillo recupera el tema típico entre varias cantantes de música country, el de la «mujer desafiante». Por ejemplo, «Goodbye Earl» de Dixie Chicks —una de las canciones favoritas de Taylor en su época de karaoke— también hace uso de este tropo, aunque no con tanta rabia como Taylor.

Sin embargo, la canción tiene esa alegría y astucia que le gustan, le contaría más tarde a *CMT Insider*. «Creo que muchas chicas se pueden identificar con esta canción porque, básicamente, es sobre la rabia. Y está bien sentir rabia después de terminar una relación o después de que algo sale mal. En ese aspecto, es una canción brutalmente honesta. Y hasta graciosa. Eso también tiene un lado cómico». A la crítica le encantó: la elogiaron por ser una canción «inteligente, atrevida y alegre», y «una con la que puedes relacionarte directamente», entre otros.

Detrás de la canción hay una experiencia real, que deja muy mal parado al chico por quien Taylor sintió tanta rabia. Queda como alguien enojado y al que le hace falta autoconciencia. Tal vez lo que más habla de su narcicismo es que, al menos en lo que respecta a Taylor, el tipo ni registra que la canción se trata de él. El hecho de que no atara los cabos y se diera cuenta de que la canción era sobre él habla claramente de su grado de desconexión. En los años que han transcurrido desde el lanzamiento del álbum, Taylor ha madurado y evolucionado como artista y como persona; ya no es la adolescente herida que escribió esta canción. «Una de mis canciones "Picture to Burn" dice algo como "odio tu camioneta", "odio que me hayas ignorado", "te odio" —le contó a MTV—. Ahora creo que diría eso de otra forma y viviría ese dolor de una manera muy diferente». Sin embargo, y como veremos más adelante, Taylor defiende su álbum.

El tercer sencillo es «Teardrops on My Guitar», una canción ahora icónica. Este tema es más tranquilo y relajado que el anterior, pero no por eso menos cautivador y estimulante. Como sabemos, es sobre su amigo Drew Chadwick, con quien tenía un enamoramiento bien fuerte, aunque él no sentía lo mismo. «Me moría por él, y me la pasaba pensando: ¿por qué es como si fuera invisible para él? ¿Por qué tiene que tener novia? Nunca le dije que me gustaba, pero compuse una canción que lleva su nombre».

La versión final que quedó en el álbum tiene un ritmo moderado, y una producción en la que podemos escuchar algo de dulzura. Empieza suavemente, con la voz de Taylor que canta el primer verso con un estilo despreocupado, casi Bieberesco. Pero a medida que la estrofa se acerca al interludio, el ritmo y la intensidad aumentan. Al llegar el coro, sentimos un subidón de energía. Es el efecto Taylor, lo que sabe hacer y donde apreciamos en todo su esplendor la fuerza de su talento. Este fue el sencillo que acaparó la atención de los medios y, de hecho, del mundo entero. Con este tema musical, Taylor salió del mercado adolescente y del nicho de la música country para convertirse en una artista para todo público. En palabras de la revista *Billboard*, es una canción «con la que cualquiera puede sentirse identificado» y en la que Taylor «hace sentir el dolor de la separación». Pero es, también, una canción que rebosa de ternura.

Mientras que los primeros temas tratan de experiencias universales, el cuarto cuenta una historia muy particular. Si bien «A Place in This World» es una canción con la que muchos se pueden sentir identificados, la letra es una narración autobiográfica en la que Taylor cuenta el esfuerzo que le requirió triunfar en la industria musical y encontrar su lugar en el mundo. Encontró la inspiración para escribirla durante los primeros días que vivió en Nashville. Una parte de su sueño —mudarse al corazón de la industria— se había hecho realidad. Sin embargo, al llegar allá, la abrumó la magnitud del reto que tenía en frente. Más tarde le contaría a la cadena de televisión Great American Country (GAC) que «miraba esos edificios enormes y esa gente que se veía tan importante, y pensaba: "¿Qué hago aquí en medio de todo esto?"».

Cualquiera puede entender esta sensación y relacionarla con su propia vida: el primer día en la universidad, el primer día en un trabajo nuevo o incluso esa vez que te mudaste de barrio. Podría decirse que la existencia humana está marcada por ese deseo de encontrar un lugar propio en el mundo. Y ese deseo, por más viejos que seamos, nunca se satisface del todo. Taylor había encontrado una mina de oro: un tema con el que podían simpatizar personas de todas las edades, géneros y orígenes. No era la primera vez, ni sería la última. En términos comerciales, esta manera de componer es sin duda la más inteligente. Y en términos musicales, tiene el potencial de llegar a grandes escenarios, lo que la hace parecer una canción tanto de su primer álbum como de la era *Red*.

«"Cold As You" tiene una de las mejores letras que he escrito en la vida», dice Taylor. La letra suena demasiado adulta y oscura como para tratarse de la vida de una adolescente. Nunca ha revelado sobre quién es la canción, si es que se trata de una persona real. Quizás es mejor así, pues se entiende que su protagonista, quien quiera que sea, era medio nefasto. Algunos de los sujetos que aparecen en sus canciones sobre rupturas se presentan como chicos que no eran para ella, pero este al parecer no era para nadie. Haya existido o no, el protagonista de esta canción da la impresión de ser un tipo problemático.

La canción les puede dar escalofríos a sus oyentes: esta vez no se trata del amor nostálgico y no correspondido que aparece en sus temas anteriores, sino de un amor en el que vemos un desequilibrio, algo de oscuridad. Aunque musicalmente no es uno de los éxitos del álbum, la letra —las sonrisas condescendientes, los días lluviosos y las barreras emocionales que construyen un paisaje gris— la convierte, según muchos Swifties, en uno de los momentos culminantes de su carrera. A Taylor la entusiasma una buena estructura musical, pero lo que más parece animarla de una canción es una letra pegadiza y contundente. «Me encantan esos versos que te dejan noqueada», le contó a *Rolling Stone*. Claramente, hay varios momentos en «Cold As You» que te dejan así. Es otra de esas canciones en las que vemos a una Taylor madura, con toda su elegancia.

En el sencillo «The Outside», que mencionamos antes, Taylor pone a descansar un rato a los demonios de sus años adolescentes. Como hemos visto, compuso esta canción cuando tenía solo doce años, y le costaba encajar en la escuela. Con la letra intentaba encontrarle algún sentido a lo que le pasaba. «La escribí pensando en la sensación que más miedo me ha hecho sentir en la vida: la de estar en la escuela, caminar por el pasillo, ver esas caras y no tener ni idea de con quién iba a hablar ese día», le contó a *Entertainment Weekly*.

En lugar de amedrentarla, el rechazo que sintió en la escuela la hizo más fuerte. Reforzó su voluntad hasta el punto de que ya no temía el rechazo de los sellos discográficos a los que les presentaba su propuesta. Sabía que no había nada que pudieran decirle que la lastimara tanto como el *bullying* que le hacían en la escuela. Resulta fascinante esa idea de que quienes la maltrataban en la escuela, sin querer, terminaran dándole un regalo.

Desde el punto de vista musical, esta canción tiene un ritmo movido que crea una yuxtaposición interesante: por un lado, tiene una letra triste, que aborda el tema de la soledad y, a manera de contraste, una melodía y una producción alegres. A lo largo de la historia del pop muchos artistas han descubierto que este truco, cuando se ejecuta correctamente, funciona muy bien. En esencia, «The Outside», transmite el mensaje de que siempre se puede sacar algo positivo de los retos que a veces nos pone la vida. El lugar que ocupa en la secuencia de canciones es increíble: le sube la energía al álbum justo cuando necesitamos una ayudita.

«The Outside» no solo disimula la tristeza con una melodía alegre, sino que hasta cierto punto refleja también el carácter de la canción que sigue. En «Tied Together with a Smile», Taylor canta sobre cómo la gente disimula sus problemas y se hace la valiente en público. Para esta canción, se inspiró en la vez que descubrió que una amiga suya —la más querida del grupo— sufría de bulimia. Taylor recuerda cuando le contaron sobre la enfermedad de su amiga: «Fue uno de esos momentos en los que como que se te para el corazón». Para ella fue «duro» escribir esta canción porque era sobre un tema muy doloroso y «real».

Taylor quiso, sin embargo, darle un toque de esperanza y redención. Quería que al final se tratara sobre cómo «pase lo que pase con mis amigos, siempre voy a quererlos». En cierto sentido, esta canción es hermana de «The Outside». En esta última, explora de alguna manera las ventajas de ser una *outsider*, y en aquella, muestra que estar demasiado adaptado y querer ser como los demás tiene su precio. A Taylor le encanta poner los prejuicios de cabeza, pegarles una buena sacudida y ver qué sale de ahí. «Esta canción es sobre ese momento en el que te das cuenta de que alguien no es como pensabas y que te la has pasado excusando a alguien que no tiene ninguna excusa. Y te das cuenta de que simplemente algunas personas nunca te van a querer», comentó. En términos musicales, y comparada con los otros éxitos del álbum, esta canción no es nada del otro mundo, y sin embargo, el tema del que trata hace que sea una canción que le llega a muchos.

El dolor de una separación, el amor no correspondido, el *bullying* y la bulimia: hasta el momento el álbum recorre temas pesados. Con «Stay Beautiful» se relaja la tensión: en este tema Taylor celebra la belleza de un chico que no se da cuenta de lo hermoso que es. A Taylor se le alegra el día solo con verlo y, mientras canta, sabe que no es la única que admira su belleza. Espera que un día toque a su puerta, pero si no lo hace, solo le desea que siga así de hermoso. En este sentido, recuerda un poco a «You're Beautiful», la canción de James Blunt. Con esos *slides* de guitarra y ese ritmo más balanceado, transmite una alegría que hace que dejemos a un lado la tristeza de las canciones anteriores.

El siguiente sencillo, un himno que se ha convertido en una de sus canciones más reconocidas, nos devuelve sin embargo a un lugar oscuro. En «Should've Said No» es la ira la que manda. Con ella, Taylor abandona el territorio del country y compone un clásico himno adolescente. Esta fue la última canción que escribió para el álbum y dice que solo le tomó unos minutos componer sus elementos básicos: la escribió veinte minutos antes de grabarla. «Me salió así como así y ahora la escucho en mi discman», contaba. En ella, le habla a Sam, un chico que la engañó. La mezcla de pop y rock es perfecta para el despliegue de indignación. A algunos críticos, sobre todo los de la comunidad de la música country, les pareció, sin embargo, que irradiaba demasiada rabia. Pero el público general recibió muy bien esta canción desafiante, los conquistó por completo. También es un tema perfecto para presentaciones en vivo y la han versionado con mucho éxito varios concursantes de *shows* de talentos.

Taylor dice que después del incidente que le dio origen a este sencillo aprendió una lección. Su conclusión es que, antes de cualquier problema en la vida, se nos presenta la oportunidad de tomar una decisión importante o, en otros casos, de resistirnos a una tentación. Y si logramos no sucumbir a esa tentación, la vida se hace mucho más fácil. Andrea, que siempre ha sido una influencia para Taylor, la ayuda a reforzar este argumento. «Antes de tomar alguna decisión pienso: "¿Qué diría mi mamá? Si supiera esto, ¿se enojaría?"». Este simple ejercicio le basta para convencerse de decir *no* en momentos en los que se hace necesario.

Ante esto, salta a la vista una pregunta: ¿será que lo que nos quiere decir Taylor, que desde hace tiempo ha querido posicionarse como la niña buena en medio del libertino mundo del pop, es que debemos resistirnos siempre a la tentación? ¿Es este un mensaje semicristiano que aboga por la moderación y la abstinencia en un mundo plagado de serpientes? Una cosa es cierta: el protagonista de este sencillo se sintió incómodo con la canción. En las letras del CD, Taylor puso en mayúsculas algunas palabras, y escribió varias veces la palabra «Sam», dando a entender más o menos quién era el villano de la historia. El chico, nervioso, empezó a mandarle mensajes. Le preocupaba recibir más atención si ella hablaba de él en las entrevistas, y que lo «crucificara» en televisión. «Yo solo pensaba, bueno pues debiste haber dicho que no —le contó Taylor a *Women's Health*—. De eso se trata la canción».

Después de tanta rabia, angustia y hasta acusaciones, finalmente en «Mary's Song (Oh My My My)», Taylor nos da algo de esperanza. En esta canción, recuenta la vida de una pareja feliz y amorosa. La inspiración para componerla le llegó después de que una pareja que vivía en la casa de al lado fuera a cenar con los Swift. Al escuchar cómo se habían conocido y cómo hacían para seguir juntos, supo que quería escribir esta historia. La conmovió mucho, era algo muy diferente a lo que veía en el mundo. «Me pareció muy lindo porque si vas a la tienda y lees los títulos de las revistas de chismes, te enteras de quién terminó con quién, quién le puso los cuernos a quién… o también puedes escuchar mis canciones, jaja. Pero en ese momento sentí alivio de saber que si quería ver el ejemplo de una pareja que decidió quererse para siempre, solo tenía que ir a mi casa y mirar por la ventana a los vecinos».

Si «Mary's Song (Oh My My My)» levanta un poco el ánimo del álbum, el siguiente tema, «Our Song», lo sube un poco más. Surgió cuando estaba en Henderson High y se dio cuenta de que su novio y ella no tenían una canción que hablara de su relación. Así que lo solucionó de la mejor manera. En lugar de escoger una conocida, «me senté un día con su guitarra y me metí en el ritmo», contó. Ese día nació «Our Song», que tiene un sonido pícaro y divertido: los banjos y los violines le dan una onda fiestera.

La mayoría de las personas, al revisar sus diarios de adolescencia, se avergüenzan de los sentimientos y divagaciones a los que se entregaban sin pudor cuando eran más jóvenes. Por suerte, pueden reservarse para sí mismos esas creaciones vergonzosas. Pero en el caso de Taylor, sus pensamientos más íntimos quedaron grabados para siempre en este álbum, y millones de personas podrán seguir accediendo a ellos. Estas canciones son un reflejo de sus sentimientos durante la adolescencia y la preadolescencia.

Es bueno entonces que ella vea esta etapa temprana de su carrera con tanto orgullo. «Me acuerdo del disco que grabé cuando tenía dieciséis años y me siento muy contenta de haberlo hecho —le declaró a MTV en 2011—. Me pude permitir inmortalizar esa sensación de estar tan enojada que odias a todo el mundo. Es como grabar tu diario de esos años, y eso es un regalo». Según Taylor, que como hemos visto es la crítica más dura de su propio trabajo, el álbum resiste el paso del tiempo.

Los críticos de la prensa, por su parte, quedaron impresionados al escuchar el álbum. Al *New York Times* le asombró que Taylor hubiera escrito su debut «como si fuera un diario, dejando intactos los nombres y los detalles que incriminaban a otras personas». No solo el público apreciaba la autenticidad que irradiaban sus canciones, también los periodistas. Jon Caramanica comentó: «El resultado es una pequeña obra maestra del country-pop, una obra cínica y a la vez despierta, que es posible gracias a la voz firme y adolorida de Swift. Sus mejores canciones —"Picture to Burn", "Should've Said No"— son un poco despiadadas, animadas por algo más agudo que la típica angustia adolescente».

Chris Neal, de la revista *Country Weekly,* afirmó que en su álbum debut Taylor había demostrado «una honestidad, una inteligencia y un idealismo con los que podrán conectar personas de cualquier edad». También se aventuró a decir que «las canciones más reflexivas sugieren un talento que está listo para perdurar mucho más allá de la secundaria». En el sitio web AllMusic criticaron algunos elementos de la producción, que les pareció, en algunos momentos, demasiado pulida. Sin embargo, en su reseña, el crítico hizo una distinción entre la producción y el talento de la artista. «Swift no tiene ningún problema en solucionar cualquier dificultad que se genere a su alrededor —decía la reseña—. Nos ha presentado un primer álbum digno de elogio, ha logrado tanto como alguien con diez años en la industria que ha tomado muchos caminos y vivido muchas más emociones».

La revista *Country Standard Time* declaró que el álbum gozaba de un equilibrio admirable entre dos géneros musicales, lo que le daba «algo de iPod, con tanto pop como country entre los once sencillos». Rick Bell, el crítico de la revista, añadió: «Las mejores canciones de Swift son las más profundas y personales, las que escribió ella misma, en particular «The Outside» y «Our Song»; las canta con una convicción que conmueve... Es un debut impresionante», comentó.

El álbum se lanzó finalmente el 24 de octubre de 2006, un día de gran orgullo para Taylor. También, de mucha ansiedad: estaba tan nerviosa que se despertó a las cinco de la mañana. Se estaba quedando en un hotel en Manhattan, ya que había sido invitada al programa de televisión *Good Morning America*. Poder promocionar su álbum en un espacio con tanta repercusión mediática era ya todo un logro para ella: muchos artistas consagrados han intentado sin éxito que les den un lugar en el programa. En medio de las actividades de promoción, Taylor quiso hacer algo más, ahora que su álbum estaba a la venta: comprar una copia. «Solo quiero comprarlo y ponerlo boca abajo en la caja registradora —dijo entonces—. No sé cómo explicarte la emoción y los nervios que tengo. Es un día tan increíble, estoy en Nueva York y siento que es aquí donde debería salir tu primer disco». La compra que hizo de su álbum se perdería en el mar de ventas que lo llevarían al número 19 de la lista Billboard 200.

¿Qué nos dice el álbum debut de Taylor sobre ella misma? Podemos ver que no da el brazo a torcer: sus canciones tienen muchas veces cierta oscuridad y tristeza, y en el álbum hay también una buena ración de ira. Pero, tal como menciona el *New York Times*, su rabia va más allá de la típica angustia adolescente. A pesar de la mezcla que hace entre el country y el pop, su ira tiene una dimensión que la acerca al grunge y al punk-rock. «Picture to Burn» y «Should've Said No», en particular, desbordan tanta ira que el público puede llegar a pensar que, por fortuna, Taylor tiene en la música una válvula de escape. No sería muy saludable reprimir tanta rabia.

Como hemos visto, quienes rodeaban a Taylor empezaron a sentirse nerviosos o emocionados con la idea de que ella pudiera componer canciones sobre ellos. «Creo que es una de las cosas de las que más le gusta hablar a la gente, eso de que sobre quién son mis canciones —le contó a *Entertainment Weekly*—. Hay muchas personas que creen que les compuse una canción, pero en realidad no son tantas», agregó. Sin embargo, no niega que su música está basada en experiencias personales. «Es muy autobiográfica», afirma. Así pues, su vida y su mente quedan al descubierto en muchas de sus letras.

Taylor insiste en que su música debe ser lo más auténtica posible, y por eso la mayoría de sus canciones tratan de experiencias de la vida real. Esta es una tendencia que ha ido en aumento entre las artistas mujeres del siglo xxi. Amy Winehouse, por ejemplo, escribió sus dos álbumes sobre dos amantes que tuvo. «Back to Black» —la canción y el álbum del mismo nombre— narra su tormentosa relación con Blake Fielder-Civil. Los temas de este álbum desbordan de dolor y angustia, y es aún más desgarrador escucharlos tras la muerte prematura de Winehouse. Es tentador especular con que había un cierto grado de autosabotaje en la vida de Amy, lo cual pudo inspirarla aún más a componer canciones tan impresionantes y con ese nivel de desesperación y despecho. El precio que pagó por esas joyas musicales, sin embargo, fue terrible. (Esta teoría no es tan descabellada como parece: la cantante Lily Allen admitió en una entrevista con *Radio Times* que Amy había terminado algunas relaciones con el propósito de encontrar material para sus canciones. «Cuando entro en uno de esos momentos en los que no puedo componer nada, me levanto y me voy. Es horrible, pero cierto»).

Adele —en cierto sentido, y al menos en términos musicales, sucesora de Winehouse— también piensa que la música debe reflejar experiencias de la vida real. Desde que plasmó los recuerdos de su separación en los álbumes *19* y *21,* ha encontrado una felicidad y una tranquilidad considerables. Tiene una relación firme, y también la estabilidad personal para tener un hijo. Aunque a nivel personal la maternidad es una alegría para Adele, aún no sabemos qué significará para ella como artista. Canciones como «Rolling in the Deep» y «Someone Like You» surgieron de una sensación de tristeza y soledad. ¿Qué tipo de música saldrá entonces de uno de los momentos más felices de esta gran cantante londinense?

Se trata de un asunto que afecta a los músicos desde siempre. El extraordinario compositor británico Noel Gallagher, antiguo miembro de Oasis, veterano del rock británico y ahora un exitoso artista en solitario, cuenta que era mucho más fácil escribir canciones con las que la gente pudiera identificarse cuando era un joven que pasaba hambre, vivía de subsidios y soñaba con llegar al fin de semana para olvidarse de todo. Al convertirse en un multimillonario famoso, que disfrutaba de la adoración de millones de personas y tenía una vida llena de *glamour* y comodidades, se dio cuenta de repente de que sus experiencias vitales ya no resonaban con sus fans. Y aunque el declive de su banda se debió a muchas razones, la dificultad para componer en la que se encontró fue sin duda una de ellas.

Taylor era consciente de este asunto. Pero cuando le preguntaron si podría representar un problema para ella en el futuro, su respuesta fue encogerse de hombros en un gesto de indiferencia. «¿Sabes?, componer canciones implica ser capaz de imaginar una historia y contarla, y a veces esto significa tener que contártela a ti misma —comentó—. A veces hay que usar la imaginación para transportarte a ese día en que te mintieron. Pero también escribo cuando estoy contenta. Mi canción número uno la escribí cuando estaba en una relación con alguien». Ahora, sabemos que esa confianza en sí misma tenía un buen fundamento. Taylor tiene todavía una vida personal compleja y agitada, a pesar de la fama y la fortuna. Por eso, a sus canciones se les siente todavía una fuerte carga emocional, incluso ahora que su carrera la ha llevado a una vida infinitamente más cómoda en términos materiales. Al comienzo de su carrera se mantuvo en la idea de que quería componer con la mayor autenticidad posible, y fue justamente eso lo que le permitió alcanzar el éxito.

Taylor ha explicado hasta qué punto es autónoma en su ca

rrera. «Cuando estoy en reuniones de dirección, o cuando decidimos mi futuro, soy yo quien toma las decisiones —contó en una entrevista con *Harper's Bazaar*—. Soy yo la que tiene que salir y cumplir con todas esas obligaciones, así que tendría que ser yo quien elige cuáles puedo cumplir y cuáles no. En esa parte de mi vida es donde siento que tengo más control». También participó activamente en la promoción de su álbum. Durante años había sido muy consciente del poder de internet y de las redes sociales, contó en una entrevista a *Billboard*. «Tenía como unos doce años cuando creamos taylorswift.com y empezamos a experimentar con distintas versiones del sitio web —contó—. Y cuando nos mudamos a Nashville, mi mamá y yo nos pusimos a trabajar en ella para que fuera muy, muy *cool*. Fuimos a Mad Dancer Media y les dijimos que queríamos que pareciera como un libro de recortes. Tenía estos botones que abrían el libro, y todas estas pestañas y ventanas, queríamos que fuera muy interactivo y tuviera algo que ver con el momento de la vida en el que estaba. No quería un sitio elegante ni que se viera muy esforzado. Quería que reflejara quién era y quién soy como persona. Tenía que ser relajado».

Otra dimensión importante de su presencia en internet tenía lugar en su cuenta de MySpace, que estaba de moda en ese entonces. La red social había ayudado a lanzar la carrera de dos de los artistas más importantes del Reino Unido, Lily Allen y Arctic Monkeys. Ambos lo habían utilizado para formar un grupo de seguidores, y mantener una conversación con ellos saltándose a los medios de comunicación convencionales. Cuando Taylor se convirtió en una joven artista reconocida, ya había pasado el apogeo de MySpace. La red estaba inundada de aspirantes a estrella que tenían la esperanza de que ocurriera la magia solo por el hecho de estar ahí. Además, Facebook empezaba a posicionarse en internet, lo que gradualmente disminuiría la popularidad de MySpace.

Para que un usuario —fuera famoso o no— pudiera darse a conocer en el sitio, tenía que utilizarlo con astucia. Taylor aceptó el reto. Reconoció que en ese entonces pasaba «mucho tiempo en MySpace» y que era ella misma quien se encargaba de su propia imagen. «Yo misma diseñé mi MySpace. El fondo que ven ahí lo saqué de otro sitio web, copié el código y lo pegué en la sección de mi Bio. Soy yo la que sube todas las fotos, revisa los comentarios; me encargo de todo en esa página. Para mí es muy importante y especial cuando alguien se me acerca y me dice: "Soy tu amigo de MySpace". Siempre me he sentido muy orgullosa de esto porque es algo muy personal para mí». También utilizaba la red social como fan; le encantaba meterse y descubrir nuevos artistas; muchos de los que le gustarían más tarde los había visto primero recomendados en la página de MySpace de su amiga Abigail. «Por lo general, lo que suena en su MySpace es algo nuevo y *cool* que seguramente voy a terminar descargando», decía Taylor.

Sin embargo, lo más importante de su actividad en MySpace fue que a través de esta red social se completó la promoción de su primer sencillo y su álbum debut. El hecho de que Scott Borchetta lograra agregar el sencillo a las *playlists* de las emisoras de radio de música country demuestra lo efectiva que fue esta táctica. Borchetta se aseguró de que Taylor tuviera una fuerte presencia en redes, y también lanzó el video de «Tim McGraw» antes que la canción. Como resultado, cuando visitó las emisoras de música country más importantes para pedirles que agregaran la canción a sus listas de reproducción, ya tenía terreno ganado. «Dijimos: las tenemos rodeadas y ni se han enterado», comentó.

La mayoría de los artistas, sobre todo los que están empezando su carrera, llegan a las estaciones de radio con una actitud más servil y mucha menos confianza.

Pero Borchetta nos presenta su acercamiento a las emisoras de una manera más brutal y agresiva de lo que ocurrió en realidad. Taylor le puso algo de su encanto. Por ejemplo, le envió a cada estación de radio que puso su canción una tarjetita escrita a mano. La ternura de estas notas de adolescente les derritió el corazón a muchos de los fríos DJ de las emisoras. Había también algo de ritual en ello. Taylor y Andrea habían envuelto a mano muchos de los demos que enviaron de su canción. Mientras los empacaban, Taylor le susurraba a cada CD un mensaje de buena suerte. Con las emisoras de radio de su lado, el sencillo se vendió muy bien. Llegó al puesto seis de la lista *Billboard* Hot Country Songs y se mantuvo entre los diez primeros durante treinta y cinco semanas. Llegó a estar en el número 40 de la lista principal de *Billboard*.

Debido a la fama y a la fortuna que había amasado recientemente, la vida de Taylor cambió, pero ella esquivó la tentación de lamentarse por ello. Muchos famosos hoy en día son reconocidos por quejarse en público de su vida. Robbie Williams, por ejemplo, oscilaba en sus entrevistas entre la alegría que le generaba la fama, del tipo *no puedo creer lo que me está pasando*, y una autocompasión que sonaba a *es horrible ser famoso*. Taylor tomó un camino intermedio, aunque en su caso además de trabajar tenía que ir a la escuela. «Llegar a un equilibrio en todo esto no es tan difícil. O sea, ¿de qué voy a quejarme? La paso superbién. Tengo mucha suerte. Cuando salgo en público y voy al centro comercial pues sí, es muy diferente a como era hace dos años, pero es diferente de una manera hermosa. Es tan diferente como he querido toda mi vida. Yo creo firmemente en que si toda tu vida has trabajado muy duro por algo, y es lo que más deseas en el mundo, pues no debes quejarte cuando lo consigues».

Sin embargo, los cambios no cesaban. Por ejemplo, tuvo que dejar la escuela y estudiar en casa. Se volvió imposible compaginar una promoción adecuada de su música con las demandas y el horario tradicionales de la escuela. También estaba la preocupación de que la fama y estilo de vida, cada vez más emocionantes, despertaran la envidia de sus compañeros de clase. Nadie en la familia quería arriesgarse a que Taylor tuviera que volver a los días oscuros en los que era atacada cruelmente por sus compañeros. Sin embargo, tal vez fue una medida demasiado cautelosa, ya que debía dejar una escuela en la que tenía muchos amigos y se divertía mucho. A Taylor le entristecía irse y su mejor amiga, Abigail Anderson, también tuvo que adaptarse a la vida escolar sin su amiga Tay. Anderson reconoce que le costó mucho adaptarse: «O sea, a cualquier chica le pasa que si su mejor amiga se va en décimo grado queda como: Okey, ¿ahora qué hago? Fue difícil para las dos —contó en una entrevista con periódico *Lawrence Journal-World*—. Tuve que encontrar otra identidad en la escuela, y ella tuvo que salir a hacer lo suyo y también extrañaba todo lo que había sido su vida los últimos años. Pero de inmediato empezó a irle superbién… no había manera de pensar en otra cosa».

En las vacaciones de verano, Taylor emprendió una gira por las estaciones de radio para promocionar su música. Fue un esfuerzo descomunal. Su objetivo era llegar a 2500 emisoras. La idea era seguir una ecuación bastante simple que le habían aconsejado: si quieres vender 500 000 discos, tienes que apuntarle a encontrarte con 500 000 personas. Dormía en la parte trasera del auto mientras Andrea conducía de emisora en emisora. Su madre dice que fue «mucho trabajo» ayudar en la promoción del álbum de su hija, pero también «fue muy divertido». Para darle un toque aún más personal, Taylor horneó galletas para ofrecerles a los integrantes de las emisoras.

Siempre va a recordar el lugar donde estaba cuando escuchó por primera vez una de sus canciones en la radio. «Iba manejando y alguien llamó y pidió la canción, y literalmente, casi me salgo de la vía —le contó a la revista *Seventeen*—. El presidente de mi sello discográfico todavía tiene guardado el mensaje que le mandé, gritaba como loca, casi ni se puede escuchar lo que decía porque estaba llorando… fue increíble». Ese fue un punto de quiebre para Taylor; de repente el *bullying* y la soledad que había soportado en la escuela parecían muy lejanos. Ahora todos se fijaban en ella.

Tras su gira por las radios, quedó muy contenta con la impresión que dejó en quienes se encargaban de programar la música de las emisoras. Recibió otro gran impulso cuando la llamaron de parte de Rascal Flatts, la popular banda de country. El trío, conocido por éxitos como «Bless the Broken Road» y «What Hurts the Most», estaba en un aprieto después de que su telonero los dejara en medio de la gira. Le preguntaron a Taylor si quería reemplazarlo. La buena noticia era que le daban la oportunidad de tocar en vivo para miles de personas. La mala, que solo tendría cuarenta y ocho horas para prepararse. Taylor, de nuevo, aceptó el reto. «Estoy tan emocionada, no puedo ni explicarles cómo grité cuando me llamaron», escribió en su cuenta en MySpace. Tocó un miniset de seis canciones para sus fans, preparándole el terreno al acto principal. Algunos críticos señalaron que como telonera Taylor logró una conexión con el público que usualmente solo un artista mayor y con más experiencia llega a conseguir. Un *set-list* típico de Taylor en esta época empezaba con «I'm Only Me When I'm With You» y terminaba con «Picture to Burn». Entre estas dos canciones, cantaba «Our Song», «Teardrops on My Guitar», «Should've Said No» y, por supuesto, su gran éxito, «Tim McGraw».

La conexión que tuvo con sus fans en la gira de Rascal Flatts hizo que creciera su reputación, y al poco tiempo empezó a recibir invitaciones de otros artistas pidiéndole que se uniera a sus giras. George Strait, conocido como «el Rey del Country» y una leyenda de la industria, la invitó a participar en una gira de veinte conciertos. El visto bueno de Strait fue muy importante para Taylor. Según ella, hay que apuntarle a la singularidad en las actuaciones en vivo, por muy grande que sea la audiencia o el lugar. En ese entonces, juró que mientras estuviera en el escenario nunca «iba a hacer la fácil», siempre le pondría todo el amor a sus presentaciones. Siente que cuando se presenta en vivo no hay dónde esconderse: «La gente puede ver todo en tu cara, pueden ver lo que significa cada canción para ti —afirmó—. Compuse estas canciones y todas significan algo para mí. Me encanta cuando puedes ver a las personas en primera fila coreando las letras de tus canciones. Me encanta poder mirar a alguien, hacer ese contacto visual, asentir con la cabeza y decirle: "Gracias por estar aquí"».

La gira con Rascal Flatts había sido «la dupla perfecta» para ella. Pero con Strait, tenía la ventaja de poder presentarse «ante un público de country más tradicional». Escribió en su blog: «Soy superfan de George Strait, así que va a ser MUY divertido». Después de cada presentación, veía la actuación de Strait desde los bastidores. Le fascinaba la intensidad del respeto que el público tenía por Strait; se sentía, según ella «casi como una religión». Sintió algo parecido a la comunión cuando Strait, en la primera noche de la gira que iniciaban en el Lafayette de Los Ángeles, la nombró. «George Strait DIJO MI NOMBRE —escribió en su blog más tarde—. Estábamos viendo el *show* de George... y de repente dice "Me alegra mucho que esté aquí con nosotros la talentosa Taylor Swift". SÍIIII. Fue tan increíble, fue uno de esos momentos que te cambian la vida», escribió.

Se iba creando un efecto de bola de nieve, al que también se sumó el roquero Brad Paisley. «Estaba investigando a varios artistas para ver quién podía acompañarnos en la gira. Pero apenas descargué su álbum, supe que tenía que ser ella. Me impresionaron las letras de sus canciones, y me encanta que no intente cantar como una persona de treinta años. Tiene una voz muy singular», le contó a la revista *Blender*. Para Taylor, fue muy emocionante volver a salir de gira. Igual de satisfactorio fue el hecho de que Paisley «entendiera» su propuesta. Varios personajes de la industria le habían sugerido que abandonara la naturaleza adolescente de sus canciones y compusiera desde la perspectiva de alguien mayor. Estaba contenta de que Paisley notara lo alternativo de su propuesta. El tiempo que pasó de gira con él fue una oportunidad para «ver cómo pensaba y aprender de él lo más que podía».

Kellie Pickler también estaba en *Bonfires & Amplifiers*, la gira de Paisley, y las dos se volverían amigas. Pickler había nacido en 1986, y saltó a la fama tras concursar en la quinta temporada de *American Idol*. Aunque quedó sexta, llamó la atención tanto de los espectadores como de algunas figuras importantes de la industria. A los pocos meses de terminar la serie lanzó su álbum *Small Town Girl*. Taylor se llevó bien con ella de inmediato. Más que amigas, su relación se volvió casi que de familia. «Es como una hermana —decía Taylor de su amiga—. La gente dice que somos muy diferentes, pero eso es lo que nos hace buenas amigas. Es increíblemente franca, me encanta eso de ella. Si un chico me dice algo o hace algo que no le gusta, coge mi teléfono y me dice: "Voy a borrar su número"».

A las dos también les gustaban las bromas pesadas. Le hicieron una a Paisley durante su gira. Una noche, junto con el artista Jack Ingram, se disfrazaron y se subieron de sorpresa al escenario. Cuando Paisley cantaba su canción «Ticks» (garrapatas), de repente vio a Taylor y a Pickler vestidas de garrapatas, bailando alrededor de él. Luego se subió Ingram, disfrazado de exterminador. Hizo un movimiento como si estuviera fumigando y en ese momento las dos «garrapatas» fingieron una muerte dramática. Fue una intervención medio tonta, pero muy divertida. «Casi me atraganto de la risa», escribió Taylor más tarde en su blog. «Después me quedé ahí tirada en el escenario haciéndome la muerta y de repente miré a Brad, que me vio y dijo: "Muy lindo". Me miró como a un bicho raro, un poquito molesto», comentó.

Después de la gira con Paisley, abrió el *show* del cantante Kenny Chesney, otro grande de la industria. Esta vez también se sintió halagada y muy emocionada de acompañar a este artista. «Ser la telonera de Kenny Chesney es una de las cosas más increíbles que he hecho en la vida», comentó, feliz de recordar su experiencia. Esta gira tenía algo diferente a la de Paisley: «Su gira es superrelajada, y es muy agradable trabajar con todo su equipo. Y Kenny Chesney es tan buena onda... Es buena onda de verdad». También habló con admiración de su ética de trabajo: «Kenny se levanta en la madrugada, recorre las instalaciones, y conoce a todo el mundo, desde los sonidistas hasta los fans», le contó al periódico *USA Today*. Vivía su vida siguiendo los principios que tanto Taylor como sus padres —que eran personas exigentes— compartían.

Pero al final de cada gira, cuando Taylor salía de la burbuja del mundo del espectáculo y regresaba a su vida cotidiana, se hacía patente lo joven que era. De hecho, sus publicaciones en internet nos permiten ver el contraste entre la vida que llevaba de gira y su día a día en casa. «Acabo de volver de una gira de cinco conciertos —escribió—. Ahora estoy sentada en mi cocina... en la encimera. Comiendo Cool Whip. Estoy pensando a qué jugar ahora con mi gato y haciendo una *playlist* de canciones tristes». Como muchas de las chicas buenas del country, Taylor se sentía cómoda en su casa, a pesar de que la experiencia de haber estado de gira le había parecido emocionante. Disfrutaba de su popularidad y de lo fácil que se le iban dando las cosas. Sus fans la adoraban y tenía también el respaldo de varios artistas famosos y respetados en la industria. Se sentía, ella también, respetada y famosa, algo que todos los artistas anhelan.

Su carrera y su vida en general iban bien. Taylor sentía que estaba en una buena racha, y el 2007 fue, literalmente, un año dorado. Su primer álbum ganó el Disco de Oro por las primeras 500 000 copias vendidas. Era un hito para ella y tenía también un valor simbólico: era ese el número de discos que se había propuesto vender al comienzo de su carrera. En abril de ese mismo año ganó un primer premio importante. Los CMT Music Awards le otorgaron uno de sus premios «Buckle» —que reciben ese nombre porque tienen forma de hebilla— al Video Revelación del Año por el video promocional de «Tim McGraw». Al mes siguiente, en la premiación de la Academy of Country Music Awards, sintió que finalmente había logrado su sueño. Aunque no ganó ningún premio, sintió como si se hubiera ganado la lotería. En la ceremonia cantó «Tim McGraw», y entre el público se encontraba nada más y nada menos que el mismo McGraw.

Cada paso que daba hacia el éxito parecía llevarla al siguiente. Ese mismo mes, actuó en el Gold Country Casino & Hotel y un crítico escribió: «Acabo de ver el espectáculo de una futura superestrella». Eran esas las palabras que Taylor quería oír desde hacía mucho. Empezaba a ver señales a su alrededor de que, tarde o temprano, se convertiría en una superestrella. Incluso esa etapa de su carrera era más gloriosa de lo que esperaba.

En junio se presentó en el Country Music Festival, un acontecimiento simbólico en distintos sentidos. Mientras estaba ahí se enteró de que su álbum había llegado a ser disco de platino. Era un logro fenomenal; habían pasado tan solo ocho meses desde el lanzamiento. Taylor contrastó la magnitud de este logro con las dos visitas que había hecho antes al festival: «El primer año estuve como voluntaria (tenía catorce años) y ayudé a llevar a los artistas a sus entrevistas de radio —escribió en su blog—. El año pasado vine y firmé autógrafos (era chistoso, nadie me conocía), y a los que me prestaban atención les dije que tenía un sencillo que iba a salir pronto, "Tim McGraw", y les pedí que por favor llamaran a pedirlo en la radio… jaja. Un año después, ahí estaba, recibiendo una placa de platino por vender un millón de copias de mi disco. Ha sido un buen año». Al mes siguiente, el álbum llegó a ser el número uno en las listas de música country de Billboard.

Se vio a sí misma haciendo el papel de hermana mayor con sus fans más jóvenes, quienes sentían que podían aprender algo de sus canciones y de sus intervenciones en público. Todavía era joven, así que esto hacía que se sintiera aún más presionada: un paso en falso podía tener consecuencias graves para sus fans. Sin embargo, asumió bien la responsabilidad. En el otoño, se unió a una iniciativa educativa para concientizar al público sobre el abuso sexual y otra gama de delitos contra los menores en internet. En colaboración con el gobernador de Tennessee y una organización policial, les habló directamente a chicos de edad escolar para que tuvieran cuidado cuando conocían gente en línea, «porque cuando conoces a alguien en internet, no lo estás conociendo en realidad». Les habló con franqueza: «Si dos o tres de ustedes se sienten solos en la casa después de que llegan de la escuela, y alguien que no conocen les manda un mensaje y les dice que tiene diecinueve años y es un estudiante de la Universidad de Yale, y que además hace algo de modelaje, probablemente tenga cuarenta y cinco años y viva en el sótano de la casa de sus padres. Y probablemente sea un abusador sexual. Esa es la verdad».

Además de prestar su tiempo a causas nobles, también les entregaba dinero. Cuando Cedar Rapids (Iowa) sufrió graves inundaciones, prometió apoyar con 100 000 dólares los esfuerzos de la Cruz Roja para ayudar a la comunidad. «Me apoyaron, agotaron todas las entradas de mi concierto —explicó en la revista *People*—. En la vida hay que devolver el favor, eso fue lo que hice en Cedar Rapids».

En octubre de 2007, lanzó un álbum para las fiestas de fin de año. Era de edición limitada, incluía algunas canciones propias y cuatro versiones de clásicos navideños: «Santa Baby», «Silent Night», «Last Christmas» y «White Christmas». Las versiones que hizo le daban de por sí un aire navideño a la colección, pero Taylor insistió en incluir también canciones originales. «Debe tener algo realmente original y diferente», declaró. Quería evitar la tentación, que podría leerse como pereza, de lanzar un álbum de canciones cursis. Taylor es fanática de la Navidad como ritual religioso, pero también le gusta la tradición. «Me encanta todo lo que rodea a esta época del año, pero sobre todo que la gente encuentre maneras de reunirse con sus seres queridos», escribió en su blog. «Christmases When You Were Mine», que compuso para este álbum, es una de las canciones más poderosas y desgarradoras que ha escrito. Es una lástima que esté casi escondida en este disco tan poco conocido.

Lo mismo puede decirse de algunas canciones que solo aparecieron en la edición especial de *Taylor Swift*. Por ejemplo, «I'm Only Me When I'm With You» es la versión fiestera de un baile típico country. La manera como están compuestas las estrofas da la sensación de que algo muy hermoso está por ocurrir, y cuando llega el coro, sentimos que ha ocurrido. Aún así, nos queda la sensación de que algo más está por venir. Ese algo más llega justo después del coro, cuando los violines y la batería pasan al primer plano, y es como si la canción nos llevara al cielo, donde nos reciben con globos de fiesta, champán y fuegos artificiales. En algún momento entre el coro y lo que viene después, para quien oye esta canción, es como si le inyectaran algo muy parecido a la sensación de ser invencible.

En la ceremonia de los Country Music Awards (CMA) de 2007, Taylor ganó el codiciado Premio Horizon, que se otorga al Mejor Artista Revelación. Con este premio, se unió a una lista muy exclusiva de artistas de la talla de Garth Brooks, Dixie Chicks y Carrie Underwood, que lo recibieron en el pasado. De hecho, la ceremonia de 2007, que se celebró en el Sommet Center (ahora el Bridgestone Arena), fue una gran noche para Underwood. Por segundo año consecutivo, se llevó dos importantes galardones: uno al mejor sencillo y el otro a la mejor vocalista femenina. Con veinticuatro años, la artista del country —que agradeció a «Dios» durante su discurso de premiación— se convirtió en un modelo a seguir para Taylor.

Durante la ceremonia, Taylor cantó su más reciente éxito «Our Song». Seguramente ha pensado en lo simbólico que fue ocupar el escenario principal en este evento, uno de los acontecimientos musicales más importantes en Nashville. De hecho, fue Taylor, que llevaba un corto vestido negro y guantes largos, la primera de los cinco nominados en cantar. Si durante la presentación pudo esconder sus nervios, afloraron de verdad cuando regresó al escenario para recibir el Premio Horizon de las manos de Underwood.

Taylor —que tras un cambio de vestuario, ya se veía como una verdadera ganadora con su vestido dorado— se llevó las manos a la cara cuando anunciaron su nombre; parecía en *shock*. Miró a Andrea, que estaba a su lado, y madre e hija se abrazaron para celebrarlo. Tuvo que subirse el vestido para subir al escenario. Ya arriba, cuando empezó su discurso para aceptar el premio estaba sin aliento y temblaba. «No puedo creer que esté pasando esto», dijo. Tuvo un momento religioso, para terminar hablando de sus días en la escuela. «Quiero agradecerle a Dios, y a mi familia por mudarse a Nashville para que pudiera hoy estar acá. Quiero agradecerle también a Country Radio, nunca voy a olvidarme de la oportunidad que me dieron. Brad Paisley, gracias por llevarme de gira contigo». También le agradeció a Scott Borchetta, y a todos los de Big Machine Records. Terminó agradeciéndoles, entre lágrimas, a sus «fans, me han cambiado la vida. ¡Esto es lo mejor que me pudo pasar en el último año de escuela!».

Lo de «último año de escuela» causó muchas risas entre el

público. Fue un discurso encantador. Al mes siguiente, fue igual de encantadora cuando anunciaron los nominados a la quincuagésima versión de los premios Grammy. Cuando estaba en el escenario y mientras ayudaba a revelar los nombres de los artistas nominados, pareció sorprenderse al oír que los Foo Fighters anunciaban su nombre como candidata en la categoría Mejor Artista Revelación.

Corrió hacia Dave Grohl y Taylor Hawkins, de los Foo Fighters, y los abrazó con entusiasmo. «No te preocupes, Taylor —dijo Grohl, encantado con su reacción—. Es tuyo». «Ha sido un año de verdad increíble, nos fue muy bien en los CMA este año, y gané el Premio Horizon; fue maravilloso», diría Taylor después. Le preguntaron si iba a poder dormir en las semanas previas a la ceremonia de los Grammy, ahora que sabía que estaba nominada. Respondió: «Sabes qué, tanto como no dormir... la verdad es que no puedes controlar esas ceremonias. Ya hice las pases con el hecho de que puedo controlar lo que digo, puedo controlar cómo actúo y lo que hago cuando estoy en el escenario, pero no puedo controlar las ceremonias de premiación, así que intento no ponerme nerviosa por eso».

En verdad había sido un año maravilloso y, para rematar, cerró alcanzando un logro monumental para ella. El 13 de diciembre cumplió dieciocho, y Scott y Andrea le hicieron una fiesta cuyo tema era el color rosado. Se sentían muy orgullosos. «Esta fiesta es nuestro regalo de cumpleaños —le contó su madre a la revista *People*—. Ella sabe que los verdaderos regalos en la vida son los vínculos». Sin embargo, cuando le preguntaron a Taylor qué era lo mejor de cumplir dieciocho respondió: «Quería un disco en el número uno, y me lo dieron. Y me dieron otra cosa que no pedí: una nominación a los Grammy».

También comentó el abrazo efusivo que les dio a los Foo Fighters. Fue directa: «Quedé deslumbrada —le contó a la revista *People*—. Siempre me han gustado los abrazos. Sinceramente, nunca pensé que me iban a nominar, así que cuando dijeron mi nombre me dieron ganas de abrazar a alguien. Me alegra que todos hayan empezado a abrazarse. Si nos abrazáramos más el mundo sería un lugar mejor».

Después de esperar mucho, sentía que todo se movía a un buen ritmo. «A veces me tengo que pellizcar a ver si estoy soñando. Pienso: ¿en serio estoy aquí?», dijo. En el mundo Taylor todo era fantástico. Sin embargo, Borchetta estaba preocupado. Ni él ni Taylor se habían imaginado que su carrera despegaría como lo hizo ya con su primer álbum. A su mánager le preocupaba que alcanzara el auge de su carrera demasiado pronto, y luego perdiera la motivación que la caracterizaba.

Pero, sobre todo, se preguntaba si Taylor —a quien los retos le daban tanta energía— podría estimularse a sí misma cuando no tuviera nada que superar y habiendo pasado tan rápido de completa desconocida a estrella. «Me da miedo que conquiste el mundo a los diecinueve años —le confesó al *Washington Post*—. Temo que llegue a la cima de la montaña y diga: "¿Esto era todo?". Porque está arrasando con todas estas metas que ni siquiera nos habíamos planteado para su primer álbum». Y agregó: «La verdad es que mi trabajo a estas alturas es cuidarla, y evitar que se agote demasiado».

Muchas estrellas infantiles se han apagado y han desaparecido casi tan rápido como surgieron. La prioridad de todos los que apoyaban a Taylor era evitar que también le pasara a ella. En cuanto a Taylor, admitió que el tema la ponía ansiosa. «No puedo creer la vida que tengo, me da muchísimo miedo meter la pata, o dar un paso en falso y que todo se venga abajo. Mi cerebro está constantemente en la cuerda floja», le contó al *Daily Mail* y agregó que es una persona que «se preocupa mucho».

Estaba muy al tanto de sus sentimientos, casi como Borchetta y sus padres. La rodeaban personas buenas, que velaban por su bienestar, quizás demasiado. Todos eran conscientes de las contradicciones de su vida: por un lado, era una estrella que todo el mundo celebraba, tenía un álbum aclamado por la crítica y comercialmente viable. Pero también, era una chica que aún seguía en la secundaria.

Taylor veía la paradoja de su vida, y la llevaba bien: aunque era joven, también era madura para su edad. Esa madurez la ayudaría en la siguiente etapa de su carrera. Estaba a punto de descubrir cuán adulto era el mundo al que entraba.

· CAPÍTULO 4 ·

COMO LES PASA A MUCHAS CELEBRIDADES JÓVEnes, a medida que la fama de Taylor aumentaba los medios empezaron a especular sobre su vida privada. Antes de que la vincularan públicamente con hombres de alto perfil, todos se preguntaban por qué no tenía pareja. En abril de 2008, Taylor salió en la portada de la revista *Blender*. En primera plana se leía: «Destripanovios, reina de la radio, una chica como cualquiera». En el video que acompañaba la nota le preguntaban por qué no tenía novio, y ella aseguraba que no había besado a un chico en casi dos años. «No tengo tiempo», declaró. Luego le preguntaron con quién iría su fiesta de graduación, si pudiera ir con cualquier persona, y ella respondió que con un famoso blogger abiertamente gay. «¡Perez Hilton! Se supone que quien te acompañe a tu fiesta de graduación debe ser alguien divertido y gracioso, y creo que sería mucho más divertido ir con Perez que con cualquier otra persona». Fue una manera muy astuta de esquivar la pregunta.

Como la chica buena y sana que la gente empezaba a ver en ella, agregó que, además de no salir con ningún chico, también evitaba el mundo de las fiestas. «Podría haber alcohol o cualquier cosa», comentó, como si la sola idea pudiera escandalizar a los lectores de *Blender*. «Tu carrera se puede esfumar así como así. No vale la pena», afirmó. Taylor prefería, en cambio, una cena sencilla en Applebee's, la cadena de restaurantes de ambiente familiar. Era la versión más pulcra y perfecta de lo estadounidense. En cuanto a las fiestas, mantendría la imagen de chica angelical, pero con el tiempo su vida amorosa dejaría de ser inexistente; de hecho, estaría llena de acontecimientos.

Mientras la portada de *Blender* estaba exhibida en todos los quioscos de los Estados Unidos, para Taylor era hora de asistir a otra entrega de premios y lucirse una vez más. Los Country Music Television Awards, que se celebraban a mediados de mes, serían una noche gloriosa para ella. Fue la estrella de la ceremonia, que presentaban Miley y Billy Ray Cyrus, y se llevó dos galardones, incluido el de Video del Año. «¿Estás segura? ¿Estás segura?», dijo Swift al recibir incrédula su primer premio al Video Femenino del Año. Más tarde escribiría que nunca iba a olvidar la expresión de Andrea cuando escuchó que nombraban a su hija como ganadora. «¿Cómo puedo tener tanta suerte? ¿Cómo puede ser esta mi vida?», contó que pensaba mientras miraba a la audiencia.

Casi toda la noche estuvo descalza, lo cual hizo que sobresaliera aún más. Esta adolescente sin zapatos irrumpía en la rigidez corporativa que se cernía sobre la ceremonia. Al respecto, le contó a la revista *People*: «Pasé junto a Faith Hill y le dije: "Me aprietan horrible", y ella me dijo: "quítalelos". Faith Hill me dijo que me quitara los zapatos, así que lo hice». Después de aceptar su premio en un vestido color vino, subió al escenario con un traje negro, un sombrero tipo fedora y unas botas vaqueras para cantar «Picture to Burn». A la presentación de esa noche agregó una intro tremenda e icónica, con un toque de *blues*. Era una declaración: no soy solo una adolescente, soy una artista seria. Cuando empezó propiamente la canción, se quitó el sombrero y se soltó el pelo. En la segunda estrofa sacó el micrófono del pedestal y cantó por todo el escenario; parecía que se quedaba sin aire. Fue una actuación magistral, grandiosa. La pirotecnia que se proyectaba en el escenario acentuaba la ferocidad de la canción, y transformó su actuación en una experiencia visual fascinante.

Fue un espectáculo centrado en el fuego. En su siguiente encuentro con el público, en otra de las ceremonias de la industria, predominaría el elemento opuesto: el agua. Taylor ganó el premio a la mejor vocalista femenina revelación en la edición número 43 de los premios anuales de la Academia de Música Country, que se celebra en mayo en Las Vegas. Esta vez, dedicó el premio a Andrea: «Muchas gracias, mamá. Te amo tanto. ¡Este premio es para ti!». Luego, cantó «Should've Said No», en una presentación que por un momento parecía muy tranquila. Taylor estaba sentada con ropa oscura —llevaba un buzo negro con capucha—, rasgueaba su guitarra acústica y cantaba una versión más bien suave y lenta de la canción. Cuando llegó el momento del primer coro, tiró la guitarra al suelo y se puso frente al micrófono, desafiante. Para la segunda estrofa, dos bailarines entraron al escenario y como por arte de magia le sacaron la ropa que llevaba, dejándola con un vestido negro más acorde con la ocasión. Ya para entonces abundaban los trucos. Para el coro final, le cayó una gran cantidad de agua encima. A pesar de estar empapada, seguía moviéndose de manera desafiante y su lenguaje corporal reflejaba la letra de la canción. Al final, hizo la venia y soltó una risita ante la magnitud de la producción: había sido enorme. Los medios no tardaron en comentarlo con titulares predecibles acerca del «raudal» de talento que había desplegado.

Luego llegarían los Grammy. Al final, la cantante británica Amy Winehouse se llevó el galardón al que ambas estaban nominadas. Winehouse, de veinticuatro años, recibió cinco premios en total. No estuvo presente en la ceremonia porque su solicitud de visa para entrar a los Estados Unidos se había retrasado: así era Amy, siempre viviendo al extremo. Pero Taylor no tardó en encontrar algo de consuelo: apareció en la lista de las «100 personas más guapas» de la revista *People*. No era un Grammy, pero sí mejor que nada.

La vida que mostraba al público, cada vez más adulta, contradecía el hecho de que seguía siendo una chica que todavía no había terminado la escuela. Finalmente, se graduó en agosto de 2008: no podía contener el orgullo ni la emoción. El orgullo era aún mayor porque, a medida que crecía su fama, estuvo tentada a abandonar por completo sus estudios. «Terminar la secundaria es muy, muy *cool*. Estoy tan orgullosa; dejé de ir a la escuela cuando estaba en décimo, estudiaba desde casa». En su caso, al final no había sido una decisión entre una cosa o la otra. Con la ayuda de sus padres, encontró la forma de conciliar sus ambiciones musicales con una educación tradicional. «Es muy bueno saber que no tienes que renunciar a tus sueños para graduarte de la secundaria, y que tampoco tienes que abandonar tu educación para alcanzar tus sueños. Es genial que puedas hacer ambas cosas», afirmó.

Fue aún más genial cuando le anunciaron que ocupaba el primer y segundo puesto en la lista de *Billboard* para Álbum

Country. Su CD y DVD *Beautiful Eyes*, así como su álbum debut homónimo —que había recibido disco de platino—, ocupaban el primer y el segundo lugar, respectivamente. A Taylor esto le resultaba muy divertido. «Fue bastante gracioso al día siguiente leer los titulares que decían: "Taylor Swift desbancada del número uno… por ella misma" —comentó—. Vamos a tener problemas, esa chica que me desbancó y yo, ¡quien quiera que sea!», bromeaba. En julio de 2008 lanzó el EP *Beautiful Eyes*, que en principio estaba disponible solo en Walmart y por internet. Incluía un DVD con videos promocionales, una entrevista e imágenes de una de sus presentaciones en vivo. Durante el lanzamiento, Taylor se esforzó en recalcar que ese no era su segundo álbum. Era consciente de que lanzaba canciones nuevas a un ritmo bastante rápido. «Este no es el nuevo álbum en el que he estado trabajando todo el año —escribió en su blog de MySpace—. Solo voy a dejar que mi compañía discográfica saque algunos de estos EP […] Lo último que quiero es que piensen que estamos sacando demasiados discos». La tapa del disco era roja con amarillo, y salía también Taylor con un vestido amarillo, una flor roja en la mano y sus ojos, que le hacían justicia al título de la colección. *Beautiful Eyes* llegó al puesto nueve de la lista Billboard 200 y, como hemos visto, encabezó la lista de Mejor Álbum Country también de *Billboard*, desbancando a su álbum debut.

Además de tener éxito en las listas, se alegraba de recibir un mayor reconocimiento en el mercado para adolescentes. Por ejemplo, en el verano, fue elegida Artista Revelación en los Teen Choice Awards, un logro doblemente satisfactorio. Aunque venía recibiendo premios casi a un ritmo vertiginoso, seguían siendo una novedad para ella. Los disfrutaba enormemente, sobre todo este último. El premio a Artista Revelación reivindicaba lo mucho que había insistido en que como artista de música country también podía entrar al mercado adolescente y atraer seguidores jóvenes, quienes disfrutaban de la mezcla entre ese sonido Nashville y las letras sobre temas adolescentes que tenía su música.

Cuando la contrataron para cantar el himno nacional en el partido de la Serie Mundial entre los Tampa Bay Rays y los Philadelphia Phillies, en cierto sentido tuvo la oportunidad de volver a sus raíces. Fue un momento histórico para Taylor, y también para algunos de los jugadores. Varios de ellos habían jugado antes en la liga menor de los Reading Phillies, y recordaban cuando Taylor había cantado en las eliminatorias. El momento tenía una simetría hermosa: tanto ellos como Taylor habían llegado al punto más alto de sus carreras. Mientras tanto, ella se preparaba para otro momento importante en el campeonato de su vida: el lanzamiento de su segundo álbum, *Fearless*.

Finalmente, llegó el momento de que su verdadero segundo álbum llegara a las tiendas. Causó revuelo. Para el álbum, había colaborado con algunas figuras de la industria; quería producir algo nuevo y para hacerlo sentía que necesitaba rodearse de otras personas. «Mis colaboradores soñados [en ese proyecto] fueron Shellback y Max Martin —recordaría más tarde—. Nunca había sentido un reto tan grande como compositora. Y nunca había aprendido tanto». El primer sencillo que salió fue «Love Story», que llegó a las tiendas el 12 de septiembre de 2008. «Esta canción no es un cuento de hadas; es Shakespeare. Romeo y Julieta siempre fueron mi pareja favorita porque no les importaba nada, y se amaban a pesar de todo. Siempre fue mi historia favorita, excepto por el final. Así que con "Love Story" tomé a mis personajes favoritos y les di el final que merecían».

Pero, sobre todo, la canción respondía a la pregunta que los medios le hacían con cada vez más insistencia. También representaba su experiencia del amor desde que se hizo famosa, o más bien, su idea del amor. «Fui a la escuela secundaria y ahí ves un novio en cada esquina —le contó al *Los Angeles Times*—. Luego estuve en una situación en la que no era tan fácil para mí y escribí esta canción porque me identifico con todo el asunto de Romeo y Julieta». En términos musicales, la canción es equilibrada y da cuenta de la transformación que tuvo su música entre el primer y el segundo álbum. Era el sonido de una artista que conoce y controla su oficio, y que lo ejecuta con plena confianza. El concepto del álbum estaba inspirado en la línea «This love is difficult but it's real» («Este amor es difícil, pero es real»), que se convertiría en el verso que más le gusta cantar en vivo. Sonríe con orgullo mientras sus labios pronuncian estas palabras. Sin embargo, detrás de esta canción hay un deseo insatisfecho: es sobre un chico que le gustaba, pero con el que nunca pudo estar de verdad; temía que sus padres y sus amigos no lo aceptaran.

La canción, sin embargo, usa la inspiración de la tragedia literaria y de la vida real como un trampolín para saltar a territorios más felices. Ese cambio al final es clave, y hace que sea un tema acogedor, que irradia optimismo. Pero incluso con ese ritmo movido que introduce al final, Taylor se cuidó de que se le fuera la mano con el entusiasmo, y de parecer ingenua. «Tengo que creer en los cuentos de hadas y tengo que creer en el amor, pero no ciegamente —declaró en la revista *Seventeen*—. Si llegas a conocer a tu príncipe azul, debes saber que va a tener días buenos y días malos. Va a haber días en los que el pelo se le verá horrible y días en los que estará de mal humor y dirá algo que puede hacerte sentir mal. Tienes que basar tu cuento de hadas no en el *vivieron felices por siempre* sino en el *felices ahora*».

El legado más importante de este sencillo fue que le dio reconocimiento fuera de los Estados Unidos y Canadá. De hecho, alcanzó el tercer lugar en las listas de Nueva Zelanda, el número uno en Australia y el segundo en Gran Bretaña. Fue un gran momento para Taylor, algo así como su salida del gueto de la música country. La maestría y la intensidad del sencillo abrieron el apetito de su fanaticada, que al escuchar el álbum completo se encontró con una colección de canciones bellas, bien hechas y extrañamente oscuras. «Fearless», la canción que da título al álbum, es el mejor comienzo. La batería y las guitarras son potentes; la producción, exuberante y la sensación en general es, pues, *fearless*: Taylor no le teme a nada. Dice que para el título de la canción, al igual que para varios de los otros temas del álbum, se inspiró en su gira. En este sentido, las preocupaciones que escuchamos en las letras de este álbum reflejan los cambios que Taylor atravesaba en ese momento. Para «Fearless», hizo el ejercicio de imaginar lo que sería una primera cita perfecta, aunque en ese momento, y por estar concentrada en su carrera, estaba soltera. El recurso la llevó a componer una canción sobre la valentía que se necesita para enfrentarse de nuevo a la búsqueda del amor. Es lo que sucede cuando un corazón roto se levanta, recoge sus pedazos y decide seguir adelante. «Es una canción sobre la valentía que se necesita para enamorarse. No importa cuántas canciones escribas sobre una ruptura amorosa, no importa cuántas veces te lastimen, siempre te vas a enamorar otra vez… Creo que a veces, cuando compones canciones de amor, no compones sobre lo que te está pasando en ese momento, compones sobre lo que te gustaría que pasara».

La canción que le sigue es uno de los sencillos de los que

más se ha hablado en su carrera. «"Fifteen" —dijo Taylor en su momento—, es la mejor canción que he compuesto», y en efecto provocó muchísima admiración entre sus fans. El cantante de música country Vince Gill aseguró que «Fifteen» es un gran ejemplo de cómo Taylor compone: «Hablándoles directamente» a sus fans más jóvenes. Aquí, de nuevo, Taylor interpreta a la hermana mayor de muchos de los adolescentes que escuchan sus canciones y, con una gracia admirable, asume ese papel de «portavoz de una generación» que le han asignado. «La canción dice debería haber sabido esto, no sabía eso, esto fue lo que aprendí, esto es lo que todavía no sé». También comentó que la canción era un consejo para «la chica que fui» pero también un «consejo para cualquier chica que esté en noveno grado y se sienta la persona más minúscula del planeta».

Es un tema cargado de emoción. Las dificultades y angustias que Taylor describe aquí las padeció ella misma y seguramente también las padecerían sus fans: el peso de esta experiencia se siente al escuchar la canción. También lo sintió ella: Taylor admite que lloró mientras grababa la canción. Sin importar la edad, cualquier persona es susceptible a derramar algunas lágrimas al escuchar el mensaje de esta canción. Los más jóvenes pueden identificarse con lo que Taylor les dice, y los mayores pueden recordar el dolor y revivirlo al imaginarse a sus propias hijas, nietas y a otros parientes pasando por esto también. Al final, no hay mucho que podamos hacer para evitar que nuestros seres queridos más jóvenes pasen por este tipo de angustias. Pero, de alguna manera, esta canción lo intenta: Taylor les dice a las chicas que al menos no son las únicas que han pasado por esto.

La canción se inspira en la vida real. Cuando estaban en noveno grado, Abigail, la amiga de Taylor, sufrió una pena de amor muy dolorosa. La experiencia fue tan intensa que llevó a Taylor a componer una canción. Le contó a CMT que nunca había atravesado una pena de amor como la de Abigail. «Tal vez todavía no me hayan dejado así —contó—. Tal vez un día termine con alguien y me den ganas de llorar cada vez que piense en eso, pero lo que me hace llorar ahora es ver sufrir a las personas que amo. "Fifteen" habla de cuando a mi mejor amiga, Abigail, le rompieron el corazón... y cantar sobre eso siempre me conmueve». Fue Abigail quien llegó a sentirse como la persona más minúscula del planeta.

Después de «Love Story», que ya mencionamos, el álbum da paso a «Hey Stephen», una canción entretenida sobre un enamoramiento que tuvo mientras estaba de gira con Love and Theft, teloneros en algunos shows de 2008. Quedó flechada con Stephen Barker Liles, el cantante y guitarrista, y escribió esta canción. Cuando salió el álbum, le mandó un mensaje de texto. Él se sintió halagado, y le escribió un correo electrónico en el que le daba las gracias. Después le contaría a la revista *People* un poco más sobre la amistad que tenía con Taylor: «Nos hemos vuelto muy buenos amigos desde que Love and Theft empezó a abrirle los conciertos —declaró—. Creo que todos estamos de acuerdo en que ella es un encanto y en que cualquiera sería muy afortunado de salir con ella».

Sin embargo, después de esta declaración, Stephen hizo comentarios muy extraños sobre Taylor y la canción. Le contó a Yahoo! Music que su inspiración «seguramente fue un enamoramiento cualquiera, o que no tenía a nadie más sobre quien escribir». No obstante, él mismo le escribiría más tarde una canción a Taylor. No solo eso, sino que comentó al canal de televisión por internet Planet Verge que «Taylor de verdad ama a la gente como solo el Señor lo haría». Un extraño giro de la historia.

Pero la canción es muy divertida y le aporta cierto alivio al álbum. Empieza con unas rimas juguetonas y el coro termina con ese sensual «Mmmm»: el momento más adulto de su música hasta entonces. Pareciera que cuando Taylor canta sobre alguien que fue solo un capricho pasajero —y no un romance más serio— saca a relucir un lado más juguetón. Varios comentaristas señalaron que en esta canción aparecen algunos temas que ya hemos visto en la música de Taylor: besar a un chico bajo la lluvia y aparecerse en la ventana de su habitación.

No obstante, el ambiente festivo no dura mucho. Mientras que «Hey Stephen» es pura complicidad y diversión, en «White Horse» vemos a Taylor en su mayor momento de oscuridad. La canción se trata, según cuenta ella, de ese momento «en que todo se viene abajo»; es decir, cuando te das cuenta de que el sueño de vivir en un cuento de hadas con alguien no va a hacerse realidad. Taylor canta que esto no es «Hollywood», es un «pueblo pequeño». Se trata de una canción en la que se queja con dolor de no poder vivir los sueños y el final feliz que tenía en mente para ella y su chico. Lo único que quería era que le dijeran la verdad.

Curiosamente, Taylor ha descrito la versión de estudio de esta canción como musicalmente «pobre»; en realidad, la producción no es para nada menor. La guitarra, el piano y el violonchelo se mezclan profusamente, y la voz de una Taylor tristísima y decepcionada combina de maravilla con el conjunto. Es una canción realmente sombría en un álbum en el que abundan las canciones tristes. El chico no es ningún príncipe, y es demasiado tarde, ella lo sabe, para que ese caballo blanco llegue a su vida. Pocos artistas logran transmitir una decepción tan bien como Taylor, y aquí ella lo hace de manera brillante.

Aunque originalmente «White Horse» estaba destinada a su

tercer álbum terminó en *Fearless* después de que los productores de la exitosa serie de televisión *Grey's Anatomy* llamaran al mánager de Taylor y le preguntaran si podían incluirla en el primer episodio de la quinta temporada. La respuesta de Taylor fue un «claro que sí», ¡*Grey's Anatomy* es su serie favorita! Sin dudarlo, les cedió el tema: «Tenían que ver cómo lloré cuando recibí la llamada en la que me decían que iban a usar la canción. Nunca me había emocionado tanto. Es lo que siempre quise en la vida, que pasaran una de mis canciones en *Grey's Anatomy*. El amor que siento por *Grey's Anatomy* nunca cambió, es la relación más larga que he tenido hasta ahora», comentó. No podía creer su suerte.

«You Belong with Me» es otra canción juguetona, tanto en términos musicales como en los temas que aborda. La inspiración para componerla le llegó un día en el bus de la gira, al escuchar a un músico que hablaba por teléfono con su novia e intentaba tranquilizarla. «Mi amor, claro que te amo más que a la música. Perdóname, tenía que ir a la prueba de sonido. Lamento no haberme podido quedar hablando contigo». En la canción Taylor se pregunta por qué el chico no se da cuenta de que tiene más cosas en común con ella que con esta chica que no está presente. En cuanto a la letra, la canción es ingeniosa, incluye un par de versos sobre la otra chica que lleva «minifaldas» mientras que Taylor usa «blusas anchas». En términos musicales es una canción decente y que funciona como parte del álbum.

Uno de los temas recurrentes en la obra musical de Taylor es la idea de ser invisible. Lo hemos visto, por supuesto, en «Invisible», pero también en otras canciones como «Teardrops on My Guitar». En «You Belong with Me» aparece de nuevo cuando Taylor canta sobre lo difícil que es ver a alguien valioso cuando lo tienes en frente. Aunque la idea de una chica maravillosa siendo prácticamente invisible para alguien es sin duda una fuerza que impulsa a Taylor romántica y musicalmente, también puede verse como un tema que le da un poco más de la energía y tesón que ya tiene. La obsesión con este tema en sus letras puede sugerir que la atormenta la idea de ser invisible para el mundo, por lo que dedica mucho tiempo y esfuerzo a conseguir que el mayor número posible de personas se fijen en ella y vean la maravilla que tienen delante. Veremos que este tema se repite en otras canciones que Taylor sacaría más adelante.

Después de «You Belong with Me», el álbum baja un poco el ritmo con «Breathe», la canción que compuso con la cantautora californiana Colbie Caillat, y a quien invitó a hacer un dúo para grabarla. Taylor era su fan, declaró que Caillat «es lo más *cool* que hay, así que el hecho de que esté en mi próximo álbum me hace sentir aún más *cool*». Caillat devolvió el halago y comentó que Taylor «es tan dulce, tan hermosa, tan talentosa y sinceramente una mujer muy inteligente. Sabe lo que hace, sabe cómo manejar su carrera y tomar las riendas». Luego agregó, «La amo».

El título de la canción se corresponde con el estado de ánimo que transmite: aquí, el álbum parece hacer una pausa y tomar un respiro. En términos más generales, la canción se aleja de la furia y la recriminación que atraviesan gran parte de la música de Taylor. Hay una sensación de fatalidad en la letra: Taylor se da cuenta de que no puede hacer nada para salvar la relación. «Es una canción que trata sobre tener que decirle adiós a alguien, pero nunca culpa a nadie. A veces esa es la parte más difícil. Cuando no hay nadie a quien culpar». La ausencia de culpa y amargura en esta canción le da al álbum cierta frescura y aplomo, y demuestra que Taylor no siempre es la persona que está señalando con el dedito acusador.

Esa Taylor, sin embargo, reaparece en «Tell Me Why». Liz Rose, que escribió la canción con Taylor, sabe exactamente cómo ayudar a un artista a reconocer y expresar sus sentimientos. La técnica que utiliza es muy sencilla: hace preguntas perspicaces. Así que, cuando Taylor llegó a una de sus sesiones de composición furiosa y quejándose de un chico, Liz supo qué hacer. Le preguntó qué sería lo primero que le diría si tuviera la oportunidad de expresarle todo lo que pensaba. «Le diría "Estoy cansada de tu actitud, me enferma. Siento que ya ni te conozco"». A partir de ahí, cuenta Taylor, «empecé a hablar sin parar». Mientras divagaba, Liz tomaba nota buscando la esencia de estas divagaciones. «Las convertimos en una canción», contaría Taylor después.

Y en una canción muy animada, con la que volvemos a la Taylor «cansada y molesta» que conocemos. También vemos algunos de los temas que expresa con frecuencia en su música: la sensación de que un hombre minimiza su vida y sus sueños para hacer ver los suyos como si fueran más importantes. En la canción, Taylor se lamenta de que esa sonrisa la haya «engañado», un tema con el que muchos se pueden sentir identificados. Uno escucha la canción y se pregunta si, en caso de que el hombre intentara darle una explicación, ella estaría dispuesta a escucharla; o si estaría demasiado abrumada por la ira como para lidiar con la situación. En cualquier caso, al final de la canción ella deja que el hombre se vaya, y declara que no va a volver a caer en sus trampas.

Quizás el tema más lúgubre del álbum es «You're Not Sorry». Mientras que en «Breathe» Taylor se disculpa abiertamente, en «You're Not Sorry» se queja de no haber recibido el mismo trato.

También en «Tell Me Why» siente que la han engañado. «Parecía el príncipe azul —comentó—. Pues bien, resultó que el príncipe azul tenía muchos secretos. Y uno por uno, los fui descubriendo. Descubrí quién era en realidad». Cada vez que se daba cuenta de algún otro secreto que le había ocultado, él se disculpaba y juraba que no volvería a pasar. Y luego, lo hacía «una y otra vez». Al final, ella sentía que tenía que «plantarse» frente a él y señalarle lo obvio: no estaba arrepentido de nada. Cuando le dice «ella puede quedarse contigo», descubrimos que le ocultaba un romance con otra persona, entre otras cosas. La producción le da un aire de balada a la canción; uno podría imaginarse fácilmente a una *boy band* interpretándola, quizás con los chicos poniéndose de pie en la última parte de la canción. Pero pocos vocalistas masculinos podrían transmitir el dolor y la rebeldía de esta canción con el mismo entusiasmo que Taylor.

Algunos periodistas —sobre todo hombres— han querido retratar a Taylor como una chica que nunca estará conforme. Se queja tanto de los hombres, dicen, que nunca encontrará a alguien que se ajuste a sus estándares. Por esto, especulan, está destinada a una vida de abundantes relaciones pasajeras, cada una de las cuales terminará demasiado pronto y acabará convirtiéndose en una canción. Es un veredicto duro, pero como vemos en «The Way I Loved You», quizás Taylor no estaría en total desacuerdo. En esta canción, se queja de que cada vez que sale con un chico decente, se da cuenta de que quiere volver con el que era un mal tipo. Su pretendiente actual es un chico «sensible», que provoca la envidia de sus amigas, pero ella extraña el drama y la volatilidad de una relación con el chico que no es tan perfecto.

«A veces estás en una relación con un chico simpático, puntual, práctico, lógico, y echas de menos al que era complicado, frustrante y medio loco. La canción es sobre esto», explicó. Taylor la compuso con John Rich, el antiguo miembro de la popular banda Lonestar que luego lanzaría su disco en solitario. Rich es un compositor muy respetado y que había trabajado para artistas de la talla de Bon Jovi y Faith Hill. Para él, componer con alguien mucho más joven no supuso ningún problema. «Por supuesto que hay una diferencia de edad, pero ella se conoce, conoce muy bien a su público y está muy conectada con él. Sabe que todavía es una chica joven y lo asume. Compone sobre lo que es importante para ella. Si termina con su novio, es traumático para ella, y escribirá sobre eso», comentó.

Taylor, por su parte, señaló que al componer con Rich se sentía hasta cierto punto con un personaje similar al que añoraba en la canción. «Él podía sentirse identificado porque es de esos tipos complicados, frustrantes y desordenados en sus relaciones», comentó. «Abordamos la canción desde ángulos distintos. Fue muy *cool* estar en el estudio y escribir con él, de verdad es un compositor increíble». En la canción resultante Taylor logra evocar vívidamente esas peleas a las dos de la mañana y los gritos y besos bajo la lluvia.

La lluvia, de hecho, es uno de los elementos que más le gustan a Taylor a la hora de escribir sus canciones, y aparece de nuevo en «Forever & Always». Este tema, más movido, entró al álbum a último momento. Justo cuando la colección estaba lista para ser masterizada, Taylor decidió agregar la canción de repente. Llamó a su casa discográfica y se encontró con una fuerte resistencia a hacer un cambio de último minuto. Les «rogó y rogó» para que la dejaran incluir la canción en el álbum. A algunas personas en la industria les dan terror esos cambios de último momento; les gusta que el proceso de sacar un álbum sea tranquilo y ordenado.

A Taylor, sin embargo, le encanta cambiar las cosas. «Me parece divertido que dos días antes de la fecha que tenemos para masterizar y que todo esté terminado, ya con los cuadernillos listos para imprimir, yo pueda componer algo, llamar a mi productor, ir al estudio, y de la noche a la mañana agregarle algo nuevo al disco».

En cuanto a la canción, trata del triste e inevitable declive de un amor. «En ese momento estaba en una relación con alguien y veía cómo se alejaba de a poco. No sabía qué pasaba, ni por qué, no estaba haciendo nada diferente, ni hice nada malo. Simplemente, se estaba desvaneciendo. Es una canción sobre la confusión y frustración que trae preguntarse por qué. ¿Qué fue lo que cambió? ¿Cuándo cambió? ¿Qué hice mal? En este caso, escribí sobre un chico que terminó conmigo para irse con otra chica». En cuanto a la música, tiene, como declaró al *Los Angeles Times*, «una melodía linda», aunque hacia el final de la canción sentimos que sube la intensidad. «Al final, básicamente grito, de la rabia que tengo. Estoy muy orgullosa de haber hecho eso».

«The Best Day», como hemos visto, es una de las canciones más dulces del álbum y, de hecho, puede decirse que es la más entrañable de sus primeros cuatro discos. Su voz aquí es notable y deliberadamente más suave que en otros temas de *Fearless*. Cuando canta sobre su infancia, le gusta que su voz suene aún más joven de lo que es. Aunque algunos de los versos puedan sonarle a cliché a los más escépticos —como cuando canta sobre los árboles que cambian de color en el otoño—, es una canción conmovedora. Su dulzura y vulnerabilidad son lo que la hacen tan potente.

No es que sea una canción ingenua o que quiera ver todo color de rosa. Después de la felicidad de esa primera estrofa y del coro, en la segunda estrofa Taylor se centra en algunos problemas de los adolescentes. Recuerda el día en que esas chicas que consideraba sus amigas la rechazaron y la humillaron cuando les propuso pasar un día en el centro comercial. También le da crédito a Andrea por haberla ayudado a superar esa experiencia y otras muchas que le siguieron. Luego canta sobre el «excelente» padre que tiene y sobre cómo Dios le sonríe a su hermano Austin, que es, dice la canción, «mejor que yo». A medida que avanza el tema, vemos a una Taylor cada vez más madura y al final, gracias a su madre, algunos de los misterios de su vida parecen resueltos.

La canción era una sorpresa que Taylor había preparado para Andrea una Navidad. La chica que creció rodeada de árboles navideños eligió esta festividad para mostrarle a su madre lo mucho que la quería y lo importantes que habían sido para ella todos sus esfuerzos. Andrea contó que Taylor le reveló la sorpresa durante una entrevista en televisión. «La primera vez que me tocó "The Best Day" fue en la víspera de Navidad», contó en el programa *Dateline*. «Había grabado un video. Estaba mirando la televisión y de repente apareció un video con una voz igualita a la de Taylor. La volteé a mirar y me dijo: "La escribí para ti, mamá". Rompí a llorar. Desde entonces, casi siempre lloro cada vez que escucho esa canción». Su llanto es comprensible. Esta canción es capaz de conmover incluso a quienes no conocen la historia familiar. A Andrea debe producirle una emoción gigante.

Mientras que «The Best Day» es pura dulzura y vulnerabilidad, «Change» muestra el lado más rudo de Taylor, en el mejor de los sentidos. Con su ferocidad, es a la vez una canción de protesta y de autoayuda. Con una letra contundente y una producción destinada a sacudir estadios, la canción describe las dificultades que pasó Taylor al firmar con un sello discográfico independiente justo después de terminar un acuerdo con un gigante de la industria. Llama la atención que aquí Taylor no se presenta como la única heroína de la historia ni como alguien que supera las adversidades en soledad, como lo han hecho muchas divas del rock y el pop.

Cuando Taylor dice «lo logramos», hace alusión también a otro triunfo. «Hubo momentos en los que trabajaba tanto que no me daba cuenta de que nuestros números aumentaban todos los días —comentó—. Cada día teníamos más fans. Todos los días el trabajo que hacíamos daba sus frutos». Después de ganar el Premio Horizon en los CMA, se dio cuenta de todo lo que había cambiado. «Volteé a mirar y vi que el presidente de mi sello discográfico lloraba. Mientras subía esas escaleras, me di cuenta de que esa noche habían cambiado las cosas... Esa noche cambió todo». Scott Borchetta señaló que esa fue una de las primeras canciones que compuso que no hablaban de amor. «En vivo, esto se está volviendo un *tour de force*, algo onda U2. Es increíble cómo ha madurado, porque encontró una manera de componer que hace que sus canciones sean más relevantes. Pero sigue siendo ella». En efecto, seguía siendo ella, pero ¿qué iba a pensar el mundo de *Fearless*?

Con frecuencia, un artista joven que ha merecido bastantes elogios por su primer álbum recibe una lluvia de críticas con el segundo. Esta reacción negativa suele ocurrir por dos razones. La primera es que los críticos suben la vara después del éxito irrefutable de un álbum debut. La segunda es que algunos están buscando darse a conocer, aunque sea con una crítica desfavorable. Por estas razones, Taylor tenía motivos suficientes para sentirse ansiosa mientras esperaba el veredicto que darían los medios de *Fearless*. Después de escuchar el álbum, la revista *Rolling Stone* describió a Taylor como «una compositora dotada, con un don intuitivo para la arquitectura que hay entre el verso, el coro y el estribillo». La revista subrayó que su manera de componer era uno de los talentos particulares: «Si alguna vez se cansa de ser una estrella, podría retirarse a Suecia y ganarse la vida produciendo éxitos para Kelly Clarkson y Katy Perry».

Sin embargo, en *The Guardian* no pensaban lo mismo. Según el periódico, las letras de la artista estaban sobrevaloradas. El reconocido crítico Alexis Petridis declaró: «En su país, se la ha comparado con Randy Newman, Hank Williams y Elvis Costello, lo cual le pone la vara un poco demasiado alta». El crítico también se quejó de que Taylor «tendiera a usar las mismas imágenes una y otra vez» y agregó que era «increíblemente buena para ver la vida adolescente con una especie de nostalgia melancólica en color sepia».

Muchos de los críticos destacaron «Fifteen», sobre todo por el comentario que hace en el coro de que si, a los quince años, alguien te dice que te quiere, seguro le vas a creer. Al respecto, el *Boston Globe* comentó que «la visión retrospectiva de la vida parece llegarle temprano a Swift». El *Washington Post* también elogió bastante la canción, la describió como «un cuento melancólico con una moraleja». Su crítico, Chris Richards, concluyó: «Y eso hace que la inspiración más clara de Swift sean las legendarias bandas de chicas de antes. Como las Shangri-Las, las Crystals y las Ronettes, Swift ha encontrado la manera de adornar la diversión con profundidad». *Billboard* prefirió contrastar el trabajo de Taylor y argumentó que «aparte de usar probablemente la misma tintura de Clairol, no hay nada de Britney o de Christina en lo que hace Swift».

Quizás el veredicto más duro fue el de la revista *Slant*. No contento con afirmar que Taylor era una «cantante terrible», Jonathan Keefe se valió del cinismo para afilar su crítica: atribuyó el conjunto de canciones que conforman el álbum a una suma de decisiones puramente comerciales que tomaron «Swift y su equipo de dirección», y no al criterio de Taylor como artista. «Simplemente no hay ningún riesgo en las decisiones que toma cuando compone canciones. Las imágenes son tan fáciles que parecen haber sido elegidas por el efecto que producirán en un público compuesto sobre todo por chicos muy jóvenes, y no porque muestren un verdadero ingenio o algo de creatividad, o porque funcionen como piezas que dan cohesión a un tema más grande», afirmó.

Taylor negó de plano que efectivamente su música estuviera sujeta a las decisiones de un grupo de hombres impulsados solo por el dinero y encargados de analizarla sílaba por sílaba en función de su potencial para el mercado. De hecho, tal como lo describe, pareciera que el proceso de creación del álbum tuvo mucho de esa chispa que los críticos de *Slant* pensaron que le faltaba. «La mayoría de las veces termino de componer mis canciones en treinta minutos o menos», declaró en una entrevista con la revista *TIME*. «Love Story», en particular, la escribió en veinte minutos, echada en el piso de su cuarto. «Cuando estoy enrollada con algo, me cuesta mucho dejarlo sin terminar». Tal vez la mejor manera de reconciliar la opinión de *Slant* sobre cómo Taylor compone sus canciones con la descripción que hace ella misma del proceso sea preguntarse: ¿estaría mal que *Slant* tuviera la razón? Escribir para un público específico es sin duda mejor que escribir en su contra.

Al dar su propia opinión del álbum, Taylor admitió que *Fearless* era «lo mismo» que *Taylor Swift*, «solo que dos años mayor». Estuvo de acuerdo en que el álbum tenía «un atractivo *crossover*», pero prefirió referirse a esto como «un efecto secundario, porque soy una artista country y escribo canciones country, solo que tengo la suerte de que suenen en la radio que pasa canciones pop». El álbum salió a la venta el 11 de noviembre de 2008. La noche anterior, Taylor fue al Walmart de Hendersonville, su tienda local, para promocionarlo: firmó discos y agradeció el apoyo de sus fans. También salió en *Good Morning America* el día del lanzamiento, el mismo programa en el que había aparecido cuando salió su álbum debut. Para ella, su nuevo álbum marcaba sin duda un paso hacia adelante. «Nunca he estado tan orgullosa de algo en mi vida», declaró al periódico estadounidense *Newsday*. «Escribí todas las canciones. Trabajé en la producción. Así que es maravilloso que le gente vaya y lo compre».

Y en efecto, mucha gente salió a comprarlo. En la primera semana, le fue mucho mejor que a su álbum debut: en los siete primeros días que estuvo en las estanterías vendió más de diez veces lo que había vendido su predecesor en el mismo lapso. Llegó al número uno en la lista de *Billboard* 200. Taylor demostraba que sus éxitos anteriores no habían sido una excepción y que era una artista única. Estaba abonando el terreno que ha mantenido fértil hasta hoy; lo hizo porque sabía que su carrera iba para largo.

Su marca tenía todo el potencial de ser explotada comercialmente. Ese mismo mes, mientras el álbum llegaba a las tiendas, la misma Taylor lo hizo también en forma de una muñeca de plástico. Pensando en la «gran conexión» que los «preadolescentes» sentían con Taylor, los fabricantes lanzaron una gama de figuritas que la artista aprobó, incluyendo una que llevaba la guitarra de cristal característica de Taylor. «Cuando era pequeña, soñaba con convertirme en una estrella de la música country y tener mi propia línea de muñecas», barbullaba en el anuncio comercial. «Ahora se ha hecho realidad. ¡Me emociona pensar en las niñas jugando con mi muñeca y rockeando con mi guitarra de cristal!». Se sentía forzado.

La verdad es que Taylor se sentía más orgullosa y emocionada cuando recibía premios, y en noviembre le llovieron. Le dieron nada menos que tres BMI Country Awards, incluido el premio a la Canción Country del Año, que recibió por «Teardrops on My Guitar». Hank Williams Jr., que esa misma noche recibió el galardón de «ícono de la música», felicitó a Taylor con el pulgar hacia arriba cuando ella se dirigía al escenario para recibir su premio. Más tarde, Kenny Chesney le envió un mensaje de texto felicitándola y diciéndole que le encantaba lo que hacía. En los Country Music Awards, sin embargo, Taylor se quedó sin trofeo por primera vez, después de haber recibido galardones en tres ceremonias consecutivas. Pero hizo lo suyo con una puesta teatral del video de «Love Story», en la que Justin Gaston, que era el personaje masculino en el video, volvió a participar como protagonista.

Su siguiente ceremonia, ese mismo mes, fueron los American Music Awards (AMA). En este caso, ocurrió lo opuesto a los CMA: no había ganado nunca un AMA, y esta vez se llevó el primero. Recibió el premio a la mejor Artista Country Femenina, una categoría perfecta para ella. Más tarde escribió en su blog que no le alcanzaban las palabras para expresar lo «agradecida/maravillada/emocionada/extasiada/encantada/impresionada» que se sentía. Agregó también que el hecho de que fuera un premio «por el que votaban los fans» lo hacía más especial para ella.

A pesar de haber recibido todos estos premios, la prensa seguía esperando a que tuviera un romance con alguien. Cual joven princesa que la nación observa expectante, parecía que todos deseaban que tuviera una vida romántica y feliz, y la mostrara al público. Aunque cantaba sobre su vida privada, hasta el momento Taylor había logrado mantener a los medios alejados de su situación amorosa. Sin embargo, cuando empezó a salir con un famoso rompecorazones del mundo del pop la situación tenía que cambiar. Así fue. Joe Jonas era uno de los tres hermanos que conformaban los Jonas Brothers, la banda de Nueva Jersey que, entre 2005 y 2013, había logrado un enorme éxito comercial. Gracias a una colaboración con el canal Disney, los hermanos habían adoptado una imagen de chicos buenos, que su mánager mantenía con recelo. Debido, entre otras cosas, a los requisitos para sostener esa imagen —los tres hermanos debían aparecer ante sus fans como chicos solteros y virginales— la relación entre Joe y Taylor era un asunto complicado que parecía destinado al fracaso.

Se conocieron en el verano de 2008 y, a medida que los rumores sobre ellos circulaban, la prensa empezó a especular que tenían una relación sentimental. Los dos concedían entrevistas a los medios con frecuencia, así que pronto comenzaron a hacerles preguntas al respecto. En retrospectiva, llama la atención que las primeras declaraciones públicas de ambos fueran tan similares, parecían coordinadas. Taylor declaró a *MTV News*: «Es un chico increíble y cualquiera tendría suerte de salir con él». Luego, cuando le preguntaron a él si estaba saliendo con Taylor, respondió: «Es una chica genial. Creo que a cualquiera le encantaría tener una cita con ella». Sin embargo, Taylor había declarado hacía poco que quería salir con alguien del mundo del espectáculo, idealmente con una celebridad que entendiera las presiones a las que estaba sometida. Veía la ventaja de salir con alguien «que entiende lo que haces y entiende que no vas a tener mucho tiempo para estar con él».

Jonas, que era famoso desde la adolescencia, era el candidato perfecto, además de ser muy guapo. Los vieron comiendo un helado juntos cerca de la casa de Taylor, y luego se supo que él había estado en los bastidores durante uno de sus conciertos. La conductora de radio Mishelle Rivera les contó a los medios que había visto a Jonas intentando pasar desapercibido. «Estaba tratando de esconderse de la multitud. Llevaba una gorra de béisbol y ropa casual para que no lo reconocieran». La presentadora explicó que Jonas se había escabullido entre bastidores para unirse a Taylor después de su presentación, pero afirmó que «se escondió» cuando se dio cuenta de que la gente lo había reconocido. «Era obvio que no quería que la gente supiera que estaba ahí para ver a Taylor», comentó.

Taylor quedó en medio de una curiosa paradoja: quería salir con alguien famoso que pudiera entender las presiones a las que están sometidas las celebridades, pero era justo la fama de Jonas lo que los obligaba a ser tan reservados, y esto incomodaba a Taylor. «Cuando alguien no puede salir conmigo en público, se vuelve un problema», comentaría después. Esta cautela no se correspondía con su educación, siempre la habían animado a ser sincera y le habían enseñado que mientras uno fuera honesto en la vida, no tendría nada que esconder.

Aunque a ambos artistas les aconsejaban que presentaran una imagen angelical en público, era Jonas quien recibía más presión para que su comportamiento fuera impecable. Llevaba un «anillo de castidad», una joya que se conoce como una promesa de celibato. Tanto él como sus hermanos eran modelos de castidad adolescente, y los anillos que llevaban eran el símbolo que los identificaba tanto como en algún momento la pulsera amarilla identificó al ciclista Lance Armstrong. Para Taylor, sin embargo, el problema no era necesariamente la castidad sino, más bien, las restricciones que la fama de Jonas les imponía en la vida cotidiana.

A pesar de esto, Taylor usó este romance para inspirarse. De hecho, se cree que su canción «Love Story» estaba dedicada a Jonas. Aunque había insistido en que no quería componer canciones «sobre estar de gira y en hoteles y extrañar a tu familia y a tus amigos», ni ser, en otras palabras, una estrella del pop, parecía que era justo eso lo que había hecho en «Love Story». Sentía que iba en contra de su yo de catorce o quince años que decía: «Ay, siguiente» cuando escuchaba estos temas en los álbumes de otros artistas.

Más tarde, uniría todos los puntos de la historia. «Salía con un chico que no era precisamente el que más les gustaba a todos», dijo. «Su situación era medio complicada, pero no me importaba. Cuando escribí el final de esta canción, sentí que era el final que todas las chicas quieren para su historia de amor. O al menos es el que quiero yo. Todo el mundo quiere un chico al que no le importe lo que piensen los demás ni lo que digan». Luego se rumoreó que la verdadera razón por la que Taylor y Jonas terminaron era que él estaba saliendo con una actriz: Camilla Belle. «Llevan meses juntos», le dijo Taylor a la prensa. «Por eso terminamos». Una vez que se difundió la noticia de que habían terminado, Taylor recibió un curso rápido de cómo una historia que involucra a dos famosos puede cobrar vida propia. Uno de los rumores decía que había quedado embarazada. Era un chisme incendiario: destruía la imagen pública de ambos. Taylor supo que tenía que apagar el incendio como fuera. «Leí por ahí un rumor muy creativo que decía que estoy embarazada; nada más alejado de la realidad», comentó. «Créanme cuando les digo, ¡es imposible!».

Una vez apagado el incendio, apareció otro rumor. Pero en este caso Taylor, lejos de ser la víctima, fue quien lo difundió. La historia de su ruptura con Jonas era perfecta para los titulares. Lo tenía todo: la chica herida, el hombre villano que carece de sentimientos y hasta un personaje dramático en el medio. Taylor soltó la bomba cuando explicó cómo habían terminado: «Me dejó por teléfono. Miré el historial de llamadas: hablamos como veintisiete segundos. Tiene que ser un récord».

Era una historia inolvidable que pronto se volvería leyenda. Después de dar declaraciones, Taylor publicó en su página de MySpace un video en el que se burlaba aún más de Jonas y de la llamada telefónica. En el video tenía un Joe Jonas de juguete en la mano y bromeaba con que el muñeco venía con un teléfono que podía usar para «dejar a otros muñecos». Jonas, por su parte, respondió también en una publicación en internet, aunque nunca mencionó a Taylor. Su texto comenzaba diciendo que «este blog no es un ataque a nadie. Cuando estás en una relación, sin importar el tiempo que dure, siempre va a haber problemas. A veces se resuelven, otras veces hacen que alguien cambie de opinión. Eso fue lo que pasó hace poco». Fue un poco críptico. Ha insistido en eso de que «nunca he engañado a ninguna novia —para rematar que—; tal vez había motivos para terminar. Tal vez ya no sentíamos lo mismo».

Por supuesto, le quedaba afrontar el tema de los veintisiete segundos. No discutió la duración de la llamada, pero sí el recuerdo de Taylor sobre quién había terminado la conversación. «Para los que han expresado su preocupación por la llamada de veintisiete segundos... Yo llamé a esta persona para hablar de cómo nos sentíamos. Y esos sentimientos, obviamente, no fueron bien recibidos. No fui yo quien terminó la conversación. Alguien más lo hizo. Las llamadas duran el tiempo que la otra persona esté dispuesta a hablar, y una llamada puede ser muy corta cuando alguien cuelga del otro lado. En esta conversación la única diferencia fue que yo dije algo que la otra persona no quería oír. Hubo intentos posteriores de comunicación que no tuvieron respuesta».

El romance con Jonas, y las repercusiones que tuvo, fueron una experiencia reveladora para Taylor. Se dio cuenta de que en los medios no solo se escribía sobre su música, también sobre su vida privada. Si de por sí esto no era ya muy invasivo, hay que agregarle el hecho de que en las historias que involucraban a sus parejas Taylor controlaba solo la mitad de la información. Con el tiempo, encontraría algo de serenidad en la impotencia que sentía frente a las sagas que inventaban los medios. Pero en ese entonces, la afectaban profundamente.

Para recordarse a sí misma lo que hacía que todo esto valiera la pena se concentraba en su música. Pronto llegaría el momento de salir de gira y promocionar su nuevo álbum. Había tomado la decisión de no apresurarse a hacer una gira en escenarios muy grandes en los que ella se presentara como artista principal. A veces, cuando los artistas pasan muy pronto a los estadios, tienen que cerrar algunas secciones del lugar para que no se vean los asientos que no se vendieron, y esta puede ser una experiencia muy desagradable. «Nunca quise entrar en un estadio y tener que cerrar algunas partes porque hay solo 4000 o 5000 personas —comentó—. Así que esperamos mucho para asegurarnos de que mi gira como artista principal estuviera a la altura de un *tour* así».

No sería un problema para Taylor. Cuando salieron las entradas para su gira, los fans arrasaron con ellas en cuestión de minutos. Incluso en el Madison Square Garden, donde caben 40 000 personas, las entradas se acabaron en sesenta segundos. En el enorme Staples Center —ahora el Crypto.com— de Los Ángeles, se vendió todo en dos minutos. Taylor estaba dichosa. Momentos antes de que las entradas para la gira salieran a la venta, el promotor del concierto la llamó para avisarle. «Okey —respondió Taylor—. Pues avísame en la noche cómo vamos». Tres minutos después, volvió a llamarla. «Vendiste todo», le dijo. Ese fue el momento en que se dio cuenta de que «era un buen año», comentaría después.

No se esperaba que fuera posible tanta demanda. Cuando se había imaginado yendo de gira, había pensado que en algún momento estaría preocupada por el número de entradas vendidas. Le parecía que era una parte normal de la experiencia. «Veo todo desde un punto de vista práctico, y desde una perspectiva muy realista. Siempre he tenido sueños descabellados, pero nunca pensé que se volverían realidad». En la gira iba a usar todo lo que había observado y aprendido cuando fue telonera de otros artistas consagrados. Rascal Flatts, Brad Paisley, entre otros, le habían dado algunas ideas. «Algunas cosas me han sorprendido, y me he llevado otras que en verdad quiero incorporar», comentó en su momento. Taylor había sido telonera de otros artistas desde que tenía dieciséis años, así que pasó muchas noches en buses de giras imaginando lo que haría ella en la propia.

Taylor habló un poco más del significado que tenía para

ella dejar de ser telonera y convertirse ahora en la artista principal. «Hacer mi propia gira es un sueño hecho realidad —comentó—. Así puedo cantar aún más canciones que antes cada noche. Compuse todas mis canciones, son historias que tengo en la cabeza, y mi objetivo con esta gira es darles vida a estas historias». Era un objetivo ambicioso. Uno de los principios rectores de su gira era la atención a cada detalle, tanto en las coreografías que se montaban como en lo que pasaba entre bastidores. Y era la misma Taylor quien tomaba estas decisiones. Resolvió que se proyectaran imágenes toda la noche en el escenario, para que su presentación fuera un espectáculo visual ininterrumpido. Y habría varios cambios de vestuario, incluido uno a mitad de la canción que abría el concierto todas las noches: «You Belong with Me». El equipo aceptaba enseguida sus sugerencias. «Todo lo que Taylor quiere que pase esa noche en el escenario, va a pasar», declaró Amos Heller, el bajista durante la gira.

También tenía directrices claras sobre lo que debía pasar entre bastidores. «No se ve para nada como el *backstage*. Parece la sala de una casa. Las paredes están cubiertas de telas color magenta/granate/dorado/morado, los pisos están alfombrados con tapetes orientales. Del techo cuelgan lámparas y hay velas por todas partes». Para Taylor este nivel de meticulosidad valía la pena; la experiencia de presentarse frente a sus fans noche tras noche la hacía sentir viva. «Cuando escucho el sonido agudo de todas esas personas gritando juntas, me dan ganas de salir al escenario en ese mismo momento. Me encanta estar en el escenario, es una de las cosas que más me gustan en el mundo», declaró. La planeación de cada espectáculo también la emocionaba. «Ahora mismo, estoy en las nubes —escribió en su blog—. A cada rato me reúno con el equipo de video y con los de las luces y los carpinteros y la banda para repasar todo una y otra y otra vez». Tan pronto se ponían de acuerdo en todo, ella se moría de ganas por empezar la gira.

El concierto que abrió la gira tuvo lugar en Evansville, Indiana. Antes del espectáculo, Taylor, los músicos y el equipo se fundieron en un abrazo grupal. Taylor les dijo que no había tenido una promoción con la que graduarse de la escuela ni había sido parte de una sororidad, pero que ellos eran lo que más se parecía a eso. También les dijo que estaban ayudándola a convertirse en «la persona que quiero ser».

Ese primer espectáculo fue un éxito y Taylor, la estrella, declaró: «La energía estuvo increíble. La gente estaba como loca, realmente enloquecida». Pero esa noche, cuando salía del escenario entre aplausos y ovaciones, ya tenía en mente algunos cambios de «la iluminación y otras cosas» para el resto de la gira.

Taylor era muy exigente con su trabajo, tanto en el estudio como en el escenario. Sin embargo, intentaba encontrar un equilibrio respecto a sus demandas. Quería ser exigente, pero no una diva. «Hay momentos en que me frustro, pero siempre intento tratar bien a la gente. No puedes perder la cabeza y dejarlo todo botado. La gente no te toma en serio si le gritas o si alzas la voz, sobre todo cuando eres una chica de diecinueve años». Al final de la gira se sentía muy contenta con lo que había logrado con su banda, a quienes describió como su «único amor verdadero». Ya fueran sus parientes de sangre o las almas gemelas adoptivas que encontraba en la música, para Taylor lo primero era siempre la familia.

· CAPÍTULO 5 ·

N EL MUNDO DEL POP, PORTARSE MAL EN UNA DE las ceremonias de entrega de premios pueden provocar al instante una tormenta mediática. Durante muchos años, las ceremonias han sido el escenario de comportamientos escandalosos que han llamado la atención. Ya en 1984, Madonna subió al escenario de los MTV Video Music Awards —conocidos también como los VMA— con un vestido de novia blanco con el que se revolcó y retorció en el escenario mientras entonaba su éxito «Like a Virgin». En los recatados años ochenta, este comportamiento era suficiente como para escandalizar al mundo entero. Su actuación, sin embargo, provocó tanta indignación como publicidad: justo lo que ella esperaba.

Docenas de artistas se inspirarían en Madonna. En 1996, Jarvis Cocker, el vocalista del grupo indie Pulp, subió al escenario de los BRIT Awards para interrumpir la interpretación con tintes mesiánicos que hacía Michael Jackson de «Earth Song». El cantante británico payaseó, le mostró el culo (con ropa) a Jackson y salió expulsado del escenario. Más tarde, explicaría: «Mis acciones fueron una protesta por la forma en que Michael Jackson se ve a sí mismo: como una especie de Cristo que tiene el poder de curar. La industria musical siempre lo ha dejado darles rienda suelta a sus fantasías solo porque tiene mucha riqueza y poder».

Otras escenas escandalosas que hemos visto en las controversiales celebraciones de los VMA fueron el icónico beso que se dieron Britney Spears y Madonna en 2003; cuando Prince usó esos pantalones con los que se le veía el culo, en 1991, y el suicidio ficticio de Lady Gaga en 2009. Estas fiestas atraen a los artistas ávidos de publicidad por una buena razón. Pregúntenle a Miley Cyrus. En los VMA de 2013, su dúo con Robin Thicke dio mucho de qué hablar. Durante el espectáculo, la cantante se despojó del atuendo que llevaba y quedó en ropa interior de látex color piel; luego apuntó un dedo enorme de goma a la entrepierna de Thicke e hizo *twerking* frotándose contra él con una cara de tremenda picardía y entusiasmo.

Días y hasta semanas después de la ceremonia, el *twerking* de Cyrus seguía en boca de todo el mundo. Los medios se refirieron a su espectáculo como «grosero» e incluso como un «desastre total». El *Hollywood Reporter* comentó que «parecía un mal viaje de ácido». Las redes sociales se inundaron de comentarios sobre lo que había pasado: en el punto álgido de la discusión, los usuarios de Twitter generaban 360 000 tuits por minuto. El *twerking* de Cyrus se debatía desde un número incontable de ángulos. Algunas feministas estaban indignadas. Otros se preguntaban si lo que había hecho Cyrus era de algún modo racista; les parecía que estaba burlándose de la «cultura *ratchet*». Más adelante, la cantante irlandesa Sinéad O'Connor se unió al debate con una carta que se difundió rápidamente en las redes y en la que le decía a

Cyrus que la industria la estaba explotando. Cyrus, por su parte, se desentendió completamente de la polémica y declaró que sus detractores «están dándole muchas vueltas. Lo están pensando más que yo». En realidad, la gente le estaba prestando la misma o incluso más atención de la que la propia Curys esperaba. De hecho, solo unos meses después, Cyrus estaba de nuevo causando controversia en los MTV Europe Music Awards (EMA) de 2013. Llegó al evento con poca ropa y luego prendió lo que parecía ser un porro, lo que provocó otra ola de publicidad para la cantante.

La moraleja de la historia es que en este tipo de ceremonias un comportamiento que acapare titulares suscita una cobertura mediática importante. La conducta de Cyrus en las entregas de premios de la segunda mitad de 2013 es el referente más emblemático de cómo surfear esa ola. Sin embargo, por mucho que se hable del *twerking* de Miley Cyrus, Taylor puede presumir de que cuando tuvo su momento polémico, en el debate terminó involucrado un personaje aún más prestigioso. Cuando un incidente en una ceremonia en 2009 hizo que Taylor acabara en los titulares, nada menos que el propio presidente Barack Obama terminó metido en la discusión.

Todo empezó, como era de esperarse, en los VMA, que se celebraban en el Radio City Music Hall de Manhattan. Era una noche emocionante. Antes de que empezara la entrega de premios, hubo un homenaje especial a Michael Jackson, que había fallecido ese mismo año. Taylor, que llevaba un vestido de KaufmanFranco, fue la primera en recibir un premio. Ganó en la categoría de Mejor Video Femenino por «You Belong With Me», imponiéndose sobre otras artistas de la talla de Pink (que competía con su video de «So What»), Lady Gaga (con el video de «Poker Face») y Beyoncé (con «Single Ladies - Put a Ring On

It»). Cuando la anunciaron como ganadora, Taylor se imaginaba que iba a subir al escenario para recibir su trofeo, daría un breve discurso de aceptación en el que le agradecería a las personas más importantes y luego volvería a su asiento, en medio de los aplausos. Ese era el plan. Pero a causa de la extraña interrupción de otra celebridad, apenas pudo pronunciar una frase de su discurso. «Siempre me pregunté qué se sentiría ganar algún día uno de estos, nunca me imaginé que fuera a pasar de verdad...».

Todo iba de acuerdo con lo planeado, pero de repente apareció el rapero Kanye West, a quien se le ocurrió que lo que el mundo quería escuchar en ese momento era su intervención en defensa de Beyoncé. Le quitó el micrófono de las manos a Taylor y dijo: «Oye, Tay, me alegra mucho por ti y ya voy a dejarte hablar, pero Beyoncé hizo uno de los mejores videos de todos los tiempos. ¡Uno de los videos más impresionantes de todos los tiempos!». Taylor estaba estupefacta, su cara de *shock* revelaba que el evento, que estaba cuidadosamente planeado, se había salido de control.

La mayoría de los asistentes también quedaron en *shock*, confundidos. ¿Qué hacía Kanye ahí? ¿Lo que acababa de pasar era un chiste o una actuación que los organizadores habían planeado? Con el tiempo, sin embargo, la gente entendió qué hacía Kanye ahí. Elliott Wilson, director ejecutivo de *Rap Radar*, observó el extraño espectáculo de primera mano. «Se notaba que todo el mundo estaba nervioso y no sabían si era una broma o qué», le contó a CNN. «Luego la gente empezó a abuchearlo durísimo. Reaccionaron muy fuerte a su rabieta... y él les hizo pistola».

¿Sería que estaba borracho? Según el *Daily Mail*, lo habían visto tomando coñac Hennessy en la alfombra roja. En 2006, cuando interrumpió los EMA después de perder el premio al mejor video —que ganaron Justice vs. Simian—, Kanye admitió haberse «tomado unos sorbitos» antes de la premiación. Beyoncé, sentada entre el público, parecía impactada y avergonzada. Por la manera en que reaccionó, no parecía que apoyara en lo absoluto el espectáculo que el rapero protagonizaba en su nombre. Más tarde, Beyoncé ganó el premio a la mejor coreografía por «Single Ladies» y aprovechó el momento para darle a Taylor el protagonismo que Kanye le había quitado.

Beyoncé le habló al público del enorme significado que tuvo para ella su primer VMA, que ganó cuando era adolescente y formaba parte del grupo Destiny's Child. Después de hablar de la emoción que siente una adolescente cuando gana un premio así, invitó a Taylor a subir al escenario para que continuara el discurso que le habían interrumpido de una manera tan brusca. Taylor aceptó la invitación y se paró frente al micrófono. «A ver, intentémoslo de nuevo», dijo. El público se puso de pie y la aplaudió, y ella finalmente pudo terminar su discurso. «Me gustaría darle las gracias a Roman White, que dirigió el video, y a Lucas Till, que aparece en él. Me gustaría darles las gracias a todos los fans en Twitter y MySpace, y a todos los que vinieron a mis conciertos este verano. Y le quiero agradecer a la secundaria de mi hermanito, que nos dejó filmar ahí».

Taylor se sentía aliviada de tener su momento bajo los reflectores, y estaba muy agradecida con Beyoncé por el gesto que tuvo. «Fue tan maravilloso e increíblemente elegante de su parte, y tan gentil y maravilloso que me dejara decir unas palabras —comentaría después—. Ha sido mi heroína y una de mis ídolas desde que era pequeña… Sobre todo, ha sido siempre una gran persona… Pensaba que no podía amar más a Beyoncé, pero pasó lo de esta noche y fue maravilloso».

El intento de Kanye por opacar la gran noche de Taylor tuvo una repercusión positiva: la escena recibió una atención enorme y muchos simpatizaron con ella. Millones de personas que no habían escuchado nada de ella se enteraron de Taylor por los titulares que se publicaron al día siguiente. A causa de la avidez y la magnitud de los medios de comunicación de nuestra era, los titulares continuarían incluso semanas después. Todas las noticias mostraban a Taylor como la heroína de la historia. Se comportó con una dignidad que fue bien recibida tanto por los medios como por sus lectores y espectadores. Su representante, Scott Borchetta, reconoció explícitamente que el drama terminó siendo «positivo para su carrera, en términos de reconocimiento».

Kanye, por su parte, se esforzó por no quedar como el villano de la historia. Cada vez lo presionaban más para que se disculpara, hasta que finalmente hizo una publicación al respecto en un blog. Gran parte de la entrada estaba en mayúsculas e incluía profusos signos de exclamación, lo que parecía deslegitimar la disculpa: «Miiiil disculpas a Taylor Swift y a sus fans y a su mamá». También se tomó un momento para elogiar a Swift y escribió que le gustaban «las letras sobre ser porrista y que ella está en las gradas».

«¡Hice mal en subir al escenario y arruinarle el momento!», añadió. Aunque insistía en que el video de Beyoncé era el «mejor de la década», se disculpó con sus propios fans y con sus «amigos de MTV» y prometió disculparse «con Taylor MAÑANA». Y luego continuó: «Todos quieren abuchearme, pero yo soy fan del pop de verdad!!!! [...] Le di mis premios a OutKast la vez que los merecían más que yo... así es que es», escribió. Agregó que «Sigo feliz por Taylor!!!!» y le dijo que era «muy, muy talentosa!!!».

Al final, escribió: «Me siento muy mal por Taylor y de verdad lo siento mucho!!! Mucho respeto por ella!!!».

Era demasiado tarde, muchos de sus colegas en la industria no le creyeron. Pink estaba indignada: «Kanye West es el pedazo de m*%/& más grande que hay en la tierra. Lo dije. Me solidarizo con Taylor Swift. Es una chica muy dulce y talentosa, y se merecía tener su momento. Ojalá sepa que todos la amamos. Y Beyoncé sí que tiene clase. Lo siento también por ella. No es su culpa para nada; ella y Taylor hicieron lo suyo. Y al imbécil ese terminaron echándolo». Kelly Clarkson preguntó si a Kanye lo «abrazaron lo suficiente» cuando era pequeño. Joel Madden, de la banda de rock Good Charlotte, dijo que el rapero había sido «un *bully*». Katy Perry, por su parte, fue más sucinta y dijo simplemente que, «Vete a la m*%/&, Kanye». Afirmó que lo que había hecho el rapero era como pisar un gatito.

Insultos, pues, de varios miembros de la realeza pop, que iban a ser opacados por la intervención del presidente de los Estados Unidos, Barack Obama. Durante una entrevista con la CNBC, le preguntaron si sus hijas se habían molestado cuando supieron de la interrupción de Kanye. «Me pareció realmente inapropiado», comentó el presidente. «Sabes qué, fue como que le iban a dar un premio y... ¿qué? ¿Te estás metiendo ahí? La chica parece una buena persona, está recibiendo su premio y ¿qué está haciendo él ahí en el escenario? Es un imbécil».

Más tarde Kanye se disculpó de una manera que parecía más sincera. En *The Jay Leno Show* habló sobre la polémica en un tono que parecía el de un paciente en plena terapia. «Ha sido muy difícil lidiar con el sentimiento de haber herido a alguien o haberle quitado algo a una artista talentosa, o a quien quiera que sea», comentó. «Durante toda mi vida solo he buscado dar y hacer lo correcto. Y en esta situación supe de inmediato que estaba mal y que no se trataba de un espectáculo. En realidad, lastimé a alguien». Y añadió: «Fue grosero y punto. Y me gustaría poder disculparme con ella en persona».

Unas cuarenta y ocho horas después, la propia Taylor apareció en el programa de entrevistas *The View*. Habló de lo que se siente cuando el ego de otro artista se entromete en tu discurso de aceptación de un premio. «Bueno, creo que lo que pensé fue algo como así: "Guau, no puedo creer que gané, es increíble, no te vayas a tropezar ni a caer, por favor. Voy a darle gracias a los fans, es genial esto. Oh, Kanye West está aquí. Lindo corte de pelo. ¿Qué está haciendo aquí?". Y luego: "Auch". Y después: "Parece que ya no voy a poder agradecerles a los fans"» comentó, y reconoció también que el incidente la había dejado «desconcertada».

Sin embargo, no quería que la situación se le siguiera escapando de las manos. «Se disculpó con sinceridad y yo acepté sus disculpas. Para ser honesta, intento no darle más importancia de la que tiene. Se convirtió en algo más importante de lo que pensé. Pasó en televisión, así que todo el mundo lo vio. Yo ya solo quiero pasar la página». En otro intento de aportar algo más de perspectiva, comentó: «Hay días en los que te sientes humillada o algo te sorprende o algo te bajonea un poco, a todo el mundo le pasa. Pero en esos momentos, me he dado cuenta rápido y me he recordado a mí misma que hay gente allá afuera con problemas reales. Quedarme solo con un momento malo de este año sería injusto con todos los otros buenos momentos que he tenido».

La cosa parecía haberse calmado, pero al cabo de unos meses Kanye se retractó de sus disculpas y empezó a insultar a Taylor erráticamente. «Cometí un error», le declaró a Hot 97, una emisora de Nueva York. «Definitivamente no era el momento adecuado, y los planes más importantes, la pelea más importante... ¿qué haces con eso? ¿Cómo haces para darla?». Después de revelar que solo se arrepentía del momento en que lo hizo, sugirió que Taylor debió haber hecho más para defenderlo.

A medida que avanzaba la entrevista, habló más sobre el incidente. Negó que hubiera sido arrogante y afirmó que sus acciones habían sido «completamente desinteresadas». De hecho, llegó a comparar su intervención con «ponerle el pecho a una bala», y agregó que, en el camino, había «perdido un brazo». El retrato de sí mismo como un hombre desinteresado, que no solo habían tratado injustamente, sino que ahora estaba herido, no cuadraba muy bien con la percepción que tenían varios observadores. Estaba intercambiando los papeles y esto le trajo pocos admiradores.

A Taylor, en cambio, le sirvieron de mucho la discreción y seriedad en el asunto. Pero en noviembre, durante los Premios de la Música Country, tuvo la oportunidad de exorcizar la vergüenza que había sentido. Estaba nominada en cuatro categorías distintas: Video Musical del Año, Vocalista Femenina del Año, Álbum del Año y, la más importante, Artista del Año. Taylor llegó al Nashville Sommet Center con un vestido largo, se veía espléndida. Abrió la ceremonia con una interpretación de «Forever & Always» que se llevó la atención de todos.

A continuación, se anunciaron los ganadores. Ganó el premio al Mejor Video por «Love Story» y luego volvió al escenario para llevarse el premio al Álbum del Año por *Fearless*. Este último era importante para Taylor. «Tengo que decir que fue la experiencia más alucinante, oír mi nombre y ganar ese premio», declararía después. «Es un premio que en mi cabeza estaba en un lugar inalcanzable. Ser la persona más joven en ganarlo me hace amar aún más la música country. Mis padres y yo deseábamos este premio todos los días, sin pensar que se haría realidad».

Luego volvió al escenario para recibir el premio a la Mejor Cantante Femenina del Año. Esta vez, le restó importancia al asunto Kanye con un chiste: les agradeció «a todas las personas que están aquí por no subir al escenario mientras doy mi discurso». Los presentadores Brad Paisley y Carrie Underwood también hicieron chistes sobre Kanye, e incluso el veterano de la música country Little Jimmy Dickens bromeó al respecto. Su familia en el mundo de la música le hacía saber a Taylor que la apoyaba.

Se sintió aún más apreciada cuando ganó el premio a la Artista del Año, que entregaban Tim McGraw y Faith Hill. Era el momento de dejar los chistes de lado y de que Taylor hablara de la emoción que sentía por este reconocimiento a su trabajo: «Nunca voy a olvidar este momento, porque en este momento me está sucediendo todo lo que siempre he querido», dijo. «Chicos, este álbum es mi diario, así que a toda la gente que votó por él: gracias por decir que les encanta mi diario, porque ese es el mejor cumplido».

En los American Music Awards de diciembre obtuvo cinco galardones distintos, entre ellos, el de Artista Pop/Rock Favorita del Año, una categoría en la que se enfrentaba nada más y nada menos que con la leyenda del pop, Michael Jackson, quien había fallecido ese mismo año. Taylor dijo que era un «honor inimaginable» ganar el premio en esas circunstancias. «En últimas, la música nunca ha sido una competencia», agregó. Puede que no, pero siempre es lindo ganar, ¿no?

Para una celebridad, el papel de víctima puede tener cierto atractivo, pero a medida que avanzaba la polémica con Kanye, quedaba claro que Taylor tenía que volver a tomar su lugar. Quería que el mundo recordara que ella era una persona feliz y a la que le gustaba divertirse, y no la chica herida de la que se hablaba tanto últimamente. Tuvo la oportunidad de hacer justamente eso como presentadora invitada en *Saturday Night Live* (*SNL*), el legendario programa de televisión estadounidense que, desde sus comienzos a mediados de los años setenta, se ha labrado la reputación de ser el programa de variedades y *sketches* humorísticos en vivo más importante del país, así como uno de los más longevos.

Taylor escribió ella misma su monólogo inicial, que presentó como una canción en la que se burlaba de sí misma. La llamó «Monologue Song». Por supuesto, hacía referencia al asunto de Kanye, pero de manera ingeniosa. Pedirle a alguien tan joven como Taylor participar del humor agudo, a veces ácido, que caracteriza a *SNL* no era cualquier cosa. Pero al parecer a la mayoría de los comentaristas les gustó. *Entertainment Weekly* comentó: «Tanto en la parodia mordaz que hizo de *The View* con esa peluca de Kate Gosselin, como cuando chillaba riéndose con su ortodoncia en un comercial de servicio público que satirizaba a la gente que envía mensajes de texto mientras maneja, Swift estuvo a la altura del reto; parecía que se divertía y puso de su parte para que el resto del reparto rematara los chistes».

Para Taylor, salir en *SNL* era un reto que tenía todo el sentido. Sus primeras actuaciones fueron de niña, cuando hacía teatro. Así que, para ella, el programa era la culminación lógica de esta experiencia. Aunque dice que la sacó de su «zona de confort», pronto volvió a actuar en televisión: apareció en un episodio de *CSI*. Desde su estreno en el otoño de 2000, la serie policiaca se ha hecho muy popular. El programa es ahora una franquicia internacional y, desde hace un tiempo, Taylor quería salir en él.

«Siempre he bromeado sobre esto con mi sello, con mi madre y con todo el mundo. Todos mis amigos saben que mi sueño es morir en *CSI*. Siempre he querido ser uno de los personajes que mueren, y todos luego intentan averiguar qué les pasó».

La productora Carol Mendelsohn dijo que «se puso en contacto» con Taylor después de que un ejecutivo de la CBS le dijera que era fan del programa. «Taylor vino a verme y hablamos del personaje, pero le dije: "Es un papel muy denso, de pronto no es lo que quieres"». Taylor comentó que su aparición en *CSI* será una de las primeras cosas que les contará con orgullo a sus nietos: «Cuando sea muy vieja y solo pueda recordar una historia de mi vida para revivir y contar una y otra y otra vez hasta el punto de que mis nietos pongan los ojos en blanco y se vayan de la habitación, esa es la historia que voy a contar», escribió en MySpace.

Su vida amorosa también volvió a estar en primer plano cuando la involucraron con otro famoso de revista. Los medios debían sentirse demasiado afortunados cuando se supo de su relación con Taylor Lautner. Era un romance entre dos Taylors: un modelo de gimnasio que participó en una serie de películas que marcaron a una generación entera, y una cantante angelical de música country. Se conocieron mientras actuaban en una película, la comedia romántica *Valentine's Day*. Swift estaba entusiasmada con la idea de pasar de la pantalla chica a los cines. Consiguió el papel después de que la llamó un miembro del equipo de filmación: «Me llama Garry Marshall y me dice: "Taylor, quiero almorzar o desayunar contigo. De verdad quiero que estés en esta película. ¿Sí? ¿Me dejarías escribir un papel para ti?". Y yo no me la creía. No me la creía; como yo no tenía tiempo para hacer un papel protagónico, Garry iba a escribir un papel secundario para mí. Me dejó sin palabras».

En la película hacían el papel de novios —Lautner interpretó a Willy y Taylor a Felicia— que habían hecho un pacto de castidad hasta el 14 de febrero. Para Taylor y Taylor, el rodaje fue toda una experiencia. Aunque Lautner estaba más acostumbrado a hacer películas que Swift, la filmación —que era en una escuela de la vida real— significó un reto. «Estábamos llegando a la escuela y es interesante porque filmábamos la escena en una secundaria un día de clases normal. Un día normal. Es decir, había clases mientras rodábamos», explicó Swift. «Cada treinta minutos sonaba un timbre y cientos de estudiantes salían en masa, justo donde estábamos nosotros, y había un montón de gente gritando por las ventanas y grupos de chicos cantando cosas. Definitivamente fue un día interesante y muy emocionante. Para mí, salir de mi zona de confort e intentar hacer una comedia, y que uno de los mejores directores —un director legendario— se riera tanto en mi primera escena, fue en verdad maravilloso».

Los personajes se besaban en la película, así que Taylor se aseguró de dar abundantes declaraciones a los medios. Las mujeres que se relacionan con jóvenes rompecorazones pueden provocar envidia. Taylor tenía que asegurarse de que no pareciera que se la había tomado a la ligera y declaró que la experiencia le había cambiado la vida. «Me encanta, es muy tierno», dijo. En cuanto a Lautner, comentó que su rubia y guapa coprotagonista era sin lugar a duda «su tipo».

También apreció su personalidad. «Nos llevamos genial, nos caímos bien al instante —le contó a *Rolling Stone*—. Y es... es una chica increíble. Además de guapa, es muy graciosa, carismática y es muy divertido estar con ella, así que nos llevamos muy bien. Somos cercanos». Los actores que son muy extravagantes suelen excederse en elogios para sus compañeros de reparto, pero

¿se trataba simplemente de dos actores deshaciéndose en halagos de lado y lado? ¿O había algo serio entre ellos? Los vieron juntos en el otoño de 2009 mientras cenaban en restaurantes románticos, también en partidos de baloncesto y *hockey* y pasando el rato en el hotel Beverly Wilshire. Lautner también asistió a algunos conciertos de Taylor y los vieron comiendo un helado de yogur en compañía de Andrea.

Pronto en los medios surgieron las preguntas sobre si tenían una relación sentimental. ¡Se morían por la confirmación oficial de alguno! Al igual que con Jonas, Taylor prefería ser discreta. Nunca negó la relación, pero al principio solo insinuó que había algo entre ellos. «No sé, es un chico increíble y somos muy unidos y... ah, sí..... y salimos juntos en una película, tengo muchas ganas de ver cómo quedó».

Con eso los medios ya tuvieron de dónde agarrarse para decir que estaban juntos. Recibieron su debido apodo de «Tay Tay», un nombre que tal vez no era tan elegante como «Brangelina» pero que se veía muy bien en los titulares. Después de tres meses juntos, sin embargo, se separaron. Una fuente cercana a Taylor declaró a la revista *Us Weekly* que «no había química entre ellos y se sentía forzado… Ella le gustaba más a él que él a ella, él iba a todas partes para verla, pero ella no viajaba tanto para verlo a él. Quieren seguir siendo amigos».

Taylor comentó en una entrevista para *Girl's Life* lo que aprendió de la experiencia: «Siempre se aprende algo de las rupturas amorosas, por más difíciles y dolorosas que sean. Es un cliché, la lección que has oído millones de veces, pero de verdad creo que todo lo que llega a tu vida es para enseñarte algo, por más duro o terrible que sea». Taylor tiene una habilidad para repetir clichés y que suenen como momentos de autoconciencia y originalidad. Para sus fans más jóvenes, eran sentimientos puros.

A esas alturas ya había comprado su propia casa, lo cual es un acontecimiento en la vida de cualquier joven. Pero la primera casa de Taylor no era una casa típica. En el otoño de 2009 se mudó a un *penthouse* en Nashville. Mientras paseaba por su apartamento, sentía que ahora sí había llegado a la ciudad con la que había soñado de niña. Su nuevo hogar era un lujoso apartamento de 427 metros cuadrados y ella se dispuso de inmediato a darle una identidad. Se dedicó a personalizarlo con el mismo ojo para el detalle con el que diseñaba todo lo que pasaba en sus giras. Se guio por el principio de la primera impresión que tuvo cuando lo vio: «La vista es increíble, cambiemos todo lo demás».

Así que lo hizo. Instaló un estanque, que llenó de carpas koi, y una jaula para pájaros. Eligió antigüedades hermosas y colores llamativos para darle vida a su nuevo hogar. «Me gusta más un estilo antiguo, medio ecléctico, con distintos tipos de sillas y un picaporte diferente en cada armario», le contó a Oprah Winfrey. Sentía que su apartamento tenía un aire «fantasioso» y le dio un nombre que lo reflejara: «El Imaginarium». No tenía la indulgencia de las casas de algunas estrellas del rock y del pop, gracias a Dios. Tampoco podía compararse con la desmesurada Neverland de Michael Jackson, por ejemplo. Prefería vivir ahí con discreción, a diferencia de, por ejemplo, Noel Gallagher, quien durante el apogeo de Oasis vivió en la «Supernova Heights», una casa al norte de Londres, famosa por sus fiestas. Mantenía un bajo perfil, pero la casa les permitía a ella y a la artista que llevaba dentro divertirse.

Sobre todo, su nuevo apartamento la hacía sentir madura. Amaba su independencia. «Cuando vives sola puedes hacer cosas fascinantes —contó—. Puedes pasear y hablar contigo misma y cantar tus pensamientos... Quizás soy la única que hace eso». Sería fascinante escuchar algunas de esas canciones improvisadas y los flujos de conciencia a los que se entregaba Taylor. Para ella, sin embargo, era muy preciado ese espacio de intimidad en el que podía expresarse libremente. Presentarse frente a decenas de miles de personas en un concierto —o frente a millones de televidentes— era otra cosa. Aunque le encantaban esas experiencias, y trabajaba duro para alcanzarlas, también había algo hermoso en que pudiera hacer estas presentaciones privadas y solo para una persona: Taylor Swift. Era una alegría extraña poder presentarse —e incluso, vivir— con esa tranquilidad y en soledad. Su vida se estaba volviendo cada vez más frenética, y empezaba a sentir que todos los ojos estaban puestos en ella.

· CAPÍTULO 6 ·

EN 2010 LA CHISMOGRAFÍA DEL MOMENTO VINCULÓ a Taylor con tres hombres famosos: John Mayer, Cory Monteith, la estrella de la serie *Glee*, y Toby Hemingway, con quien protagonizó el video de su sencillo «Mine». Sin embargo, el rumor que más se difundiría sería el de su relación con un galán de Hollywood. Después de su gran éxito como co-presentadora de *Saturday Night Live*, en el episodio siguiente Taylor volvió al estudio para apoyar a su amiga Emma Stone, quien había sido invitada al programa esta vez. Allí conoció a una de las estrellas más famosas de Hollywood del momento. Acordaron tener una cita. Para Taylor, la relación que surgió de este encuentro con Jake Gyllenhaal sería una experiencia formativa; de este vínculo y de su posterior ruptura saldrían algunas de sus canciones más conocidas.

Podría decirse que Gyllenhaal estaba destinado a actuar. Nació en Los Ángeles, en 1980, hijo de un director de cine y una guionista. Comenzó a actuar a los diez años, pero se hizo más conocido al final de su adolescencia, entrado en los veinte. En 1999 fue uno de los protagonistas de *October Sky*, una historia sobre el paso de la niñez a la adultez. Dos años después, se convertiría en un personaje de culto tras protagonizar la película indie *Donnie Darko*. En los últimos años, se había hecho más conocido por su versatilidad como actor: apareció en otras películas independientes como *The Good Girl*, en éxitos taquilleros como *El día después de mañana* y en algunos dramas aclamados por la crítica como *Secreto en la montaña*. También fue nominado a un Oscar y ganó un premio BAFTA.

Además de ser famoso por sus actuaciones, se hablaba mucho de él por ser un galán y por llevar una vida amorosa agitada. Había salido con las actrices Kirsten Dunst y Reese Witherspoon, y en 2006 la revista *People* lo incluyó en sus listas de «los 50 más guapos» y en la de «los solteros más codiciados». También encabezó varias de las encuestas de «los hombres más atractivos» para el público gay. Gyllenhaal se había separado de Witherspoon diez meses antes de conocer a Taylor, quien sabía muy bien de su historia con la actriz cuando se lo encontró entre bastidores en SNL. La revista *People* citó a una «fuente» que dijo que «tenían cuidado de no parecer muy cercanos» cuando «andaban juntos tras bambalinas». La fuente, cautelosa, concluía que «era difícil saber si de verdad estaban juntos». También estaba el asunto de la edad: Jake le lleva nueve años a Taylor. A medida que la emoción de los primeros días se transformaba en familiaridad, con los retos que esto trae para dos estrellas, la diferencia de edad, así como la naturaleza de la fama de cada uno, se volvería un problema para ellos.

Después de sus encuentros en los estudios de televisión, los vieron juntos en Brooklyn cerca de la casa de Maggie, la hermana de Jake. Luego, fueron a almorzar al restaurante Al Di La, esta vez en compañía de Emma. Las malas lenguas empezaban a hacer lo suyo, y sería solo cuestión de tiempo antes de que le preguntaran a Taylor sobre estos rumores. Cuando salió en *The Ellen DeGeneres Show*, la presentadora le preguntó qué tan optimista se sentía respecto a su vida amorosa. «Siempre me siento optimista con el amor», respondió Taylor. «Sí, siempre, algunas veces». Ellen estaba especialmente aguda ese día y respondió: «Y sí, sobre todo si tu novio es Jake Gyllenhaal, que es muy guapo».

En noviembre, vieron a Taylor y al actor en el hotel de lujo Post Ranch Inn de Big Sur, California. Al parecer, mientras comían yogurt helado —el de Taylor con pepitas de colores y el de Gyllenhaal con trocitos de chocolate suizo—, «Taylor se reía de todo lo que decía Jake». También la vieron pararse en las puntas de los pies y comparar su altura con la de Jake. Los testigos de la escena afirmaron que la pareja «sonreía un montón», y que se veían «felices» y «cómplices». Parecía que todo iba bien.

Desde hacía un tiempo, la actriz Gwyneth Paltrow, entonces esposa del líder de Coldplay, Chris Martin, se había hecho amiga de Jake y, a través de Martin, también de Taylor. Según le contó a *USA Today*, organizó una cena para la joven pareja en Londres. En efecto, todo parecía ir muy bien. Estaban tan enamorados que se dice que Taylor cambió sus planes para el Día de Acción de Gracias en el último momento y decidió pasar las fiestas con los Gyllenhaal, y no con los Swift. Durante ese día festivo conoció a la familia de él en Nueva York, una señal inequívoca de que la relación iba en serio. Al parecer la visita había sido todo un éxito y la hermana de Jake, Maggie, le contó a *Us Weekly* que todo había ido «muy bien».

Luego salieron las fotos —ahora muy conocidas— de la pareja

tomando *lattes* con miel de maple en el Gorilla Coffee de Brooklyn: un clásico del otoño. Luego, en Nashville, los vieron dando un paseo romántico y haciendo algunas paradas para tomar café y un desayuno tardío. Entre los sitios que visitaba esta pareja aficionada al café estaban Frothy Monkey, Crema y Fido. Era una relación estimulante para ambos, y si le creemos a la evidencia fotográfica, se la pasaban muy arriba de cafeína.

Como ocurrió con sus relaciones pasadas, incluida la que tuvo con Jonas, Taylor era evasiva cuando la prensa la interrogaba por su vida amorosa. Cuando MTV le preguntó si salía con Gyllenhaal, respondió: «Compongo canciones con todo lujo de detalles sobre mi vida personal, pero no hablo de ella». Sin embargo, fuentes cercanas seguían hablándole a la prensa. Una de ellas, le dijo al *Us Weekly* que Taylor estaba «enamorada» de Gyllenhaal. «Le encanta que él sea amable y cariñoso con ella. Y a Jake le gusta que Taylor sea dulce, relajada, y que sea muy fácil estar con ella».

Al parecer él la llevó a pasar un fin de semana en el Reino Unido, donde promocionaba su última película, y en ese momento la cosa parecía seria. Algunos medios afirmaron que se había gastado unos 125 000 dólares en viajar en *jet* privado al otro lado del Atlántico para poder pasar cuarenta y ocho horas en la lujosa suite del Dorchester de Park Lane, una elegante zona de Londres. La relación parecía bien intensa. Algunos incluso especulaban con que la pareja iba a casarse; sin duda, las cosas iban muy rápido.

Cuando llegó el cumpleaños número veintiuno de Taylor, las señales sobre su situación sentimental con el galán eran contradictorias. Algunos rumores decían que él se había gastado 14 000 dólares en una guitarra vintage marca Gretsch que le regaló a

Taylor. Otros, que había comprado un brazalete de oro con diamantes que le costó unos 120 000 dólares. Para rematar la lista de supuestos regalos estaba, por supuesto, un molinillo de café y una cafetera, con su respectiva bolsa de café Kona. Si los reportes eran ciertos, ese nivel de generosidad apuntaba a una relación seria en la que los dos se proyectaban a largo plazo.

Sin embargo, en la lista de setenta invitados especiales que Taylor hizo para su fiesta de cumpleaños, no aparecía Gyllenhaal. Aunque su ausencia podría explicarse debido a compromisos laborales, era cierto que Taylor había pasado la Navidad con su familia y no con Jake, como había hecho antes durante Acción de Gracias. Pronto, fue evidente que se habían separado. «Él dijo que ya no sentía lo mismo y que estaba incómodo con toda la atención que recibían», le contó a *Us Weekly* una fuente cercana. «También dijo que había empezado a sentir la diferencia de edad. Taylor está bastante molesta. Le dijimos que no fuera tan rápido, pero no escuchó».

¿En qué momento habían empezado los problemas? Al parecer, a Gyllenhaal le había molestado la manera en que la atención mediática aumentó cuando la prensa se dio cuenta de su relación con Taylor, y se había empezado a sentir incómodo. Ya sabía cómo era la prensa, por supuesto, pero le gustaba la imagen que había construido de sí mismo como un actor serio y volcado al cine independiente. Muchos actores aspiran a tener cierto estilo de vida y a mantener su imagen como artistas solitarios y misteriosos, a lo Robert De Niro. A Gyllenhaal la imagen pública de Taylor, más adolescente y más pop, y en consecuencia el tipo de prensa que atraía, lo hacía sentirse poco *cool*.

Taylor se dio cuenta del problema, pero le parecía que su pareja era demasiado sensible a la prensa. «Además, no puedo lidiar con alguien que está obsesionado con la privacidad. La gente suele estar pendiente de si dos famosos están saliendo, pero tampoco es que a nadie le importe demasiado. Si te importa la privacidad a tal punto de que tenemos que cavar un túnel para salir de un restaurante... Ya es demasiado», declaró en la revista *Vogue*. Daría más declaraciones al respecto, pero en su próximo álbum.

Mientras tanto, seguían lloviendo los premios. En los Grammy de 2010 ganó el premio a la Mejor Interpretación Vocal Femenina por «White Horse». Fue un momento decisivo en su carrera. «Es mi primer Grammy, chicos. ¡Un Grammy!». También ganó otros galardones, incluyendo el de Álbum del Año. Y agregó: «Cuando tengamos ochenta años esta va a ser la historia que vamos a contarles una y otra vez a nuestros nietos, hasta que se fastidien: la vez que en el 2010 ganamos el Grammy al Álbum del Año».

Otro triunfo de la noche fue que nadie la interrumpió mientras expresaba sus agradecimientos. Pero justo cuando parecía que había exorcizado a ese demonio, apareció otro. Esta vez, su presentación con la leyenda del country Stevie Nicks daría mucho de qué hablar. Esa noche Taylor recibió la crítica más dolorosa de su carrera hasta el momento. Como parte de su actuación en la ceremonia, cantó una mezcla de «You Belong With Me» y «Today Was a Fairytale», y también hizo un dúo con Nicks de una versión de «Rhiannon», la canción de Fleetwood Mac. Por desgracia, debido a problemas técnicos, no pudo oír su voz mientras la cantaba. Como está acostumbrada a tener esta guía, desafinó y se le aflojó la voz.

Irónicamente, unas semanas antes había señalado que, para ella, la emoción era más importante que la perfección técnica a la hora de cantar. «En realidad, se trata más de interpretar la canción de tal forma que transmita el sentimiento, y no de que cada frase sea técnicamente perfecta», había declarado al *Los Angeles Times*. Añadió que, como compositora y cantante, estaba más «obsesionada» con el significado de sus letras que con la «técnica vocal» con la que las interpretaba. «No me gusta obsesionarme con cuestiones técnicas», declaró.

Era un punto sensible. En la época en que todos vemos concursos de talentos por televisión, la calidad técnica de la voz está sobrevalorada. En programas como *The Voice* y *The X Factor*, los concursantes interpretan temas que otros artistas han compuesto para complacer a los jueces y al público que vota. Por eso los intérpretes se concentran demasiado en cantar cada nota a la perfección, en lugar de conectar con el mensaje de la letra, ya que, a fin de cuentas, no la compusieron ellos mismos.

Pero en el momento de reaccionar a la presentación de Taylor en los Grammy, los medios no tuvieron en cuenta nada de esto. El *Los Angeles Times* comentó que había hecho una «interpretación vocal realmente mala… latosa y sin ritmo». Y *Entertainment Weekly* por su parte, afirmó que «desafinó demasiado».

En internet y en otros medios menos conocidos fueron aún más duros con Taylor. Scott Borchetta salió en su defensa. Comentó que «quizás no es la cantante con la mejor técnica, pero es la cantante que transmite más emoción, porque todos los otros pueden subir al escenario y hacerlo técnicamente perfecto, pero la gente no se muere por ellos». Y agregó que «nadie es perfecto y menos todos los días. Quizás esa no haya sido nuestra mejor noche, pero al mismo tiempo, puede que sí. Es una chica muy inteligente. Va a seguir trabajando en eso y va a seguir mejorando».

La crítica le había dolido. Un tiempo después sintió que podía mostrarse vulnerable y hablar al respecto en la cadena de radio

NPR. Admitió que el incidente la había dejado desconcertada. «Por supuesto. Es fácil perder la confianza que tengo en mí misma. Soy muy consciente de todos mis defectos. Soy consciente de las inseguridades que tengo. Todo el tiempo hay una voz en mi cabeza que me dice que no puedo. He lidiado con esto toda mi vida. Y cuando te subes al escenario miles de veces, pues va a haber una noche en la que algo salga mal. Y cuando tienes una noche así frente a tantas personas, y te lo señalan de una forma tan pública, pues sí, te afecta. Creo que, como compositora, no puedo cerrarme del todo a las críticas. No puedo protegerme demasiado porque mi trabajo es sentir».

Aun así, hubo algunos comentarios positivos. Alan Light, de la revista *SPIN* escribió: «No haber hecho una actuación perfecta de alguna manera tiene una ventaja. Hasta cierto punto, lo hace todo un poco más verosímil». Quizás más importante que la verosimilitud, Taylor esa noche ganó su primer Grammy. Con un Grammy bajo el brazo, pasaba a ser una leyenda en la historia de la música. Nada mal para una chica que «no sabe cantar».

En la industria musical, el éxito y el reconocimiento desmesurados pueden socavar el entusiasmo de ciertos artistas. Una vez que se han bañado en las escurridizas aguas de la fama, descubren que se ha esfumado el incentivo que antes los impulsaba. Por eso mismo pierden la motivación y se apagan por un tiempo, o incluso para siempre. Con Taylor, una amante del trabajo, ocurrió algo diferente. El éxito no hizo sino impulsarla más. «Apenas terminé de trabajar en *Fearless* y lo lancé, empecé a componer mi próximo álbum», explicó. «Me encanta estar veinte pasos delante de mí misma».

De cierta forma, en este álbum Taylor volvió a sus raíces: decidió trabajar de nuevo con Nathan Chapman. Grabaron la mayoría de las canciones en su sótano. «Muchas veces nos pasó que la primera vez que grabábamos la voz salía increíble y nos quedábamos con esa toma», contó. En cuanto al productor, fue el primero en notar cuánto había cambiado ella desde *Fearless*: «Se fue de la casa, ahora vive sola y después de crecer un poco ve el mundo de otra manera».

Su nuevo álbum, *Speak Now*, era amplio en términos de sonido. Abría con «Mine», una canción que según ella «es sobre mi tendencia a huir del amor», una tendencia que, dijo, desarrolló «en los últimos tiempos». La canción trata sobre «encontrar la excepción» a las experiencias pasajeras del amor que había tenido hasta entonces. «Vi pasar toda la relación frente a mis ojos, como si estuviera en una película rara de ciencia ficción», le contó a Yahoo!. Para Borchetta y su equipo la experiencia de producir esta canción fue muy emocionante. «Creo que tocamos esa canción cuatro o cinco veces. Yo saltaba de un lado al otro haciendo como si tocara la guitarra y ella me cantaba la canción, fue uno de esos momentos adolescentes y divertidos que uno tiene con Taylor».

No podemos más que especular sobre acerca de quién será esta canción, pero sin importar quién sea el protagonista, Taylor dijo que el día que salió supo que se trataba de él y le mandó un correo electrónico. «No tenía ni idea», le escribió. «Me doy cuenta ahora de que fui muy ingenuo». Se sumaba a la larga lista de hombres que han descubierto en los álbumes de Taylor una canción sobre ellos.

Luego viene «Sparks Fly» una canción que Taylor se guardó durante algunos años. Se animó a grabarla solo después de tocarla en vivo y recibir comentarios positivos. La primera gran canción épica del álbum es «Back to December», un tema lento «sobre una persona que era increíble conmigo, era perfecta para mí, y yo fui muy descuidada con él». Es probable que esta canción sea sobre Taylor Lautner. Los rasgos físicos que describe la canción coinciden perfectamente con el galán de *Crepúsculo*. También, en sus conciertos le ha dedicado la canción al «chico de Michigan», de donde es Lautner.

En «Speak Now» Taylor canta sobre el momento en que se enteró de que el chico que le gustaba en la secundaria se había casado con alguien que no lo trataba muy bien. «Había conocido a esta otra chica, una persona horrible. Hizo que dejara de hablar con sus amigos, cortó la relación con su familia y lo dejó muy aislado. Y, de repente, yo estaba como "Ay… ¿vas a decir algo?"». Aquí Taylor hace referencia al momento en que, en una boda, se les pide a los invitados que, si se oponen a la unión, hablen ahora o callen para siempre. «Siempre me ha fascinado ese momento en los matrimonios porque creo que es una metáfora sobre esas situaciones de la vida en las que estamos a punto de perder algo, y nos damos cuenta de que hay que hablar».

El protagonista de «Dear John» es probablemente el cantante de country John Mayer, a quien han vinculado con Taylor. Se trata de una canción lenta y desgarradora, una balada en la que sentimos el dolor. «Muchas veces cuando las personas terminan sus relaciones escriben un correo electrónico y se sacan de encima todo lo que les hubiera gustado decir», explicó Taylor. «Muchas veces lo escriben, pero no lo mandan. Fue duro escribir esta canción y bueno, creo que ponerla en el álbum fue una manera de mandar ese correo electrónico». Mayer no se mostró muy impresionado de que lo relacionaran con la canción.

«Me hizo sentir terrible, no me lo merecía», comentó. «Soy una persona que ahora sabe hacerse cargo, y nunca hice nada para merecer eso. Fue terrible que escribiera esa canción». Describió lo que hizo Taylor como «una forma facilista de componer». Cuando Katie Couric le preguntó sobre estos comentarios en su programa de entrevistas *Katie*, Taylor puso los ojos en blanco y soltó con un suspiro: «Ay, por favor».

«Mean» es la respuesta de Taylor frente las críticas que recibió tras aquella presentación en los Grammy. «Es una canción que compuse un día que me sentía muy, muy mal, pero me ha dado muchos días felices desde entonces», comentó. Explicó que el desastre de los Grammy le había recordado sus días en la secundaria, cuando sus compañeros la maltrataban. «"Mean" es una canción sobre el *bullying* en este momento de mi vida. Ya no estoy en la escuela, pero aún sé cómo se siente», declaró.

Y sin embargo hay algo hermoso en la manera como le dio vuelta a la situación, tal como reconoció en NPR. «Tiene algo de mágico que las críticas de alguna manera me hayan ayudado, se transforman en más material para mi música. Terminé componiendo una canción que se llama "Mean" y que habla de esa experiencia, y de un chico en particular que no me dejaba en paz con el tema. Creo que volver a los Grammy dos años después y cantar esa canción y recibir la ovación del público, y ganar dos Grammys justo por esa canción, es la experiencia más gratificante que he tenido en la vida». Así como antes le había encontrado el lado positivo al *bullying* que sufrió en la escuela, también le encontró algo bueno al horror que vivió tras esos Grammy.

Con esta canción en la que se mostraba a sí misma como víctima, Taylor quería responder de alguna manera a la idea de que era demasiado sensible. Señaló la diferencia entre una crítica constructiva, que se centra en el trabajo, y un ataque personal tan desagradable. Esto último era, como el título de la canción, algo cruel. Y agregó: «Hay distintas maneras de criticar a alguien». Sensible o no, lo que hizo musicalmente con esas malas experiencias rindió excelentes frutos creativos.

Durante la compilación del álbum, «The Story of Us» marcó un hito. «Cuando la terminé, supe que había terminado el álbum», comentó. Fue la última canción que escribió para el álbum y en ese punto, ella y Chapman bailaron de felicidad. Pero la canción en sí trata de un sentimiento no tan alegre. «La canción describe un encuentro con alguien con quien había tenido una relación; estábamos en una entrega de premios, sentados a unos asientos de distancia. Quería decirle: "¿Estás que te mueres? Porque yo estoy que me muero"». Explicó que nunca tuvieron esa conversación «porque entre los dos había un muro de silencio».

Como hemos visto, cuando Taylor se mudó a su primer apartamento, disfrutó de la libertad para hablar consigo misma y cantar en voz alta. Era un lugar productivo para ella, como vemos en «Never Grow Up». «Entré a este apartamento después de comprarlo y pensé: dios, ahora sí es en serio. Todos nos vamos haciendo mayores, pronto mis padres serán viejos, y entonces voy a tener que pensar en cosas de adultos», comentó.

Aquí, de nuevo, vemos a Taylor poniéndose en el lugar de hermana mayor. ¿O es que, en realidad, le estaban dando ganas de tener hijos? «De vez en cuando miro hacia abajo y veo a una niña de siete u ocho años, y me gustaría contarle todo esto. Ahí está, creciendo y formando sus propios pensamientos, sus opiniones y sueños. Escribí esta canción para esas niñas».

Un día, en Nueva York, Taylor conoció a alguien que le llamó la atención. La conmovió tanto el encuentro con esta persona que regresó al hotel y compuso una canción sobre cómo se había sentido: «Enchanted». Estaba encantada. «Lo conocí y la sensación fue abrumadora. Tipo: "Espero por favor que no estés enamorado de nadie". Y durante todo el camino de regreso, recuerdo ver los edificios iluminados de Nueva York, y yo ahí sentada pensando: "¿Será que volveré a hablar con esta persona?". Me consumía ese romance que quizás no iba a suceder... pero lo que sí sentía era la esperanza de que fuera posible, y el miedo de que nunca llegara a pasar».

La canción es muy madura, y tiene una gravedad casi cinematográfica. Se cree que el hombre que la impactó de esta manera es el artista de música electrónica Adam Young. En una ocasión compartió en su página web una carta pública para Taylor, en la que terminaba insinuando que la canción se trataba de él. «Eres un amor en todo sentido. Eres una chica de verdad encantadora, con un corazón hermoso, y tanta gracia y elegancia que no me alcanzan las palabras. Eres una auténtica princesa de un cuento de hadas, y sobre todo solo quiero que sepas que... también me encantó conocerte».

Si te gusta la Taylor furiosa, seguro te habrán gustado sus canciones más iracundas, como «Picture to Burn». Esa ira vuelve a sentirse en «Better Than Revenge», la canción en la que Taylor insulta a una chica con la que, según ella, uno de sus novios la había engañado. La letra es petulante e implacable, pero la metáfora de alguien que roba los juguetes de otros niños en el patio del recreo es ingeniosa.

En «Innocent» aborda el drama con Kanye West. «Fue algo importante e intenso en mi vida, resonó en mí por mucho tiempo», afirmó. Aunque adonde fuera le preguntaban siempre por el incidente, optó por guardar silencio por un tiempo. Cuando estuvo preparada para «hablar» del tema, prefirió cantar. Más tarde explicaría: «Ni siquiera en ese momento hablé al respecto y sigo sin hacerlo. Pero pensé que era muy importante para mí cantar sobre lo que había pasado». La canción expresa la idea de que todo el mundo tiene una oportunidad para reinventarse. «Nada va a salir exactamente como uno lo planea», afirma. «Que hagas un buen plan no significa que vaya a suceder».

«Haunted», según Taylor, es una canción sobre «sentirse enganchada con una relación y querer recuperarla, y sobre el tormento de no poder hacerlo». Es otra canción que parece estar hecha para la pantalla grande; fácilmente podría ser la banda sonora de una película para adolescentes tipo *Crepúsculo*. «Quería que la música y la orquestación reflejaran la intensidad de la emoción que inspiró esta canción, así que grabamos la sección de cuerdas con Paul Buckmaster en los estudios Capitol de Los Ángeles. Grabar toda esta sección de cuerdas en vivo fue una experiencia increíble, y creo que al final logró capturar ese sentimiento de caos y confusión que buscaba».

«Last Kiss», por su parte, es una balada que intenta capturar ese momento en el que conectamos con la tristeza de un amor perdido. A diferencia de muchas canciones sobre relaciones que se acaban, esta no trata del drama que se vive tras la ruptura, sino de un sentimiento que llega después. «Cuando terminas con alguien, sientes muchas cosas diferentes», explicó Taylor. «Hay rabia, confusión, frustración. Y luego llega la tristeza absoluta de haber perdido a esa persona, de no poder construir más recuerdos y de perder las esperanzas que tenían para el futuro».

Hay mucha tristeza en *Speak Now*, y aun así el álbum termina con el ánimo arriba. Para componer la melodía pegadiza de la canción que cierra el álbum Taylor se inspiró durante un concierto.

Después de terminar la parte principal de su presentación y justo antes de volver al escenario, mientras esperaba en el camerino, le vino una melodía a la cabeza. La anotó rápidamente y volvió con su público. Más tarde, retomó la melodía y ahí nació «Long Live».

Por el modo en que surgió esta canción, Taylor la convirtió en un homenaje a quienes trabajan con ella. La describió como «la primera canción de amor que escribo para mi equipo». Al escucharla, dan ganas de formar parte de ese grupo de personas: se siente una dosis de orgullo y también toda la valentía que se necesita para estar ahí. *Rolling Stone* la comparó con Bon Jovi, y con razón: es otra canción que Taylor compuso para tocar en grandes escenarios.

Ese comentario de la revista es representativo del tipo de elogios que *Speak Now* recibió de la crítica. La misma publicación afirmó que el álbum acompañaba lo que había sido hasta entonces un desarrollo continuo de sus talentos. Declaró que el álbum «es casi dos veces mejor que *Fearless,* de 2008, y que este fue casi dos veces mejor que su debut en el 2006». *The Guardian* le dio a *Speak Now* cuatro estrellas de cinco y comentó que era «sobre todo» un «triunfo». Elogió la valentía de «Never Grow Up», una canción que el crítico de la revista consideró «devastadora y realmente incómoda».

Mientras que en el sitio web de la BBC se comentaba que Taylor progresaba a un ritmo constante, la cadena también opinaba que su más reciente álbum era demasiado largo. «Después de escuchar media docena de lamentos felices, pues, ya has escuchado muchos». El *Washington Post* publicó un comentario similar sobre la duración del álbum, los críticos se quejaban de que contenía «catorce canciones demasiado explicativas, todas compuestas por ella, y que hacen que suene repetitivo y parezca inflado». Al menos, el crítico se animó a decir también que *Speak Now* era un «interesante ejercicio de seducción, deseo y ajuste de cuentas».

El *New York Times*, por su parte, describió a *Speak Now* como «una obra virtuosa de transparencia opaca». Sin embargo, fue Ann Powers, del *Los Angeles Times*, la que más se acercó al espíritu de este álbum, y a Taylor en general. Powers comentó que: «En la actualidad, gran parte de la música pop más *mainstream* suena a *jingle* publicitario y a esos cantos de hinchas en el estadio, tan pegadizos que te hacen doler el estómago, y que tienen un ritmo irresistible. Una personalidad escandalosa suele acompañar estos sonidos tan agresivos. Swift nos recuerda que hay otra forma de enganchar al público. Viniendo de alguien que conoce el imaginario infantil, no es de extrañar que use un truco que los padres suelen utilizar con sus hijos: háblales con un tono suave. Lleva todo hacia adentro. Haz que las personas a las que les hablas sientan que son las únicas en el mundo».

La gira para promocionar el álbum empezaría en febrero de 2011. Con ella, Taylor recorrió diecisiete países y se presentó en cien conciertos en el transcurso de un año. Según *Billboard*, que calculó que había dejado 123,7 millones de dólares, fue la gira más lucrativa de 2011. Sin embargo, no fue un trabajo fácil. «Hacer estas presentaciones es como correr un maratón», le declaró Taylor a Katie Couric. «Cuando estoy debajo del escenario y luego me expulsan como si saliera de una tostadora, y luego estoy en el aire como a dos metros del suelo, pienso como: "Bueno ya hicimos eso... Ya canté la del banjo... okey... ahora vamos a este segmento... cambio de vestuario... ahora a volar por encima del público... maravilloso..."».

Además de planificar todo el espectáculo con cuidado, Taylor procuraba «vivir el momento». Quería una mezcla entre preparación y espontaneidad. Comentó que «una de las cosas que más me gustan de esta gira es que, a pesar de ser un espectáculo muy teatral, y de que la escenografía, los vestuarios y la producción me acuerdan mucho a mis musicales favoritos, hay varios momentos del espectáculo que son muy espontáneos».

En el futuro, Taylor miraría hacia atrás y se preguntaría si esa espontaneidad y esa libertad habían desaparecido de su vida. Tal como exploró en «Last Kiss», al examinar una relación que ya ha terminado a veces se gana cierta perspectiva. También lograría ver con perspectiva su carrera. Su fama estaba a punto de alcanzar otros niveles. Y aunque Taylor disfrutaba bastante el recorrido que había hecho, algunas veces miraría hacia atrás y se preguntaría a dónde había ido a parar gran parte de la diversión.

CAPÍTULO 7

¿CUÁL ES LA DIFERENCIA ENTRE UNA ESTRELLA Y una superestrella? Cada uno de nosotros tiene una idea vaga de lo que significan estas palabras, pero la diferencia no es del todo clara. A medida que su fama se acrecentaba, Taylor recorría un largo camino que la llevaría a descubrir en 2012 la respuesta a esta pregunta. El reconocimiento que recibía ya era vertiginoso. Pasa algo con ese fenómeno: el estar más presente en los medios es a la vez un motor y una señal de mayor prestigio. La fama se alimenta a sí misma: entre más tienes, más consigues. Y Taylor estaba a punto de adquirir mucha fama.

En su edición de febrero de 2012, la revista *Vogue* la puso en primera plana. Poco después, *Billboard* la nombró «Mujer del Año», convirtiéndola en la artista más joven en recibir este honor. Todo este reconocimiento vino acompañado de una gran fortuna: encabezó la lista *Billboard* de «Los 40 personajes que más dinero ganan con la música» y la revista *Forbes* publicó que era la estrella menor de treinta años con mayores ingresos. Otras revistas que la llevaron a sus portadas fueron *Elle* y *Rolling Stone*; esta última la incluyó en su lista de «Mujeres que rockean» y la llamó una «auténtica» *rockstar* con «un oído impecable para lo que hace que una canción pegue». Taylor ganaba respeto y reconocimiento en distintos tipos de publicaciones. Varias revistas musicales serias elogiaban sus raíces country, las revistas mensuales dirigidas a mujeres la consideraban un personaje inspirador e intrigante, y las publicaciones semanales sobre los famosos —dirigidas al público adolescente— sabían que era una figura que interesaba a sus lectores más jóvenes.

Todo esto le dio una enorme popularidad y, por supuesto, alegraba a su sello discográfico. Para el departamento de relaciones públicas, Taylor era un sueño hecho realidad: todos los medios querían promocionar sus últimos lanzamientos. Es difícil hacer publicidad con algunos artistas, y a veces estos departamentos tienen que trabajar mucho para lograr que los medios publiquen artículos o reseñas sobre ellos. Taylor, en cambio, arrasaba en los medios: aparecía en todas y cada una de las publicaciones en las que su sello quería verla.

El periódico británico *The Guardian*, que se enorgullece en especializarse en las artes, publicó una entrevista a profundidad con ella. En la conversación, Taylor explicó por qué sus canciones conectaban tanto con sus fans, sobre todo con las chicas que se enfrentan a esa hidra física y emocional que es la adolescencia. «Sientes tantas emociones, que con tantos sentimientos juntos parece que te asfixias —comentó—. Intento tomar un momento, un sentimiento simple y sencillo, y expandirlo y llevarlo a tres minutos y medio». El entrevistador, Alex Macpherson, quedó impresionado. «En las canciones de Swift, la tradición de contar historias y la confesión están entrelazadas, las une el instinto de lo universal», comentó.

Pero a pesar de todo el respeto que Taylor ganaba en publicaciones prestigiosas, los medios dedicados a los chismes de la farándula seguían obsesionados con su vida amorosa. Cuando coprotagonizó con Zac Efron —el galán de *High School Musical*— la película de dibujos animados de Dr. Seuss, *El Lorax*, fueron inevitables las especulaciones sobre una posible relación entre ellos en la vida real. Sin embargo, Taylor aplacó rápidamente los rumores. «No somos pareja», le aseguró a Ellen DeGeneres. «Él es maravilloso, pero no somos pareja. Obvio que las personas se juntan para filmar cuando están coprotagonizando una película. Pero no en el caso de las películas animadas. ¿Sí me entiendes? Por dios, mientras grabábamos nuestras voces en *off* para la película, cada uno en una costa distinta, sentimos una conexión especial...».

El siguiente famoso con el que la vincularon no era precisamente un actor, sino el miembro de un clan político bastante conocido: el guapo Conor Kennedy, nieto de Robert F. Kennedy. En 2012 tuvieron un amor de verano que duró tres meses. Los vieron por primera vez en julio, mientras almorzaban en una pizzería en Mount Kisco, Nueva York. A los pocos días volvieron a verlos en el complejo Kennedy en Hyannis Port, Massachusetts. Ahí pasearon juntos varias veces, en alguna ocasión cogidos de la mano. En otra ocasión, vieron a Conor, con esa cara de bebé, dándole un beso a Taylor. Parecía que iban en serio: se dice que Taylor estaba pensando comprar una propiedad en la zona.

Después, la acusaron de «autoinvitarse a una boda» cuando apareció con Conor en un evento familiar. Los representantes de Taylor negaron rotundamente que hubiera llegado sin invitación.

Había un asunto familiar más importante: Taylor acompañó a Conor a visitar la tumba de su madre, que se había suicidado tan solo tres meses antes. Ayudó a arrancar algunas malezas que habían crecido alrededor de la tumba. Y aunque las cosas parecían ir en serio, pronto se separaron. Un amigo cercano le contó a *Us Weekly*: «Se separaron con discreción hace ya un tiempo. Fue una cuestión de distancia. No hay rencores, están bien». Otra relación más que se iba por el caño. Taylor aprendía otra lección y, más importante que esto, tenía una nueva inspiración para sus canciones.

Pero su aventura con el chico Kennedy sería poco en comparación con su siguiente relación, esta vez con un ídolo adolescente de talla internacional. Para la prensa rosa era un romance ideal, venido del cielo gracias a los dioses del mundo del espectáculo: una cantante hermosa, rubia y con un historial de decepciones amorosas detrás, y un chico con cara de niño, que formaba parte de una banda muy *cool* y tenía fama de mujeriego. Ambos contaban con millones de fans en todo el mundo, obsesionados con cada uno de sus movimientos. Juntos, eran oro puro y tendrían garantizados miles de publicaciones en los medios. De hecho, la relación entre Taylor y Harry Styles era tan conveniente que se llegó a plantear la cuestión de si era profunda y real.

Antes de conocer a Taylor, la vida amorosa de Styles ya daba de qué hablar en los medios. Aunque todos los miembros de su banda One Direction eran objeto de interés para la prensa, Styles recibía una atención especial. Todo empezó cuando lo vincularon con Caroline Flack, la presentadora de *Factor Xtra*, que le llevaba unos catorce años. La diferencia de edad convirtió esta historia en una auténtica bomba: los fans de One Direction estaban tan furiosos como los periodistas felices. Flack llegó a recibir amenazas de muerte de parte de algunos fans de 1D y todo el mundo opinaba sobre el supuesto romance. En algún punto la pareja se separó, pero el asunto convirtió a Styles en blanco de los medios.

Los periodistas lo seguían a todas partes, e intentaban relacionarlo con un sinnúmero de personas. La mayoría de las historias que circularon eran inventadas. Algún medio incluso intentó vincularlo románticamente con Nick Grimshaw, el presentador de Radio 1 y un amigo cercano de Harry. Ambos lo negaron. En un punto, Harry llegó a decir que sentía como si tuviera «7000 novias, según los medios». En cuanto a Taylor, hemos visto que también recibía una considerable atención mediática, aunque en su caso la prensa era más conservadora y no le inventaban miles de novios. Pero eran pocos los editores de las revistas de celebridades que no codiciaran algún chisme sobre ella. Así que cuando comenzaron a circular los rumores de que las dos jóvenes estrellas andaban juntas, ya tenían garantizada la primera plana.

Al parecer, se conocieron en una ceremonia de premiación en 2012. Era marzo, la época de los premios Nickelodeon, cuyos ganadores escogen los televidentes. A Taylor la habían visto bailar durante la presentación de One Direction. Estaba con su amiga Selena Gomez, pero era Taylor quien recibía casi toda la atención. Los reporteros presentes se dieron cuenta enseguida de que estaban frente a una posible historia, y después de ver que los dos cantantes charlaron un momento, le preguntaron a Styles si tenía algo que contar. Él sonrió, y comentó que Taylor era «simpática».

Styles se había acostumbrado a medir sus palabras, pues los medios escrutaban cada sílaba que salía de su boca, sobre todo cuando se refería a su vida privada. Así que cuando habló sobre Taylor, fue extremadamente cuidadoso.

Incluso cuando se refirió a ella en declaraciones a la revista *Seventeen* sonaba más como un político que como una estrella del pop. «De verdad, no podría ser más dulce. Taylor es en serio una chica muy simpática, y demasiado talentosa, se merece todo lo que tiene». Muy pocos chicos escogen las palabras con tanto cuidado, o hablan con tanta sutileza cuando se refieren a chicas guapas.

Esa sutileza dio pie para que continuara la especulación. De hecho, el primero en insinuar que Taylor y Styles eran pareja no fue ninguno de ellos, sino otra celebridad. Justin Bieber, el príncipe del pop, hizo una críptica alusión al tema y aprovechó para burlarse de los medios. «Ya sé que una de las mayores artistas del mundo piensa que Harry está buenísimo, pero prometí guardar el secreto», comentó. También vieron a los otros miembros de One Direction fastidiando a Styles con el chisme, incluso en los VMA.

Más tarde, tras la aparición de Taylor en el episodio final de *Factor X* de los Estados Unidos, el presentador del programa Mario Lopez le ofreció a la prensa un «chismecito». Comentó que «durante los ensayos Harry, de One Direction, vino, me dio una palmada en la espalda y me dijo: "Hola, Mario, ¿cómo andas?". Y yo le pregunté: "¿Qué haces aquí?" Y él medio que señaló a Taylor». Lopez contó que habían salido tomados de la mano. El Twitter oficial del programa respaldó la noticia y publicó que los habían visto comer hamburguesas juntos.

Esto bastó para convencer al mundo de que eran pareja, y pronto los bautizaron «Haylor». Lopez no habría difundido ningún rumor infundado sobre One Direction, una banda que su propio jefe, Simon Cowell, producía y adoraba. Aunque el equipo de *Factor X* suele difundir muchas historias en los medios, el contenido de estas se controla minuciosamente. Pero a pesar de que la declaración de Lopez era reveladora, y de que los medios se volcaban en la historia, a los periodistas les faltaba una prueba irrefutable, es decir, la evidencia sólida.

Y Styles seguía tímido cuando le preguntaban por su vida amorosa. Por ejemplo, le contó a la revista *Cosmopolitan*: «Me gusta alguien… pero esta chica… no es mi "tipo". Tiene que ver con cómo es la persona. Cómo actúa, su lenguaje corporal, si puede reírse de sí misma». Podría haber sido cualquiera, así que los medios siguieron especulando. Se preguntaban si Taylor estaba considerando la compra de una casa en Londres para estar cerca de Harry. Esto hacía ver la relación como si estuviera avanzando muy rápido; sin embargo, nadie estaba del todo seguro de que tal relación existiera.

Pero las pistas continuaban apareciendo. Vieron a Taylor con una cadena de plata idéntica a la que solía llevar Styles. También Taylor insinuó que ahora le interesaban los «chicos malos». Aunque para los lectores mayores puede sonar muy extraño que Styles, con esa cara tan inocente, caiga en esa categoría, entre los más jóvenes tiene fama de rompecorazones. «Tienen un carisma muy interesante», comentó Taylor. «Tienen mucho que decir, e incluso si no te lo dicen, saben cómo mirarte y decirte todo con la mirada. Creo que todas las chicas sueñan con salir con un chico malo en el momento adecuado, es decir, cuando se quiere volver bueno».

Los rumores sobre la relación cobraron más fuerza cuando Nick Grimshaw, amigo íntimo de Harry, habló públicamente de Taylor. Era la primera vez que alguien del círculo íntimo de Taylor o Styles comentaba abiertamente algo sobre la relación. «A Harry le gusta de verdad, está enamorado de ella en serio», declaró. «Al principio no estaba seguro de que la relación fuera real, pero hablo mucho con él y parece que Taylor es la indicada, al menos por ahora».

Nick contó también que la chispa de Taylor era una cualidad importante para Styles, la hacía más atractiva. «A Harry le gusta la gente que lo hace reír. Hablo mucho con él por teléfono cuando está de gira y habla bastante de ella. Está muy contento. A mí también me cae muy bien; hace poco vino a mi programa y la pasamos superbién». Esta charla sobre el ingenio y la chispa de Taylor concordaba a la perfección con lo que Styles había dicho antes: que era importante que la persona tuviera buen humor para que alguien le pareciera atractiva.

En diciembre de 2012, cuando Taylor y Harry visitaron juntos el zoológico del Central Park, los medios obtuvieron la evidencia fotográfica que buscaban. Las fotos de su paseo por el zoológico se difundieron por todas partes. Al parecer después de esa cita pasaron dos noches juntos en el hotel de Taylor, en Manhattan. Luego los vieron en el *after party* de un concierto de 1D en el Madison Square Garden. Salieron a las cuatro de la madrugada y se fueron al mismo hotel, de donde salieron a la mañana siguiente uno después del otro. Durante la temporada navideña, tanto a Taylor como a One Direction los vieron en distintos lugares de la costa este, y también tuvieron algunos conciertos.

Al parecer, en Año Nuevo, Taylor llevó a Harry al Reino Unido para que celebrara con ella su cumpleaños número veintitrés. Comieron en el bar George & Dragon en Great Budworth, Cheshire. «Es increíble», dijo Taylor refiriéndose a Styles. También pasearon por el Peak District y cenaron con la hermana de Styles en The Rising Sun Inn. Se dice que, durante su estancia en el Reino Unido, Harry le mostró a Taylor la comedia adolescente de origen británico *The Inbetweeners*. Después se produjo una versión americana de la serie, pero se dice que a ella le encantó la original.

Además de instruirse en el humor británico, Taylor aprendía mucho sobre la fama. Cuando salió con Jake Gyllenhaal, había sido él quien se sintió incómodo con el escrutinio cada vez mayor al que los sometían los medios. Sin embargo, durante su relación con Styles fue Taylor la que quedó impactada. «No sé cuánto derecho tengo a la privacidad, pero creo que no mucho. Al mismo tiempo, yo me lo busqué; podría estar tocando mis canciones en un café. Sería feliz, pero quizás no tan feliz». Para ella, saber que mucha gente va a escuchar su música es «la sensación más maravillosa», pero agregó que la presencia de «tipos» con cámaras «escondidos entre los arbustos no es tan maravillosa».

Harry, que ya tenía varios tatuajes, al parecer se hizo uno que hacía referencia a su relación con Taylor. Ella, por su parte, habría gastado 60 000 dólares en memorabilia de los Beatles para él. En la final de *Factor X*, en la que One Direction interpretó «Kiss You», le preguntaron a Harry por Taylor. «Está bien», respondió. No era un comentario del otro mundo, pero en el contexto de esta historia era oro para los medios.

Luego Taylor se fue a Australia a un viaje promocional. Le divertía la idea de pasar los meses previos a la Navidad en el verano australiano. «Va a hacer sol sin parar», comentó. «Va a ser raro estar bronceada en Navidad, pero me entusiasma mucho». Volvió a los Estados Unidos en la víspera de Navidad. La habían contratado para actuar ese día en el *Dick Clark's New Year's Rockin' Eve* en Times Square. Cantó «I Knew You Were Trouble» y «We Are Never Ever Getting Back Together». Según un fan en Twitter, después del evento Taylor y Harry «se besaron» en un ascensor.

Como pasó con Gyllenhaal, parecía que su relación con Styles comenzaba a acelerarse. Algunas «fuentes» que prefirieron no dar su nombre le dijeron a la prensa que Taylor y Styles planeaban casarse. De acuerdo con algunos reportajes, en este punto Scott, el padre de Taylor, decidió intervenir: habló con Styles y le dijo que «fuera más despacio y se tomara las cosas con calma». Aunque según estos reportes Scott no buscaba separar a la pareja, sí insistió en que no se apresuraran.

Sin embargo, a comienzos de 2013 Taylor y Harry decidieron huir de nuevo del frío, esta vez a las Islas Vírgenes Británicas. Los fotografiaron comiendo junto a algunos fans en un restaurante en Virgin Goda. Era una escena maravillosa y vale la pena que nos detengamos un momento en ella, ya que todo iba a cambiar en cuestión de horas. Más tarde, Taylor fue vista sola en un bote mientras que Styles seguía la fiesta en otro lado; parecía que el amor peligraba.

Al parecer, durante una supuesta discusión, Taylor le dijo que tenía «suerte» de estar con ella. La relación había terminado, y los medios de comunicación se apresuraron a preguntarse si había existido de verdad. El *National Enquirer*, un periódico amarillista estadounidense, llegó a sugerir que la propia Taylor desconocía la verdad: «Taylor no sabe que los publicistas de Harry hicieron todo lo posible para juntarlos solo porque ella es una gran estrella». *The Guardian* dijo que había sido «inevitable» que terminaran juntos, «ya que, entre los dos, supuestamente, han salido con todas las personas del planeta». El periódico añadía con evidente cinismo que «el hecho de que esta relación coincida con el lanzamiento del álbum de Swift y el anuncio de la gira de One Direction es una de esas grandes coincidencias que suelen ocurrir en las relaciones entre celebridades». Por si algún lector no hubiera captado la insinuación, agregaban en el reportaje que «algunas de sus citas olían sospechosamente a departamento de relaciones públicas».

Es cierto que el romance de Taylor con Harry por momentos parecía demasiado conveniente. Sin embargo, no hay ninguna relación entre famosos que no pueda someterse a una lectura similar. Aunque muchas parejas famosas se han unido para impulsar sus respectivas carreras, hay muchas estrellas que salen con otras simplemente porque quieren estar con una persona que comprenda las presiones que trae la fama. En cuanto a Taylor, de nuevo estaba soltera. Ha declarado antes que quedarse sola es uno de sus miedos más grandes. «Creo que lo que más miedo me da es que la magia se acabe», comentó. «Las mariposas y los sueños y el amor, todo eso que aprecio tanto, se van a acabar algún día». Mientras tanto, tenía un nuevo álbum que no se iba a promocionar solo.

Después del lanzamiento de *Red*, en octubre de 2012, Taylor se sinceró en una entrevista con la cadena radial NPR. Contó que las relaciones que ha tenido han inspirado varias de sus canciones, y explicó por qué escribía sobre ellas de una manera tan directa. Ahora que tenía un historial reciente de relaciones con famosos, cualquier cosa que dijera sobre su nuevo disco iba a ser más examinado que nunca. «Lo primero que pienso cuando estoy escribiendo las letras de mis canciones es en comunicarme directamente con la persona que inspiró la canción. Algo que he aprendido recientemente es que… no es el desamor lo que inspira mis canciones. Tampoco el amor. Son las personas que llegan a mi vida. He tenido vínculos con personas que fueron muy importantes para mí, pero por alguna razón no les compuse una canción. Y luego conoces a alguien que está en tu vida dos semanas y escribes un álbum entero sobre esa persona».

Para Taylor, sin embargo, en una canción la música es tan importante como la letra y los temas a los que hace referencia. Para *Red* recurrió a una amplia gama de estilos musicales. «Me inspiro en todo tipo de sonidos», le declaró a *Rolling Stone*. «No creo que me convierta en una de esas personas que dicen: "Nunca voy a hacer una canción que suene así, o nunca voy a salirme de este género" porque creo que los géneros musicales son un tipo de división innecesario».

Había trabajado duro en las canciones para su próximo álbum y una de las primeras que compuso fue «State of Grace». En su versión final, este se volvió más importante que cualquier otro tema musical de Taylor. Nunca había compuesto una canción tan densa y recargada. Los primeros compases parecen los de una melodía roquera y para grandes estadios, al estilo de U2 o REM. También es una canción mucho más compleja por las paradojas que presenta, y hace que su épico álbum de dieciséis canciones arranque con el pie derecho.

Aunque Taylor suena segura de sí misma en esta canción, al mismo tiempo demuestra cierto grado de vulnerabilidad. Su voz parece demasiado suave como para competir con un acompañamiento musical tan efusivo, y la forma como alarga las sílabas de las últimas palabras de cada verso antes del coro refuerza esta dicotomía y produce un efecto seductor. Ya en el puente, se pone atrevida y nos transmite con seguridad su veredicto sobre la historia. «Él no era ningún santo», canta, «y ella amaba en la gama de lo tóxico». La repetición de las palabras «*never*» y «*ever*» alude a una canción que vendrá después.

En general, la letra transmite cierto pragmatismo y madurez respecto al amor y el romance: no los considera fuerzas perfectas ni los calumnia como si fueran la fuente de todos los desengaños. Por el contrario, reflexiona sobre los aspectos felices e infelices del amor y de sus primeras etapas. Hacer que el amor funcione es una «lucha», canta, pero una que «vale la pena». Cuando el amor funciona se alcanza un estado de gracia: un concepto bastante cristiano. De hecho, la letra del coro parece sacada de una canción de U2, y uno puede imaginarse fácilmente a Bono apreciándola y cantándola.

Al grabar «State of Grace» Taylor se propuso lograr un sonido «de verdad imponente». Lo consiguió. Por momentos, la melodía y la producción se tornan eufóricas. Aunque empieza con un aire a Stone Roses, el efecto de *reverb* de las guitarras va en aumento. La batería se escucha todo el tiempo. Taylor logró lo que había propuesto: transmitir «la sensación de un amor épico». Esta canción se convertiría en una de las favoritas en sus conciertos; es perfecta para los grandes estadios en los que se presenta. Una vez más, el contraste le da fuerza a la canción: la letra, que miles de personas corean en sus *shows*, es una de las más íntimas y vulnerables que ha compuesto. Aquí canta sobre ella y su amor solos en su habitación, empezando desde cero.

La letra da a entender que está basada en el romance que tuvo con Jake Gyllenhaal. Las pistas son los versos sobre los amantes que tienen «los mismos signos de fuego» y lo de los «cuatro ojos azules»: tanto Taylor como Gyllenhaal nacieron bajo el signo de Sagitario y ambos tienen los ojos azules. A quienes les gusta descifrar y analizar las letras de Taylor, que cada vez son muchos más, en esta canción les queda fácil.

Luego tenemos el tema que le da título al álbum. Empieza con una línea de banjo, que después del comienzo roquero del disco nos lleva de regreso a un sonido country. A lo largo de varias estrofas, Taylor hace una lista de símiles, más irónicos que «Ironic» de Alanis Morissette. En el coro, la canción adquiere un estilo más soft-rock y se acelera el ritmo; en este punto, Taylor hace uso de los colores para expresar el amor y la pérdida con sencillez y destreza. Amarlo era rojo, concluye. Pero más adelante aclara que es un rojo que quema. Después del coro escuchamos el chirrido persistente de un teclado, un sonido pegadizo que se repite en *loop*.

Taylor habló sobre el concepto detrás de este tema en el programa *Good Morning America*. «Esta canción habla de que algunas cosas son difíciles de olvidar», declaró, «porque lo que se siente es muy intenso y, para mí, las emociones intensas son rojas». «Red» suscitó diferentes opiniones entre los críticos; para algunos, había intentado abarcar demasiados géneros en una sola canción, y el resultado era una mezcla fallida. Sin embargo, el sitio web Taste of Country acogió el tema con entusiasmo y afirmó que «en términos de composición, pone a Swift bajo los reflectores. Es una artista que juega con el color hábilmente, y esta canción es su Capilla Sixtina».

Fue una canción difícil de terminar. La dejó madurar un tiempo y pudo acabarla solo cuando tuvo una idea clara de la dirección que tomarían tanto el álbum como su carrera. Al parecer, también es una canción sobre Gyllenhaal. El código secreto que usó para la canción fue «SAG», lo que podría ser una referencia al signo que comparten. Algunos sostienen que es un acrónimo de «Screen Actors Guild» (Gremio de Actores), una teoría un tanto rebuscada pero que de todos modos apuntaría también a Gyllenhaal.

Pero si quieres escribir la mejor canción de todas, tienes que colaborar con el mejor compositor. Para la tercera canción de *Red*, «Treacherous», Taylor recurrió a Dan Wilson, el líder de Semisonic y coautor de uno de los mayores éxitos del siglo xxi hasta la fecha: «Someone Like You», de Adele. Taylor le dijo a Wilson que quería crear un tema musical a partir del concepto de la traición. Tenía una melodía en mente, pero quería trabajar con él para volverla algo especial. En algún momento pensaron que habían terminado la canción, pero decidieron que le vendría bien algún sonido más pesado. Así que le añadieron un coro roquero que tenía una potencia propia y además contrastaba con la suavidad de otros versos, que sonaban casi como susurros. *Billboard* describió muy bien estos versos, su reseña hablaba de la «belleza silenciosa y confesional» que tenían.

Wilson quedó muy impresionado con Taylor después de haber trabajado con ella en el estudio. «Siendo objetivo, es muy interesante ver la racha en la que está, la claridad que tiene», comentó. «Tenía la mente abierta y estaba entusiasmada con las cosas que yo proponía. Trabaja con una actitud muy positiva, y eso es raro en la industria». La canción, sin embargo, no transmite una alegría tonta o ingenua. Al igual que otros temas de *Red,* presenta una visión del amor más consciente, casi como si estuviera hastiada del tema. Taylor parece haber crecido muy rápido, demasiado rápido dirían algunos. Según ella, la canción describe una relación que solo puede «terminar en incendio y catástrofe», pero que tiene un «efecto magnético e irresistible sobre ti, vas a caer ahí como sea», le declaró a *USA Today*.

En términos de sonido, la canción nos recuerda al álbum anterior de Taylor, *Speak Now*. Es un tema intermedio entre «Red» y la canción que más se destaca en el álbum, «I Knew You Were Trouble». Cuando se reunió con el cocompositor y el productor de este tema, les dijo que quería que, después del coro, la canción explotara y «enloqueciera». «Quiero que sea muy caótica», agregó. Obtuvo lo que quería. Agregaron un toque medio punk-rock a una canción dubstep que ya de por sí es una mezcla fascinante de géneros, ritmos y estados de ánimo. Aquí tenemos un punk-pop que nos recuerda a Busted; sonidos reggae, incluidos el dubstep y el dance hall; R&B; y el punk-rock que mencionamos. Sin embargo, de la mano de Taylor estos géneros logran fundirse en un frenesí con estilo country. Con este tema Taylor demuestra que sin duda puede moverse entre géneros con facilidad.

Con frecuencia se ha sugerido que Taylor compuso esta canción inspirada en el rompecorazones de One Direction, Harry Styles. En los medios de todo el mundo citaron a una fuente anónima que afirmó que «"I Knew You Were Trouble" es 100 % sobre Harry». Esta percepción se reforzó cuando Taylor habló sobre la interpretación que haría de la canción en los BRIT Awards, una ceremonia a la que Styles estaba invitado. «Bueno, no es difícil sentir la emoción de la que habla la canción cuando la persona a la que va dirigida está parada junto al escenario», comentó.

Los rumores resultaron ser una herramienta muy provechosa para hacerles publicidad a la canción, a Taylor y, como si necesitara más atención, también a Harry. Sin embargo, los tiempos no cuadran: debido a la fecha en que se lanzó, es difícil que sea sobre Styles. La canción salió a principios del otoño de 2012, pero Taylor llevaba casi dos años trabajando en *Red* y al parecer la pareja terminó meses después. En total compuso treinta canciones para *Red*, de las cuales solo la mitad quedó en el álbum. Por lo general, la composición de un álbum a esta escala se completa meses antes de su lanzamiento, a veces un año antes o más.

Unos días después de dar a conocer este tema, Taylor explicó en MTV cómo surgió. «Acababa de pasar por una experiencia que me llevó a componer esta canción, que trata sobre ese momento en el que ves a alguien y piensas: "Oh, esto va a ser interesante. Sé que es peligroso, pero ahí estoy cayendo"», comentó. Agregó que el tema de la canción era similar al de «Treacherous»: describía una situación en la que se había metido a pesar de conocer los riesgos que corría. Pensaba que probablemente se iba a arrepentir más si evitaba meterse en esa relación que si lo intentaba. Ya en la relación descubrió que, en efecto, había problemas. Tantos que después de cada coro repite hipnotizada la palabra: *trouble, trouble, trouble*. La canción fue tan exitosa que le trajo todo menos un problema. Entre los fans de este tema se encuentra nada menos que Justin Bieber, quien al parecer le dijo a Taylor que para él era «la mejor canción de la historia».

La rabia y la potencia de los acordes que escuchamos en «I Knew You Were Trouble» quedan a un lado en la siguiente canción. «All Too Well» es una tema vívido y triste que evoca el recuerdo de una relación que ya terminó. Es un tema que nos deja una sensación agridulce: por un lado, el tono cansado y resignado de la voz contrasta con la belleza y la vivacidad de los recuerdos de Taylor: bailes en la cocina a la luz de la nevera, viajes por la carretera con el viento sacudiéndole el pelo, las hojas bailando en el aire un día de otoño. Quienes escuchen la canción pueden imaginarse estas escenas y sin duda la mayoría puede identificarse con las emociones que producen. Como en «I Knew You Were Trouble», la letra es atrevida en su melodrama. En la canción anterior, ella yacía en «el piso frío y duro», y aquí es «un trozo de papel arrugado».

Esta canción sacó a Taylor de un bloqueo creativo que se había prolongado unos seis meses. «Estaba pasando por algo tan duro que me sentía casi que asfixiada, así que escribí todos estos versos contando desde el principio hasta el final de la relación, y terminé con una canción como de diez minutos». Completó el tema en colaboración con la compositora Liz Rose, a quien llamó para decirle: «Ven, ayúdame a depurar esto». Juntas editaron esta canción épica y lograron una versión final que, aunque seguía siendo larga (5 minutos y 29 segundos) tenía una duración más aceptable para el mercado.

«All Too Well» nos regresa a *Red* y, luego de sus coqueteos con otros géneros, también a la Taylor original, es decir, al territorio de la música country. De hecho, en términos musicales y como «Treacherous», podría estar en *Speak Now*, aunque esa visión hastiada del amor y de la vida es más típica de *Red*. Tal como señala *Billboard*: «Y así no más, Swift vuelve a hablarle a su público principal: "All Too Well" es una magnífica canción country en la que Swift baila "en la cocina a la luz de la nevera" y recuerda un romance que parece que quedó en el pasado». El sitio web PopCrush opinó que se trataba de una «balada melancólica y confesional».

Hay amplia evidencia de que «All Too Well» también es sobre Jake Gyllenhaal. La famosa bufanda, que se menciona a lo largo de la canción es seguramente la que ella luce en varias de las fotografías que existen de la pareja. Como hemos visto, se la pasaban en casa de Maggie, la hermana de Gyllenhaal, en

Brooklyn, y el otoño fue una época significativa para la relación. Taylor incluye con destreza estas imágenes en la letra de esta balada, que sigue siendo una de sus composiciones más impresionantes hasta la fecha. En la imagen de la pareja bailando en la cocina a la luz de la nevera vemos a Taylor en su mejor momento como compositora.

Sin embargo, la letra de esta canción no ha estado exenta de polémica. Matt Nathanson, un cantante folk, afirmó que algunas partes las había sacado de una canción suya: «I Saw». «Sin duda es fan... y ahora también una ladrona», escribió Nathanson en Twitter, acusándola. En efecto, Taylor es fan de Nathanson y es posible que tomara sin querer una parte de la letra de su canción, podría tenerla en la cabeza sin recordar de dónde provenía. También es posible que el parecido entre las canciones sea solo una coincidencia.

Después de pasar por la gracia, la ira y el desamor, en «22» Taylor vuelve a divertirse y explorar con el pop. En esta canción celebra la que le parecía entonces la mejor época de su vida. El tema es puro hedonismo y euforia. Esta vez no mira hacia el pasado ni hacia el futuro, se entrega a disfrutar del presente: a estar de fiesta y payasear con sus amigos toda la noche. Para Taylor, los veintidós años eran la edad ideal, ya que es un momento en el que se mezcla algo de madurez y sabiduría con la ligereza que da la juventud. «Ya tienes la edad para empezar a planear tu vida, pero eres lo bastante joven como para saber que hay muchas preguntas que no tienen respuesta», afirmó. Esta combinación le parecía muy estimulante y le daba la «sensación de estar libre de preocupaciones».

Aunque la inspiración para componerla le vino durante un viaje en avión, «22» no transmite la atmósfera claustrofóbica que se siente en esos espacios. Más bien, escuchamos un sonido relajado y podemos imaginarnos a Taylor y a sus amigos celebrando las cosas buenas de la vida, y riéndose de las tristezas. Para esta canción, trabajó con Max Martin. Comentó que le «fascinaba» la manera como a él «se le ocurre un coro», y agregó que él «llega, te tira unos versos y tiene un coro, así en mayúsculas, con signos de exclamación y todo». Esta canción tiene ambas cosas, y su hedonismo rampante nos da un subidón necesario después de la rabia y el dolor de las canciones anteriores. Si nos recuerda a otra artista del momento es a Katy Perry, pero ni a ella le hubiera quedado fácil darle el carácter juguetón que Taylor consigue en esta canción. Ese «Twenty-two-ooh-ooh» es de lo más pegadizo del pop que salió en 2012.

«I Almost Do» es una canción country acústica y muy sencilla. La sentimos como si se hubiera tomado un descanso de sus incursiones en territorios más comerciales y experimentales, y nos quisiera mostrar su credibilidad como artista, y el arraigo que tiene en la tradición. De inmediato el ánimo se torna más tranquilo y algo sombrío, aunque en medio de la angustia hay un momento de redención, casi sanador. Aquí, canta sobre el momento posterior a una ruptura amorosa, cuando la persona a quien le han roto el corazón se plantea si volver con su expareja, pero en el fondo sabe que sería algo insensato. «En lugar de agarrar el teléfono, compuse esta canción», comentó Taylor en una declaración que nos muestra la precisión con la que el tema refleja su vida. Ese «never, ever» (nunca, jamás) del coro aparece por segunda vez en el álbum, y funciona como antesala para la siguiente canción, donde esas palabras tendrán un papel central. Se trata de «We Are Never Ever Getting Back Together».

Dicen que la mejor manera de vengarse es vivir bien. Otra es componer una canción que enloquezca a tu expareja. Para este tema, Taylor escogió la segunda. Estaba trabajando en el estudio con Shellback y Max Martin cuando apareció un amigo de su ex y le contó que había escuchado que ella y su ex iban a volver. Taylor se puso furiosa y, tan pronto el tipo se fue, se puso a despotricar contra su ex. Les aseguró a sus colegas en el estudio que, de hecho, ella y su ex nunca jamás iban a volver.

«Ahí tienes una canción», le dijo Martin. Y en menos de media hora crearon la estructura básica del tema, que acabaría rompiendo récords. Al principio, cuando Taylor se lanzó a entonar ese «nunca, nunca, jamás» acompañada por la guitarra, se preguntó si la letra no sería demasiado «obvia». Pero la animaron a que siguiera explorando la idea y al final le gustó cómo quedó. «Salió de un sentimiento muy real y de una situación muy espontánea», comentó.

Para ella, una parte fundamental de la canción es el verso en el que habla sobre la música «indie» que escucha su ex, y que supuestamente era más *«cool»* que la de ella. Ha contado que esta parte de la letra refleja la experiencia de sentirse «criticada e inferior» durante la relación. Su ex escuchaba música poco conocida a propósito y «abandonaba» cualquier canción que le gustara cuando se daba cuenta de que alguno de sus amigos ya la había escuchado. «Me parecía una forma muy rara de ser fan de la música», afirmó.

Sin embargo, esa actitud le dio una idea muy tentadora: ¿por qué no crear una canción que hiciera referencia a él con el estilo más poco *cool* del que fuera capaz? Se propuso entonces crear una canción «que sabía que lo volvería loco cuando la oyera en la radio». Si la canción se convertía en un éxito, como ella esperaba, de alguna manera él tendría que escucharla. Y el hecho de que fuera «justo lo contrario al tipo de música con la que él intentaba hacerme sentir inferior» la dejaba más que satisfecha; podemos imaginárnosla hasta frotándose las manos de la emoción.

De hecho, es una canción que cualquier esnob y amante de la música indie odiaría, y eso la hace mucho mejor. No es una canción que te deje pensando. Al contrario, es un tema corto, al estilo del *bubblegum* pop, que pone a la gente a bailar con alegría y desenfado; una canción que irradia puro poder femenino, perfecta para los estadios. El coro que dice «*never, ever, ever*» se te queda pegado en la cabeza como un chicle, tanto que puede llevar al desespero. Y cuando escuchamos ese «*Like... ever*» en una voz hablada el tono se vuelve aún más desafiante. Es de un sarcasmo maravilloso. La canción se ha comparado con algunos temas de Avril Lavigne, y sin duda habría sido difícil incluirla en cualquier otro LP de Taylor. *Rolling Stone* la describió muy bien como «un perfecto berrinche adolescente de tres minutos».

De nuevo el sospechoso principal de esta canción es Gyllenhaal. En el video promocional, el actor Noah Mills interpreta a la expareja de Taylor y se parece bastante a él. En el video también aparecen varias personas vestidas de animales, lo que se ha interpretado como una referencia al conejo humano que aparece en *Donnie Darko*, la película que protagoniza Gyllenhaal. Sin embargo, la bufanda que ella agita en el video es la pista principal de que la canción se trata de él. La bufanda se había convertido en un símbolo de la relación, y Taylor jamás la habría puesto en el video si no fuera consciente de las conclusiones que iba a sacar la gente.

Con todo el dolor y la indignación que hay en *Red*, «Stay, Stay, Stay» calma un poco los ánimos, tanto en términos musicales como temáticos. A diferencia de las canciones anteriores, en las que es claro el mensaje de que todo ha terminado, aquí Taylor canta sobre cómo en algunas relaciones, a pesar de que hay cosas que no funcionan, vale la pena quedarse y seguir luchando. Ha insinuado que se trata de una relación imaginaria, no ha estado en ninguna así. Se trata de otro guiño del álbum a canciones que Taylor había lanzado antes, en este caso al sencillo «Ours». Taylor declaró que se había sentido aliviada después de que salió de esos «lugares oscuros» en los que estuvo en el resto de las canciones de *Red*. Pero incluso en este tema divertido y ligero, se burla de los chicos «aprovechadores y autocomplacientes» con los que salió en el pasado, y que le tiraban encima sus preocupaciones. A algunos este arrebato de amargura puede arruinarles la canción, pero la risita que lanza después, cuando canta que su nuevo amante le carga las bolsas de las compras, le da cierto equilibrio a la canción.

En «The Last Time» Taylor canta a dúo con Gary Lightbody, a quien conoció a través de Ed Sheeran. Lightbody es el vocalista de Snow Patrol, una banda conocida por sus éxitos «Chasing Cars» y «Run». Cuando se sentaron a trabajar juntos, Lightbody ya tenía una melodía en mente y Taylor una idea para la letra. De la combinación de las dos surgió «The Last Time», que según ella es la representación musical del momento en que un hombre le pide a su pareja que le dé una última oportunidad. Tiene algo hipnótico, y la repetición de la melodía es intencional: busca representar la escena. Es una canción que fácilmente podría estar en un álbum de Snow Patrol.

«Holy Ground», por su parte, es un tema donde abunda la percusión, lo cual nos vuelve a subir el ánimo. Para componerla, se inspiró en un día que se cruzó con un exnovio, al parecer

Lautner o Jonas. «Sad Beautiful Tragic», por su parte, la escribió mientras iba en el bus de la gira. La grabó ese mismo día y conservó la primera toma que hizo de la voz para la versión final. Quería que la autenticidad de ese momento se mantuviera en la versión para el álbum. La voz suave intenta evocar el «recuerdo borroso» de una relación perdida, y nos hace pensar que se trata de Gyllenhaal.

En «The Lucky One», Taylor habla un poco sobre el privilegio de su estilo de vida, y en qué medida la hace sentir incómoda. Aunque se cree que está atribuyendo las experiencias que describe a Joni Mitchell, no hay duda de que también está cantando sobre sí misma. A «Everything Has Changed», por su parte, no le hacen falta clichés, pero la participación de Ed Sheeran rescata la canción. Su encuentro con él fue una agradable coincidencia. «Me enamoré de su música y no podía creer que su disco no hubiera salido en los Estados Unidos», comentó. Cuando se puso en contacto con su «gente» para discutir una posible colaboración con el artista, le hizo mucha gracia enterarse de que él acababa de hacer lo mismo. Se conocieron, se sentaron en un trampolín en el jardín de Taylor y compusieron juntos esta canción, que se trata de cómo la perspectiva que tienes de la vida cambia cuando conoces a la persona indicada.

Nos quedan solo dos canciones de este álbum épico. «Starlight» surgió cuando Taylor vio una foto de los años cuarenta en la que Ethel y Robert F. Kennedy asistían a un baile. «Parecía que la pasaban de maravilla», le declaró al *Wall Street Journal*. La alegría que vio en ellos en ese momento fue el punto de partida para este tema, uno de los más ligeros y divertidos de *Red*.

El álbum termina con su canción más country. En «Begin

Again» Taylor reflexiona sobre cómo, incluso después de una amarga ruptura amorosa, puede ocurrir que en una habitación llena de gente ves a alguien, «haces clic y, bum, estás ahí, otra vez enamorada». Tiene una producción más suave, se escuchan el violín y el banjo, y en general la canción suena más parecida a los temas de sus álbumes anteriores. Después de las canciones más roqueras y poperas que la preceden, los fans del country sentirán alivio de escuchar los acordes de esta canción. Es de esperarse que todos los que escuchen este álbum se sientan animados gracias al optimismo con el que cierra.

«Cuando está en su mejor momento, sus canciones son como tatuajes», afirmó la revista *Rolling Stone*. Por su parte, el *Los Angeles Times* comentó que: «Al poner la música rural al lado de sonidos más "urbanos" y populares, puede decirse que Swift solo está respondiendo a las exigencias del mundo del pop, en el que las canciones country pueden complacer a su fanaticada, pero por supuesto no la amplían». La revista *Slant*, que señaló la longitud del álbum, expresó que, aunque canciones como «"All Too Well" demuestran la habilidad de Swift a la hora de expresar una visión genuina y compleja de la dinámica de las relaciones de pareja, también hay un par de canciones que carecen de la chispa que la caracteriza». AllMusic, sin embargo, elogió lo que llamó unas «prístinas confecciones pop» en el álbum, mientras que el sitio web 4Music comentó que en el disco había «mucho corazón y ternura, sumados a una gran dosis de talento».

The Guardian, por su parte, afirmó que «*Red* es otro capítulo de una de las más selectas fantasías que ha generado la música pop». Refiriéndose al desfile de chicos que hacen su aparición en el álbum, agregó: «Los hombres serán siempre compañeros insulsos y castrados, que están ahí para satisfacer sus necesidades».

Billboard comentó: «*Red* es, hasta la fecha, su álbum más interesante, pero lo más probable es que no siga siéndolo cuando termine su carrera». Elogios para el presente y esperanza para el futuro de Taylor: este es el tipo de veredictos que suenan como música para sus oídos.

Quizás el veredicto que esperaba con más ansiedad era el de Jake Gyllenhaal. Aunque ella nunca hizo declaraciones específicas sobre a quién se refería, parece que durante una entrevista con la revista *New Yorker* reveló que al actor le había gustado *Red*. «El otro día me habló el chico sobre el que trata la mayor parte de *Red*», contó. «Me dijo: "Acabo de escuchar el álbum; fue una experiencia agridulce. Como ver un álbum de fotos". Estuvo bien. Mucho mejor que los correos histéricos que me mandó este otro tipo». (Se cree que ese otro «tipo» era John Mayer).

Sin embargo, con una lista tan larga y conocida de desengaños en su currículum, algunas personas se preguntaban si Taylor estaba destinada a ser infeliz en el amor. Con la perspectiva y madurez que la caracterizan, Taylor explicó por qué el tema no la preocupaba. «Es lo que pasa con el amor: siempre te va a ir mal hasta que te vaya bien», declaró. «Así que experimentas las distintas formas en las que te puede ir mal, y extrañas lo bueno que tenían estas personas, y te arrepientes de no haber visto las señales que te advertían de lo malo, pero todo esto es un proceso de aprendizaje. Y con veintidós años, estás en una especie de curso intensivo sobre el amor, la vida, y cómo aprender a las malas. Por suerte, he podido escribir sobre estas emociones tal como las he vivido».

En cuanto a las personas que la ven como una mujer vengativa y una despechada serial, a Taylor la tiene sin cuidado la percepción que tengan de ella. «Pues pueden decir lo que quieran», le declaró a la revista *New Yorker*. «Mis canciones hablan de emociones reales que sienten todas las personas. Creo que está bien enfadarse con alguien que te ha hecho daño. Esto no se trata de aparentar que nada te afecta. Soy una compositora. A mí todo me afecta».

Quizá el mayor legado que dejó *Red* es que Taylor haya abandonado el acento country con el que cantaba antes. Desde su álbum debut, interpretaba las letras de sus canciones con un tono típico de Nashville que podía sonar exagerado. Esta inclinación vocal se ha ido suavizando con el tiempo, y en *Red* es prácticamente inexistente. La estrategia funcionó: el álbum fue un éxito comercial desde el primer instante. En su primera semana, *Red* vendió la increíble cifra de 1208 millones de copias, más de lo que ningún otro álbum ha vendido en una sola semana desde 2002. Con esto se convirtió en el octavo álbum —desde que SoundScan empezó a registrar ventas en 1991— en vender un millón de copias en una sola semana. En otoño de 2013, había vendido más de seis millones de discos en todo el mundo.

Después de haber salido con el top cinco de los rompecorazones adolescentes más famosos y de haber lanzado un álbum tan exitoso, en la segunda mitad de 2012 la fama de Taylor llegó a su punto más álgido. Había logrado mucho. Sin embargo, el vértigo de la fama trajo consigo una presión que hasta entonces desconocía. Sin duda, sus experiencias vitales habían sido muy diferentes a las de la mayoría de jóvenes de veintidós años. «He pensado en eso —declaró en la cadena de radio NPR—. No hay un solo día en el que no estén documentando mi vida en algún sitio. Estoy segura de que mis nietos van a poder buscar en Google lo que me puse hoy, ese es el mundo en el que vivo. Es un dilema muy extraño, porque le pone a cada cosa que hago un tipo de presión que otros jóvenes de veintidós años no tienen. En términos generales, tengo una buena vida... Sé que voy a cometer errores. Pero voy a tratar de hacerme cargo de esos errores como lo haría una buena persona. Cuando haces lo que yo hago, la percepción que la gente tiene de ti va a cambiar todos los días. Yo solo quiero al final del día sentir en el fondo de mi corazón que hice lo correcto, y me esforcé lo más que pude, y pues si metes la pata, con suerte vas a aprender algo».

Al ser tan famosa, le pedían que expresara su opinión sobre todos los temas del momento. Por ejemplo, cuando se acercaban las elecciones presidenciales de 2012 en los Estados Unidos, la instaron a revelar con claridad por cuál candidato votaría: Barack Obama o Mitt Romney. «Mucha gente me dice que cuando tenía veintidós años pensaba que lo tenía todo claro, pero no era el caso —comentó—. Justo cuando pienso que conozco mi posición frente a un tema, me entero de algo que me hace cambiar de opinión. Me pasa que siento que todavía no me conozco lo suficiente como para salir y decirles a veinte millones de seguidores en Twitter, y a la gente en Facebook, y a cualquiera que lea las entrevistas que doy: "Vota por este". Sé por quién voy a votar, pero no creo que sea importante decirlo porque de un modo u otro va a influir en las personas. Y solo quiero asegurarme de haberme informado al respecto antes de cada declaración pública».

Taylor se encontraba de nuevo en medio de una paradoja. Desempeñaba el papel de una sabia hermana mayor para sus fans, pero también era una especie de hermana menor para muchas figuras en la industria del pop. Era tan joven que podía ser la hija de muchos de los cantantes de música country que adoraba. Para completar, era al mismo tiempo una gran artista musical para su público y una princesa para las revistas de chismes. Todas estas contradicciones le parecían bien a ella, hacían que su vida cotidiana fuera más interesante. «Me he dado cuenta de que no tengo idea de dónde voy a estar el próximo año, ni en seis meses, ni en dos; no tengo ni idea de en qué lugar estaré mentalmente, emocionalmente, ni cuáles serán mis sueños, mis objetivos, mis deseos o esperanzas». Le encanta fantasear, pero sabe que el arte de planear el futuro nunca es del todo certero. Siempre va a llegar algo que te desvíe del camino.

· CAPÍTULO 8 ·

¿CÓMO ERA UN DÍA CUALQUIERA EN LA VIDA DE Taylor en 2013? Según la artista, en su día a día había momentos de ansiedad, de terror, de sentirse confiada y, también, de inspiración creativa. Parecía tener el temperamento estereotípico de una artista. «Todo me preocupa —le contó a la revista *New Yorker* a finales de 2013—. Algunos días me despierto pensando: "Okey, me ha ido bien". Para cuando llega la tarde me ha cambiado el ánimo y pienso que todo es posible y me dan ganas de hacer música que no he hecho antes. Al final de la tarde, puedo estar muerta del terror de nuevo. Y luego a la noche, compongo una canción antes de irme a dormir».

Muchas almas creativas pueden sentirse identificadas con esta montaña rusa de emociones. En varios lugares, Taylor ha hablado de que embarcarse en una actividad creativa puede cambiarle el humor. «Si acabo de componer una canción, soy la persona más feliz del mundo —comentó—. Pero si no he compuesto una canción en semana y media, puedo estar más estresada que nunca». Que el ánimo propio dependa tanto de los resultados de una actividad creativa puede ponernos, a simple vista, en una situación complicada. Aún así, si el resultado de esa tensión son canciones como «State of Grace», «I'm Only Me When I'm With You» y «I Knew You Were Trouble», puede que valga la pena.

Sin embargo, a medida que la fama y la popularidad de Taylor aumentaban, corría el riesgo de perder la noción de quién era como persona y también como artista. Cuando se disponía a viajar a Australia como parte de la gira mundial para promocionar *Red*, le preguntaron si pensaba que había llegado a las ligas de Madonna, el gran ícono del pop. Seguro que se sintió tentada a aceptar la comparación, pero no pudo. Afirmó que lo suyo era más pequeño y con los pies más sobre la tierra comparado con las producciones descomunales que hacía Madonna. «Nunca me vería a mí misma así —comentó—. Me veo como una chica que compone canciones en su habitación. Puedes ponerte todo lo que quieras y montar una producción asombrosa en el escenario, puedes convertirte en una mejor intérprete con el tiempo y puedes buscar que la gente se emocione, pero, para mí, a nivel personal, siempre voy a ser la chica que compone canciones en su habitación».

La gira de *Red* fue, no obstante, colosal. Tan solo la parte de los Estados Unidos duró siete meses, y los *shows* incluían varios elementos llamativos: luces LED, escenarios múltiples y pantallas Jumbotron. La acompañaron en la gira quince bailarines, cuatro coristas y una banda de siete músicos. Había un sistema hidráulico, explosiones de confeti y tantos cambios de vestuario que a los espectadores les iba a costar llevar la cuenta. Pero, sobre todo, había miles y miles de fans gritando enloquecidos y que noche tras noche, después de presenciar el espectáculo, volvían felices a sus casas.

Al final de la gira por los Estados Unidos, Taylor se sentía mal. Para el último concierto en el país, en Nashville, estaba resfriada. «Fue difícil —le contó a la revista *New Yorker*—. Era más fácil cantar que hablar, lo cual era como un milagro». Cuando estaba a punto de cantar «Sparks Fly», se dio cuenta de que tenía algo urgente que hacer y debía salir del escenario. «Lo siento, chicos, pero en serio tengo que sonarme la nariz —les dijo a sus fans—. Les juro que no me demoro, ¿pueden por favor gritar y así evitamos el silencio incómodo?». Los 14 000 fans la obedecieron y regresó para terminar su presentación por todo lo alto.

A lo largo de la gira Taylor, había dado muestras de su elegancia, tanto en el escenario como fuera de él. En agosto de 2013, Grace Markel, una fan de siete años, sufrió un accidente de tránsito cuando se dirigía a su concierto en Columbia, Missouri. Cuando ella y su padre se bajaron del taxi que los había llevado al lugar del concierto, una SUV que iba a toda velocidad —y que manejaba un conductor sin seguro— atropelló a la niña. Fue un accidente horrible: Grace sufrió varias fracturas de cráneo, una fractura orbital izquierda, numerosas laceraciones en la cabeza, una conmoción cerebral y raspones en la cara y el cuerpo. Pasó dos días en el hospital Children's Mercy antes de poder volver a su casa. Por supuesto, se había perdido el concierto y eso la tenía muy triste.

Al mes siguiente pudo asistir a otro concierto de Taylor, pero esta vez su ídola hizo que la experiencia fuera aún mejor: accedió a conocer a Grace entre bastidores, justo antes del concierto. Amy, la madre de Grace, quedó impresionada con la actitud de la artista. «Taylor llamó a Grace por su nombre y cuando la vio se agachó y la abrazó de inmediato —le contó a la revista *People*—. Le dijo a Grace que tenía gripa esa noche y le pidió que cantara muy duro para ayudarla». También le autografió la manga de la camiseta y le escribió «¡Amo a Grace! Taylor». Un gesto muy elegante en términos de relaciones públicas por parte del equipo de Swift, aunque personas cercanas a ella insisten en que este tipo de acciones de Taylor son genuinas.

Mientras tanto, los premios seguían llegando. En los Peoples' Choice Awards de 2013 le tocó un «episodio parecido» al del incidente con Kanye West. Taylor iba muy elegante con un vestido blanco y escotado cuando subió al escenario para recibir su premio en la categoría de Artista Country Favorita. Pero la presentadora, Olivia Munn, decidió hacerle una broma: no quiso darle el galardón, arguyendo que la canción «We Are Never Ever Getting Back Together» era sobre ella. Se sentía la tensión en el ambiente, y Taylor hacía todo lo posible por sonreír. «Esto siempre me pasa… ¡Dios!», le dijo. Munn respondió diciéndole que se acostumbrara: «Esto es lo que te tocó en la vida, Taylor».

Al final Munn soltó el galardón y dejó que Taylor tuviera su momento de gloria. «Quiero darles las gracias a mis fans, porque este es un premio que votan los fans y yo los amo con todo mi corazón. Quiero agradecerle a la radio y quiero agradecerles a los fans por llamar a la radio y decir "Pongan su música", gracias por hacer eso. Me vuela la cabeza lo que han hecho por este álbum *Red* y solo quiero darles las gracias por interesarse por mi música y por mí. Muchas gracias, chicos, los amo». También presentó un premio en la ceremonia, el de Película Favorita, y le entregó el galardón a *Los juegos del hambre*. En esa misma temporada, la nominaron para un Globo de Oro, un premio que la emocionaba mucho, pero esta vez la estrella británica Adele fue la ganadora.

En febrero recibió un Grammy por «Safe & Sound», una canción que compuso para la banda sonora de *Los juegos del hambre*. Abrió la ceremonia con una interpretación muy animada de «We Are Never Ever Getting Back Together». La pasó bien toda la noche, ignoró la actitud indiferente de los demás asistentes y bailó y celebró muchísimo mientras otros artistas se presentaban o recibían sus propios premios. Se veía feliz acompañada de su amiga Claire Kislinger. Los espectadores con ojos de águila habrán visto la pulsera de diamantes que llevaba esa noche. La había fabricado un chico que sufría de cáncer infantil, Jaimin, quien la diseñó especialmente para Taylor. La había ideado para que se viera muy brillante y reluciente porque, según él, «Taylor brilla». Sin duda.

En plena temporada de premios, voló al Reino Unido para presentarse en los BRIT Awards, donde también estaba nominada al premio a la Artista Solista Femenina Internacional, un galardón muy disputado. En los últimos años, esta ceremonia ha sido el escenario de grandes interpretaciones por parte de artistas de la talla de Take That y Lady Gaga. Sin embargo, quizás la aparición que causó mayor impacto fue la de Adele en 2011, cuando cantó «Someone Like You» acompañada solo por un pianista. Con esto impuso un estilo que desde entonces han imitado muchos otros artistas.

Justo por eso, había que ser valiente para recurrir a la pirotecnia en los BRITS. Esta vez, Taylor se presentó con un vestido de novia que rozaba el suelo, pero a mitad del espectáculo, se lo quitó y quedó con un atuendo más revelador. Bailó de manera más sugestiva de la habitual, rodeada de bailarines y efectos visuales. Después, salió de fiesta con la actriz Carey Mulligan y su marido, Marcus Mumford, que forma parte de la banda Mumford & Sons, otros ganadores de la noche. También bailó con el cantante de Rizzle Kicks, Jordan Stephens.

En octubre de 2013 batió un récord: ganó por sexta vez uno de los premios más prestigiosos en la industria de la música country. La Nashville Songwriters Association International la nombró Compositora/Artista del Año por sexto año consecutivo. En el pasado, los únicos artistas que habían ganado tantos premios eran Alan Jackson y Vince Gill, quienes fueron galardonados cinco veces. Taylor ha sido la artista más joven en recibir este premio, lo que hace que este logro sea aún más excepcional.

Estaba dichosa con su récord, y aprovechó la oportunidad para anunciar que iba a abrir su propia escuela. El Taylor Swift Education Center, una fundación de dos pisos con tres salones, abriría sus puertas en el Country Music Hall of Fame and Museum de Nashville. La escuela era el resultado de una generosa donación de cuatro millones de dólares que la cantante había hecho en 2012. Con este proyecto, Taylor esperaba que muchos niños tuvieran la oportunidad de cultivar sus talentos musicales más de lo que ella pudo. «En la escuela me enseñaban un poco de música, un poco de teatro, y ese interés despertó algo en mí. Hizo que buscara dónde aprender más. Creo que, para mí, va a ser muy interesante ver que Nashville sigue siendo un centro importante para la música, y para la educación musical».

Taylor se ha convertido en embajadora de Nashville. Hasta convenció a Ed Sheeran de los encantos de la ciudad. «Desde luego que sí —le contó a la agencia de noticias Associated Press—. A Ed le encanta Nashville. Muchas personas viven acá ahora, ¿sabes? Es muy emocionante porque no hay nadie que venga… y que no le guste. Eso me hace sentir orgullosa de vivir aquí y de hacer música aquí, me encanta. Me encanta que se esté convirtiendo en un lugar tan emocionante». Algunas veces tenía que pellizcarse para recordarse a sí misma la época en la que visitó Nashville por primera vez, cuando se embarcó en una campaña para persuadir a sus padres de que la llevaran allí, y así tener la oportunidad de desarrollar la carrera que entonces disfrutaba tanto.

En los últimos años, Taylor había ganado tantos premios que en internet ya circulaba un chiste al respecto. Habían hecho un meme con algunas fotos en las que se veía sorprendida —o al menos simulaba estarlo— cuando anunciaban que había ganado un premio, y la leyenda: «La cara de sorpresa de Taylor Swift». Sin embargo, aunque las entregas de premios son entretenidas y es emocionante recibir este tipo de honores, siempre se puede tener la sensación de que las políticas de la industria están detrás de algunas decisiones que se toman. Para los artistas el éxito puede medirse de muchas maneras, pero una vara que siguen usando muchos es el número de discos vendidos. En enero de 2013, Taylor se convirtió en la primera artista desde los Beatles en pasar seis semanas o más en el número uno de las listas *Billboard* con tres álbumes consecutivos. No había y no hay nada con qué objetar este hecho.

Unos días después, la Recording Industry Association of America (RIAA) publicó otra estadística importante: las cifras de ventas de 2012. Los datos revelaron que Taylor era merecedora de la certificación más importante del año: había conseguido el triple disco de platino por «We Are Never Ever Getting Back Together», y otros de sus sencillos habían alcanzado la categoría de platino.

En el otoño de 2013 lanzó otro sencillo, «Sweeter Than Fiction», que formó parte de la banda sonora de la película *Un talento increíble*. La canción tiene una levedad y un tono alegre que hace que se sienta como un regreso a sus primeros años como compositora. La película se basa en la vida de Paul Potts, el ganador del programa *Britain's Got Talent*. Taylor contó que se había inspirado en Potts. «Me inspiró mucho ver las dificultades y los triunfos de una persona que nunca dejó de luchar por lo que quería. Es una película hermosa y quiero compartirla con todo el mundo».

Para 2013, sus ingresos iban a superar los 60 millones de dólares que había ganado en 2012, una cifra similar a la que reportó la leyenda de los Beatles, sir Paul McCartney, ese mismo año. Fueron doce meses muy emocionantes para Taylor. A lo largo del año, seguramente hubo momentos en los que tuvo que detenerse para comprender la magnitud de lo que había logrado. Podríamos pensar que el proceso que la llevó a la fama fue una especie de plan fríamente calculado en el que ella y sus padres sopesaron todos los detalles con cuidado, y buscaron sacarle el mayor provecho a sus respectivos talentos: la creatividad de Taylor, el olfato para los negocios de su padre y el aplomo y la determinación de su madre. Sin embargo, y aunque hay algo de verdad en eso, Taylor y los Swift estaban, en gran medida, improvisando. Cuando en NPR le preguntaron si siempre había sabido que iba a triunfar, Taylor respondió: «En realidad, no. —Y agregó—: Nunca estuve del todo convencida de que lo iba a lograr. Y ahora miro hacia atrás y con mi mamá nos acordamos mucho de esto, no teníamos ni idea de lo que hacíamos. Mis padres compraron libros sobre cómo funcionaba la industria de la música. No tenían ni idea de lo que implicaba entrar a la industria, ni estar en ella».

Algunos de los mayores admiradores de Taylor en la industria sostienen que la manera como compone es sin duda su mayor talento. Muchos compositores, sobre todo los que se dedican a la música country, descubren que su habilidad para escribir canciones mejora con el tiempo. La experiencia de la vida puede hacer que los artistas se desconecten del mundo del pop, en el que los jóvenes llevan la batuta. En cambio, en la industria de la música country, la experiencia y sabiduría que trae la vida enriquecen el oficio. Taylor afirmaba que en el futuro quería recurrir más a su creatividad que a lo que era capaz de hacer en el escenario. «Cuando tenga cuarenta ya nadie quiera verme con el vestido de lentejuelas, entonces voy a decirles: "Súper, me meto al estudio a componer canciones para niños". Me parece que es un buen plan para pensionarse».

CAPÍTULO 9

1989 FUE EL QUINTO ÁLBUM DE TAYLOR: UNO QUE NADIE se esperaba, y también uno que inevitablemente debía hacer. Marcó un cambio revolucionario —y positivo— en términos de tono y estilo, lo cual no tenía por qué sorprender a la gente, pero lo hizo. Si se los compara con su versión adolescente, la mayoría de los artistas son muy diferentes entrados sus veintes, simplemente porque las personas cambian mucho a partir de la adolescencia. Y aunque ahora los elementos con los que componía su música eran distintos, la filosofía swiftiana que había detrás seguía siendo la misma. El nuevo álbum solo reflejaba la vida de Taylor en ese momento. Se había trasladado junto con su equipo y su música de Nashville a Nueva York, donde había gastado 19,9 millones de dólares en un par de *penthouses* en Tribeca, un barrio de Manhattan.

Compuso gran parte del álbum entre 2013 y 2014, durante la gira de *Red*, ya que había tenido una racha de inspiración mientras viajaba. Guardó los demos que compuso en su teléfono en una carpeta con un nombre muy tierno: «Sailor Twips», un juego con su nombre y la palabra marinero. Las canciones nuevas que había en esa carpeta náutica eran la evidencia de que Swift había pasado de ser la chica medio rara y despechada de veintitantos que el mundo conocía y amaba, a una mujer joven infinitamente más consciente, que disfrutaba de jugar con los medios y con la percepción que tenían de ella. Había pasado de ser «la más querida de los Estados Unidos» a convertirse en una mujer joven cuyo historial de relaciones sentimentales, mucho más visible que el de otros, le daba una reputación diferente en el imaginario público. Ya no era una chica cualquiera, se había convertido en la mujer que salía en todas las portadas.

En términos musicales, el sonido de su álbum también era diferente: reemplazó los banjos por *beats*, los violines por música electrónica y le metió a la onda sureña un poco de picardía. También se despidió del todo de su acento, como señaló un crítico, algo que resultaba necesario en su evolución como artista. Había notado una diferencia en la cantidad de tiempo que las artistas mujeres podían permanecer en la industria en comparación con los hombres. Estos últimos podían mantener la misma imagen y el mismo sonido entre un álbum y otro, mientras que a sus contrapartes femeninas se les exigía reinventarse continuamente si querían seguir siendo adoradas por los medios y el público.

Además, Taylor quería desafiarse a sí misma, lo que significaba explorar sonidos nuevos. «Sé que no tengo la opción de hacer música que suene exactamente igual a la que hice antes —declaró en PopCrush—. La gente lo va a notar. Se van a dar cuenta, van a ver que fui perezosa —agregó—. Así que con este álbum sin duda cambié algunas cosas y creo que las cambié para bien».

El álbum surgió en un momento de desespero. *Red* había sido nominado a Álbum del Año en los Grammy de 2014 y Taylor pensó que tenía buenas posibilidades de ganar. Como no fue el caso, se fue con mal humor a su casa, comió hamburguesas con papas fritas con sus amigos, se pegó su buena llorada y se acostó a dormir. Al siguiente día despertó con el impulso de trabajar en un álbum nuevo que lograra cautivar al mundo.

Swift explicó que a menudo las mejores canciones son aquellas que «surgen en esas ráfagas intensas de inspiración». Comentó: «Muchas de las canciones de las que estoy más orgullosa son aquellas en las que se me ocurrió una idea y me dejé llevar por ella hasta que a los veinte minutos ya tenía lista casi toda la canción». Trabajaba bajo el principio de que, si se le ocurría «una idea muy loca, debía ir por ahí». A las canciones en las que «le resultaba un poco más difícil meterse en el ritmo» las dejaba de lado, eran los bebés que abandonaba a su paso la ráfaga creativa de Swift.

Para cualquier artista, saber qué canciones incluir y cuáles dejar por fuera de un álbum es una tarea difícil, pero Swift descubrió que una manera de reconocer si una canción pasaba la prueba era si sentía ganas de volver a escuchar la grabación, de ponerla «una y otra vez», en lugar de perder interés en ella después de unos meses. «Así que compongo durante dos años, y en general mucho de lo que compongo en los primeros seis meses queda por fuera», explicó. «This Love» y «Out of the Woods» son dos de esas canciones a las que volvía una y otra vez, y es por esa razón que el mundo puede escucharlas ahora en *1989*.

Las canciones que hablaban de manera más directa sobre su vida solían ser las que se le quedaban en la cabeza lo suficiente como para seguir trabajando en ellas. Cuando le preguntan por qué no ha escrito sus memorias, Swift contrapregunta por qué tendría que hacerlo, si sus letras ya son muy autobiográficas. Contar su propia historia en cualquier lugar que no sea la página de un libro es uno de sus mayores talentos: puede hacerlo en una canción, en una de sus muy curadas publicaciones en redes sociales y hasta en su ropa.

Swift es una estrella que se ha liberado de depender de los canales de comunicación tradicionales. En 2014, ya con más de once años de carrera encima, Taylor llevaba mucho tiempo sin conceder a los medios una entrevista a profundidad. En lugar de sentarse a hablar con algún reportero confiable —o no tan confiable— prefería hacer declaraciones a través de sus propias redes sociales. A diferencia de otros artistas menos influyentes, Taylor no depende de los medios para que se escuche su voz.

Hasta su quinto álbum, muchas de las letras de sus canciones tenían que ver con su vida amorosa. Componer a partir de sus experiencias personales era parte de su sello, pero eso estaba a punto de cambiar: había decidido transformar su enfoque. La Taylor de esta época quería ir un poco más al fondo. «Este álbum no va a ser sobre chicos —dijo—. No trata de algo trivial, ni de venganzas o rupturas amorosas. Trata de mi vida en este momento».

Swift había soñado con un futuro emocionante, pero no se dejaba llevar por la idea de que sus deseos necesariamente fueran a hacerse realidad. Así que cuando su vida resultó ser muy parecida a lo que se había imaginado, estaba sorprendida y al mismo tiempo, no tanto. «Creo que mi sueño se parecía mucho a esto, pero no esperaba que… Pensé que todavía iba a estar pensando qué hacer con mi vida, algo completamente normal cuando tienes veinticinco años», comentó.

Era una mujer joven y despierta. Se cortó el pelo, pasó de la música country al pop, y de Nashville a Nueva York. La vida en la Gran Manzana sin duda la emocionaba, pero también era un reto. En Nashville, Taylor podía ponerse los mismos zapatos dos días seguidos, algo muy simple que la mayoría de la gente no tiene que pensar dos veces. Pero en Nueva York pronto se dio cuenta de que «no debería repetir ropa porque me lo iban a señalar de inmediato —le declaró a la revista *Nashville*— así que hubo cambios muy interesantes en las dinámicas entre una ciudad y la otra, y sin embargo por más raro que parezca ya me acostumbré a todas». También era muy consciente de que este tipo de presiones aplicaban sobre todo a las artistas femeninas; los hombres eran tranquilamente inmunes a este tipo de preocupaciones.

Aunque muchas cosas habían cambiado en la vida de Taylor, otras siguieron igual, e incluso viviendo en un barrio nuevo y con un sonido fresco en su nuevo álbum, no pretendía acercarse al grupo demográfico de lo *cool*, al menos no en el corto plazo. «Todavía no siento que sea una prioridad para mí ser *cool*, atrevida o *sexy*», comentó. Sabía que a las chicas «a través de los medios les imponen esas ideas de la manera más detestable», así que esperaba alentar a sus jóvenes fans a ser «imaginativas, inteligentes, fuertes, trabajadoras, listas, ingeniosas y encantadoras». Seguía teniendo el papel no oficial de hermana mayor de toda una generación, y se tomaba esa responsabilidad con seriedad, aunque le pesara: todavía era muy joven.

Dicho esto, su nuevo álbum era la colección más *cool* de canciones que había lanzado hasta el momento. Para *1989,* Swift quiso rodearse de un equipo muy selecto. Su nuevo álbum, que grabó entre Los Ángeles, Nueva York, Suecia y Londres con la ayuda de músicos como Max Martin, Johan «Shellback»

Schuster, Imogen Heap y Jack Antonoff, fue posible gracias al trabajo de un equipo más reducido. Había decidido recortar la lista de músicos que la acompañarían, ya que pretendía crear un «álbum coherente en términos de sonido», y no dispersarse demasiado.

La Taylor que escuchamos en su quinto álbum es una artista mucho más atrevida en comparación con sus álbumes anteriores, en los que todavía había algo de timidez. Escogió un lugar totémico para anunciar *1989*: un encuentro de fans en el edificio del Empire State, en Nueva York, que iban a transmitir en vivo por internet. Con esta decisión se aseguraba desde el principio que su álbum se beneficiara de una campaña de *marketing* excelente. Afirmó que el disco era «su primer álbum pop oficial» y se asoció con marcas como Diet Coke y Target para llevar todo el revuelo a un nivel más lucrativo.

Swift se alejaba de sus raíces, pero era muy sincera al respecto. Pensó mucho en lo que iban a opinar sobre su nuevo disco en la comunidad musical de la que surgió. El country había hecho de trampolín para Swift, así que su salto a los territorios del pop iba a ser delicado, y era importante para ella manejar esa transición con tacto. «Creo que a la comunidad alrededor de la música country no les sorprendió que sacara un álbum pop —le contó al *National Post*—. Les sorprendió que fuera honesta al respecto».

«Cuando les das a las personas noticias que no se esperan, puedes ver quiénes son en realidad —dijo—. Así que, a la comunidad de la música country: les dije que iba a hacer un álbum pop y que quería explorar otros géneros, y la gracia con la que se lo tomaron me demostró quiénes son».

No iban a pasar su nuevo álbum en las emisoras country, pero aun así algunas personas de esa comunidad le ofrecieron su apoyo. «Taylor es una de las nuestras, una de nuestros hijos —comentó Mark Razz, el director de WXTU-FM, una emisora de música country de Filadelfia—. A los hijos los acompañas en el camino, y luego tienen que ir a hacer lo que sea que tengan que hacer. Ella ha llegado a donde está gracias a la música country, y si llega a ser la próxima sensación mundial del pop, la apoyaremos totalmente». En otras palabras, que las emisoras de country no estuvieran interesadas en cómo sonaba ahora —porque ese sonido ya no deleitaba a sus oyentes— no significaba que no le desearan lo mejor.

La buena onda era mutua. Aunque el estilo de Taylor evolucionaba, la artista no buscaba reescribir su historia. De hecho, hizo caso omiso a cualquier insinuación de que se arrepentía o le avergonzaba la imagen de cantante angelical que había tenido. «No voy a pararme ahí a decir: "Ay, me hubiera gustado no tener el pelo más encrespado que un sacacorchos y no haber usado botas vaqueras y vestiditos en las entregas de premios cuando tenía diecisiete años, quisiera no haber pasado por esa fase de cuento de hadas y de querer usar vestidos de princesa en todas las ceremonias". Porque yo decidí eso. Yo lo hice. Y fue parte de crecer», le declaró a *Elle*.

Pero ¿cómo sonaba la Taylor adulta? Mientras que la evolución del sonido en *Red* fue más paulatina, y después de estar muy apegado al country el álbum les daba paso a algunos coqueteos con el pop y el rock, *1989* se escuchaba más pop; de hecho, suena más a un álbum de synth-pop. Swift no quería inscribirse en dos tendencias musicales; estaba dispuesta a apostarle a una. Como explicó en una entrevista con *Rolling Stone*, esta vez no quería mezclar géneros porque «si persigues dos conejos al mismo tiempo, vas a perderlos a los dos». Era algo lógico.

Aunque la influencia de la Gran Manzana es bastante obvia en la canción que abre el álbum, «Welcome to New York», esta se mantiene presente en el resto de la colección. La sensación general que deja *1989* refleja la vitalidad, la diversidad y el dinamismo de esta famosa ciudad. También evidencia el amor que Taylor siente por ella. Le emocionaba tener la posibilidad de perderse entre la multitud y disfrutar por un momento del anonimato; eso era un verdadero alivio para ella. El tema que inaugura el álbum es uno de los mejores tributos que se han escrito a la ciudad en los últimos años, así como una canción cargada de imágenes vívidas; por ejemplo, la de llegar a la ciudad y guardar el corazón roto en un cajón. En efecto, como dice el coro, parecía que Nueva York la había estado esperando.

Buscó capturar y transmitir esa energía optimista que Manhattan le había infundido. «Mis amigos y las personas que me conocen me han dicho que he cambiado físicamente desde que estoy aquí», le contó a la estación de radio neoyorquina WKTU. «Welcome to New York» trata de las infinitas posibilidades y esperanzas que la ciudad parece ofrecer.

Aunque mudarse a Nueva York había sido un gran cambio, Taylor explicó que quizás fue más relevante el cambio en la manera como se sentía respecto a su vida amorosa. Estaba soltera y le sorprendía estar tan feliz. «Nunca pensé que iba a estar tan feliz sin tener ningún vínculo romántico con nadie —comentó. Y agregó que, en su opinión—, es saludable para todo el mundo pasar unos años sin salir con nadie, solo porque te obliga a descubrir quién eres». Estando sola, dedicaba más tiempo a «pensar, a examinarse y a descubrir cómo lidiar con todo». Había decidido no salir con más personas, en parte, porque quería demostrar algo. «Para mí era muy importante dejar las cosas claras: no necesito ningún chico para inspirarme, para grabar un disco genial, para vivir mi vida ni sentirme bien conmigo misma».

«Creo que mi vida amorosa se ha convertido en el pasatiempo nacional», le declaró a *Rolling Stone*. Agregó también que ya no se sentía «cómoda dando pie a esa clase de entretenimiento», porque no le gustaba ver en los medios «presentaciones de diapositivas» con los hombres con los que se rumoraba que había salido, y no quería darles a los comediantes «la oportunidad de hacer chistes conmigo en las entregas de premios».

«Blank Space» se aleja aún más de la música country. De hecho, puede que sea la canción más 1989 del álbum, ya que incorpora el cambio de dirección en su música de forma más clara que sus predecesoras. Se trata de una canción electropop con un toque de *hip-hop*; para componerla Taylor se inspiró en la década que le da el título al álbum. La banda sonora de los ochenta fue el *synth*-pop, que se hacía con sintetizadores, *pads* de batería y voces superpuestas.

Para los no avezados, era una canción pop muy pegadiza, pero para los oídos más más atentos, la ironía era clara. La letra se burla de la imagen que habían construido de ella: según declaró en *GQ*, es un guiño a su imagen de «chica glamurosa, seductora, chiflada y manipuladora». La canción juega con el retrato obsesivo que los medios de comunicación hicieron de ella, como una mujer que pasaba de una relación a otra sin ningún problema. «En "Blank Space" algunas cosas son una sátira —le declaró a *GQ*—. Hay que tomarse alguna licencia creativa para crear algo que valga la pena». Sabía que algunos no captarían el chiste, y no le importaba. «Sabía que algunos iban a escuchar "Blank Space" y a decir: "¿Ves? Teníamos razón" —explicó—. Y en ese momento pensé que, si no entiendes el chiste, pues no te lo mereces».

Con esta canción, tomó la caricatura barata que la prensa hacía de ella y la llevó a un lugar tan extremo que el absurdo se hizo evidente.

Como todos los grandes artistas, Taylor supo encontrarles el lado positivo a las dificultades de la vida, y crear a partir de ellas. Le contó al Grammy Museum que los medios tenían «una maravillosa obsesión por pintarme como la loca que sale con un tipo tras otro; todos los artículos decían: "Aquí está Taylor Swift junto a un chico. ¡QUE SE CUIDE!"». Al principio pensaba que esa tendencia era un «bajón», comentó. «Pero mi segunda reacción era: "Oigan pero ese es un personaje muy interesante: una chica que viaja por el mundo recolectando hombres, y puede estar con quien quiera pero es tan pesada que ellos terminan yéndose y ella llorando en su tina de mármol incrustada con perlas". Entonces pensé: puedo hacer algo con esto».

Sus fans más jóvenes podían identificarse fácilmente con el mensaje de la canción: o una relación es para siempre o se va a pique. Con «Blank Space» cautivó a un público nuevo al que le fascinaba este tipo de pop atrevido.

«Style» supuso un cambio en ella: Taylor admitía que sentía algo de culpa. «Nunca habría dicho algo así en unos de los álbumes anteriores —le contó a Ryan Seacrest—. Mis álbumes anteriores siempre fueron tipo: "Yo tenía la razón, tú estabas equivocado". Lo que pasa cuando creces es que te das cuenta de que las reglas en una relación no son tan claras». El juego con el nombre de Harry Styles fue muy bien recibido. «Ponerle a una canción que nunca vas a decir explícitamente que es sobre tu ex una variación literal del nombre de ese ex es de otro nivel —escribió *Cosmopolitan*—. Pero que luego esa canción sea quizás la mejor de tu álbum, es realmente inspirador» —agregó.

El incidente que se menciona en el puente musical de «Out of the Woods» hace referencia a un accidente que sufrieron ella y su expareja mientras andaban en motonieve, pero también puede leerse como una metáfora de la fragilidad de las relaciones. Cuando los medios se enteraron de que «Out of the Woods» estaba basada en una historia real, Taylor también cayó en la cuenta de algo que la alegró mucho: la prensa no tenía cómo saber todo sobre su vida privada. «Fue como una pista muy extraña y sutil para los medios: una manera de decirles que no saben todo lo que pasó en esa relación, y de que me puede pasar algo importante y traumático y que ellos no lo sepan», contó en declaraciones a NPR. En términos musicales, a algunas personas puede recordarles a las rítmicas voces de la banda sonora de *El rey león*, que según Taylor fue la canción emblemática de 1989.

«All You Had to Do Was Stay» le llegó en un sueño en el que su ex aparecía en su casa y en lugar de decirle lo que pensaba, lo único que le salía era la súplica de que «se quedara». «Shake It Off» fue la última canción que grabó para *1989* y surgió un día que Swift llegó al estudio con un reto para Max Martin y Shellback, sus colegas compositores y productores: «Necesitamos una batería que haga que hasta la persona que la está pasando terrible en la boda se pare y diga: "Ay, ¡esa es mi canción!"». El resultado fue su icónica respuesta a una cultura que busca destruir a las celebridades. En ella enumera las cosas de las que la prensa la ha acusado y se las «saca de encima».

«Shake It Off» habla de su relación con los medios de comunicación y las redes sociales, pero de una manera que busca empoderar a sus fans: no hay que ser una celebridad para recibir un comentario hiriente en internet, pero quizá la canción de Swift te haga sentir un poco mejor. Compuso la letra y la melodía de esta canción con Martin y Shellback. Este temazo, con ese ritmo acelerado, podría haber sido muy diferente; en un momento, su sello le pidió que agregara un violín. Su respuesta fue un «no rotundo», recuerda. La canción era la opción obvia para ser el sencillo principal.

«I Wish You Would» es un tema en el que Swift suspira por un ex, e incluso piensa mientras pasa por su calle que no debió colgar el teléfono ni terminar la relación. Curiosamente, declaró en *Rolling Stone* que la historia verdadera fue al revés: la canción era «sobre un ex que compró una casa a dos cuadras de la suya». En el librito que traía el CD había un mensaje oculto que decía: «Todas las noches, él pasaba en auto frente a su casa». Es una de esas «canciones intermedias» del álbum, en el sentido de que también podría haber sido parte de *Red*.

En una entrevista para *Rolling Stone*, Swift insinuó que «Bad Blood» trataba sobre una cantante muy famosa, que hizo algo «tan terrible» que se volvieron «enemigas». Se cree que esta persona es Katy Perry y musicalmente, la canción se acerca a su estilo. Quizás aquí Swift fue demasiado lejos: en términos musicales, no se parece en nada a sus grandes éxitos y, de hecho, quedó en el último lugar en el *ranking* de las 243 canciones de Taylor Swift que sacó *Rolling Stone* en 2023.

En «Wildest Dreams», una canción influenciada por Lana Del Rey, Swift imagina el fin de una relación antes de que oficialmente haya comenzado. «How You Get the Girl» es «una especie de tutorial», le explicó a Radio.com. «Si sigues las instrucciones de esta canción, lo más probable es que las cosas salgan bien... O puede que te pongan una orden de caución». «This Love» anticipa el estilo de *Folklore* y *Evermore*. En una entrevista con Scholastic Book Club, contó que esta canción empezó como un poema que había escrito en su diario y «luego de repente empecé a escuchar esta melodía en mi cabeza, y ahí me di cuenta de que se convertiría en una canción». Junto con «Style», «Wildest Dreams» explora la idea de los romances pasajeros y la impermanencia de todas las relaciones. Al capturar ciertos momentos y recuerdos, la letra de la canción reconoce su naturaleza transitoria. Este tema aparece también en «Out of the Woods».

En «I Know Places», Taylor deja al descubierto una de sus preocupaciones: cómo mantener una relación cuando todos los ojos están puestos en ella. «Decidí componer una canción de amor sobre lo que diría si conociera a alguien de verdad maravilloso y me dijera: "Oye, me preocupa que todo el mundo nos esté mirando" —le contó al Grammy Museum—. Así que compuse esta canción en la que digo: "Oye, conozco muchos lugares donde escondernos. Podemos escaparnos"». En la canción, Taylor se compara a sí misma con un zorro que están intentando cazar; la imagen deja claras las dificultades de la fama y la presencia invasiva de los *paparazzi*.

A pesar de haber transicionado hacia un pop más popular, Swift supo resguardar lo auténtico que había en ella, que es lo que la trajo hasta este punto. Las historias que cuenta en sus canciones siguen siendo profundamente personales y simbólicas. «Clean» es el tema con el que cierra el álbum, y aunque muchos fans creen que trata sobre su relación con Harry Styles, es mucho más que otra canción de despecho. Se trata de un tema que fomenta el crecimiento personal y la inspiración, y transmite la sensación de liberarse después de un periodo de abatimiento. También tiene un puente musical hermoso.

En últimas, *1989* es más que un álbum: es un diario elaborado con maestría y que da cuenta de un capítulo reciente en la vida de Swift. Todos los temas, los videos y las letras están plagados de historias, recuerdos y emociones que nos ofrecen un vistazo a su mundo. Quienes lo escuchan pueden sumergirse en este mundo o no, como prefieran. Pero las canciones tienen su propia fuerza, y resuenan tanto con los y las Swifties como con quienes las escuchan por primera vez.

Una de las primeras personas que escuchó su nuevo álbum fue su amiga Ella, más conocida como Lorde. «Es una de las personas con las que más me gusta intercambiar ideas —comentó Swift—, porque da consejos de verdad muy buenos». Otro de los primeros en escuchar el trabajo terminado fue Ed Sheeran. «Me ayuda mucho tener amigos cuya opinión musical respeto muchísimo porque todos tienen algo que les gusta más, y sus canciones favoritas son un reflejo de ellos como músicos, seguro». En este nuevo álbum, la favorita de Ella fue «Welcome to New York», y la de Sheeran, la polémica «Bad Blood».

Si bien en sus álbumes anteriores pueden apreciarse las influencias de una galaxia de estrellas del country —incluyendo a algunos veteranos—, para *1989* Taylor se inspiró en artistas del mundo del pop. Pero incluso en ese momento, las influencias más notables fueron de artistas de antaño, entre ellos, Annie Lennox, la vocalista de Eurythmics, de quien Taylor dijo que «hay algo muy intenso en la manera como logra transmitir una idea», y Peter Gabriel, a quien describió como «un artista con un gusto musical increíble» y «alguien que sabe descifrar qué le va a emocionar musicalmente a la gente». Tiene sentido que estos dos artistas hayan producido su mejor trabajo en los ochenta, la década que da título al álbum.

Si bien con frecuencia los medios reducían las lecturas de su álbum a la transición que había hecho hacia el pop, los fanáticos de Swift registraban un cambio aún mayor no solo en términos musicales sino en lo personal, lo estético y lo temático. El año del título, 1989, simbolizaba un nuevo comienzo en cuanto se desprendía de su imagen anterior y emergía como una artista renovada. La imagen Polaroid de la tapa no solo evoca los años ochenta, sino que también rechaza lo que hay de artificioso en sus álbumes previos. La estética más apagada, los colores pastel y la onda nostálgica reflejan una época y al mismo tiempo celebran los cambios que inevitablemente trae consigo el paso del tiempo. Sería muy difícil imaginar una tapa así en uno de los álbumes anteriores de Taylor.

Swift exploró también otros horizontes en la manera de promocionarse. Sus Secret Sessions (Sesiones secretas), por ejemplo, le sirvieron para construir un «espacio seguro» con sus fans. Al eludir el filtro de los medios y seleccionar a los asistentes a estas fiestas revisando sus cuentas en redes sociales, Swift pudo compartir su música de forma más íntima y directa. «Me metía en internet y miraba sus páginas de Instagram, Twitter, Tumblr o lo que fuera, y casi que los observaba durante meses y meses», explicó a la BBC.

Eran algo más que simples eventos promocionales. Swift seleccionaba con cuidado 89 fans para asistir a una especie de evento secreto que llevaría a cabo en alguna de las cinco casas que tenía en el mundo, sin entregarles muchos detalles de lo que les esperaba. Aunque se suponía que lo que pasara allí debía permanecer en secreto, se rumoreaba que los invitados especiales de Swift pudieron conocer y cargar a Olivia Benson, una de sus gatas, ver varios de sus Grammy y American Music Awards, y comer galletas de calabaza y chips de chocolate que había horneado la propia Taylor. En un video de detrás de cámaras, puede verse a Swift con un delantal puesto y batiendo una mezcla en la cocina. Era un acceso a su vida íntima sorprendente para una estrella de la talla de Swift. Es difícil imaginar a Beyoncé o Adele acceder a lo mismo.

La expectativa del álbum crecía y crecía hasta que finalmente, el 27 de octubre de 2014, salió al público, y esta vez no solo los fans estaban emocionados, también Taylor. «Es muy emocionante revelar quién has sido estos dos últimos años», le contó a la revista *Esquire*, y agregó que su vida había «cambiado drásticamente en el último año y medio».

El lanzamiento de *1989* no estuvo exento de drama, ni de controversias. Swift se enfrentó a dos empresas poderosas: primero a Spotify y luego a Apple. Alegaba que alzaba la voz en nombre de todos los artistas, y así lo hizo. Quienes en ese entonces la seguían de cerca habrán podido notar que esta batalla se venía gestando desde hacía un tiempo. Cuatro meses antes del lanzamiento de *1989*, Taylor había escrito una columna de opinión para el *Wall Street Journal* en la que presentaba su manifiesto. «El valor que tiene un álbum se basa, y seguirá basándose, en el alma y el corazón que un artista ha puesto en su obra, y en el valor económico que los artistas (y sus sellos) ponen a su música cuando sale al mercado», había escrito. «En mi opinión, la música no debería ser gratis, y creo que en el futuro los artistas y sus sellos decidirán cuál es el precio de un álbum. Espero que no se subestimen ni desvaloricen su trabajo».

Algunos se preguntaban hasta qué punto de verdad estaba alzando la voz por otros artistas. Al fin y al cabo, siendo una de las principales estrellas del pop, iba a ganar millones de dólares con el *streaming*, pasara lo que pasara. También los algoritmos la beneficiaban: sus canciones figuraban en las recomendaciones, en las listas de reproducción destacadas, podía pagarse para recibir contenido exclusivo, entre otras ventajas que se reservaban a los famosos. Así que los problemas con las plataformas de *streaming* no eran iguales para todos. Sin embargo, desde el punto de vista de Swift, su privilegio era irrelevante: ella alzaba la voz con la esperanza de que cualquier avance que lograra pudieran disfrutarlo todos.

Tras negarse a que *1989* saliera en Spotify, se opuso a que su música estuviera disponible de forma gratuita. En declaraciones a Yahoo!, Taylor explicó que «todo lo nuevo, como Spotify, me parece un gran experimento», pero que no estaba dispuesta a «ceder el trabajo de mi vida a un experimento que no compensa de forma justa a los compositores, productores, artistas y creadores de la música». Si de verdad para 2014 los servicios de *streaming* aún le parecían un experimento está abierto a debate, pero siete años después, está claro que ya no tienen nada de experimental. Han llegado para quedarse.

Después, criticó la decisión de Apple de no pagar regalías a los artistas durante los tres meses que dura el periodo de prueba para quienes se suscriben a Apple Music. En Tumblr, Taylor explicó que la medida afectaba a «los artistas o grupos nuevos que acaban de lanzar su primer sencillo y no van a recibir ningún pago» y «a los compositores jóvenes que acaban de vender su primera canción y creyeron que con las regalías que recibirían podrían pagar sus deudas».

Para sorpresa de muchos, el vicepresidente sénior de Apple, Eddy Cue, cedió a la presión de Swift en menos de veinticuatro horas. Habían llegado a un acuerdo rápido, y muy pronto Taylor escribió en Twitter que «después de los acontecimientos de esta semana, he decidido subir *1989* a Apple Music... y con gusto». Su música también volvió a Spotify después de tres años de boicot. Pero el hecho de que Swift se enfrentara a empresas tan grandes y poderosas marcó un hito en la historia de la industria. Muchos artistas de todo el mundo estaban preocupados por las consecuencias negativas que el *streaming* tendría en sus ingresos, y Swift alzó la voz por todos ellos. Era el momento de mantenerse firme: justo lanzaba *1989*, su álbum más agudo y osado.

Cuando el álbum salió a la venta, sus seguidores se interesaron un poco más de lo habitual por las reacciones de la crítica. Algo más estaba en juego: Taylor se había arriesgado con el sonido y con su nueva imagen. Empezaron a escucharse críticas positivas y muchos señalaron que *1989* era el álbum que mejor reflejaba a la artista. Esta nueva colección de canciones ponía a Taylor «a leguas de la competencia de pop adolescente», afirmó *The Guardian*, y añadió que «lo que sorprende de verdad de *1989*» es que fuera «completamente» Swift; es ella, y no algún productor, quien «domina el álbum». *Rolling Stone* afirmó que era un álbum «rarísimo, emotivo y febril, lleno de un entusiasmo salvaje», y que sonaba «justo como Taylor Swift, incluso cuando no suena nada parecido a lo que ha hecho antes». *NME* lo comparó con un clásico y declaró que era nada menos que «la respuesta de toda una nueva generación a *Thriller*».

El *New York Times* afirmó que Swift «intentaba llegar a un lugar más alto, a una forma de atemporalidad a la que pocas verdaderas estrellas del pop… se molestan siquiera en aspirar». Sin embargo, el *Los Angeles Times* consideró que tenía «un carácter medio seco», y lo describió como «un intento desprovisto de la visión tan precisa a la que nos tiene acostumbrados». La revista *Slant* tampoco estaba tan convencida, y concluyó que «Swift todavía está intentando encontrar su propia voz como artista pop».

Enterntainment Weekly, por su parte, más que una crítica publicó una advertencia: «Si para triunfar abandona lo que la hace especial, entonces les está haciendo un flaco favor a sus fans, y se está perjudicando aún más a sí misma».

Sin embargo, el veredicto final de Taylor fue que, en general, estaba satisfecha con el álbum. Como suele hacer, usó una metáfora para explicar cómo se sentía en esos momentos. «Siento que hicimos una renovación completa de toda la casa que había construido, y eso hace que quiera a esta casa aún más —le contó a *Elle*—; aun así mantuvimos los cimientos de lo que he sido siempre».

La gira mundial de *1989* le llevó siete meses de planeación y tres de ensayo. La lista de canciones estaba encabezada por «Welcome to New York», e incluía gran parte del nuevo álbum, además de varios de sus temas anteriores. A Taylor le encantaba estar de nuevo de gira, según le contó a un periodista en medio de la gira. «Justo ayer estaba pensando en esto y caí en la cuenta: no quiero que esta gira termine. Nunca —le declaró a *NME*—. Eso no me había pasado nunca». También se puso muy contenta en 2016 cuando *1989* ganó el Grammy a Álbum del Año, lo que le permitió desquitarse por no haber ganado con *Red* y reivindicar la pulsión creativa que había dado origen a su sucesor.

Además de promocionar el álbum, la gira fue un éxito en términos comerciales y recogió 250 millones de dólares. Ante estas ganancias, parecía que la apuesta que había hecho con este álbum había valido la pena. «Tomar el camino más fácil hubiera sido suficiente, habría dado un buen resultado —comentó *Rolling Stone*—. Pero no era eso lo que quería hacer. Quería, en cambio, ir un poco más lejos y hacer con el pop un caos épico y glorioso como este». Más tarde, la revista incluiría la gira mundial de *1989* en su lista de los 50 mejores conciertos de los últimos cincuenta años.

Su quinto álbum puso tres canciones en el número uno en la lista *Billboard* Hot 100: «Bad Blood», con Kendrick Lamar, «Shake It Off» y «Blank Space». Otras canciones como «Style» y «Wildest Dreams» llegaron al Top 10 después del lanzamiento del álbum. El éxito de esa noche en los Grammy la convirtió en la primera solista femenina en ganar dos veces el premio al Álbum del Año. Como muchos de sus récords, solo los ha superado ella misma.

Pero el cambio de sonido e imagen en su nuevo álbum no estuvo exento de críticas. Los videos promocionales de dos de las canciones suscitaron un nivel de crítica hasta entonces desconocido para ella. En el video de «Shake It Off» hace una coreografía con una gran variedad de bailarines, incluyendo porristas y *breakdancers*. También había bailarines de *hip-hop*, varios de los cuales eran afroamericanos, y el video la muestra a ella riéndose mientras se arrastra debajo de unos traseros negros que hacen *twerking*, sin que podamos ver el resto de sus cuerpos. El rapero Earl Sweatshirt se quejó de que el video perpetuaba estereotipos sobre los afroamericanos.

Luego, el video de «Wildest Dreams», en el que aparecían en su mayoría personas blancas a pesar de haber sido filmado en África, desató una lluvia de críticas. *The Guardian* describió el video como «una fantasía colonial», el *Huffington Post* lo acusó de «perpetuar el colonialismo blanco» y *Daily Dot* afirmó que tenía un «grave problema racial». El equipo de Swift señaló el mensaje al final del video, que les informa a los espectadores que «todas las ganancias que Taylor reciba de este video se donarán a esfuerzos de conservación ambiental a través de la organización African Parks Foundation of America».

En términos comerciales, nunca dudó de que *1989* vendería un millón de copias en la primera semana, pero le advirtieron que quizás estaba siendo demasiado optimista. Sin embargo, logró una cifra enorme: vendió 1,29 millones de copias en su primera semana, y «de repente, ya no parecía tan ingenua», comentó Taylor. Vale la pena señalar que el álbum salió a la venta en un momento complicado para la industria que. Las descargas estaban en declive, como habían llegado a estar los CD, lo que hace que las ventas iniciales del álbum sean aún más impresionantes.

Desde entonces, *1989* ha vendido más de diez millones de copias y tiene, según *Billboard*, «un tipo de omnipresencia cultural que es raro en un álbum de la década de 2010». Le había dado una lección al dueño de su sello discográfico, pero igual él estaba encantado. «Hace mucho tiempo aprendí esto: nunca dudes del poder de Taylor Swift», declaró. Es una lección que muchas personas han tenido que aprender.

Con ventas tan notables, vino también un prestigio cada vez mayor. En octubre de 2014, *Billboard* la nombró Mujer del Año, un honor que se le concede a una artista que en los últimos doce meses «haya inspirado y renovado la industria musical con sus logros, su liderazgo e innovación». Con esto, se convirtió en la primera artista en recibir este premio dos veces. «A lo largo de su carrera, sus canciones han estado sesenta veces en la lista *Billboard* Hot 100, mucho más que otras artistas femeninas desde su debut en 2006», declaró Janice Min, de *Billboard*.

Hubo un momento incómodo cuando Swift daba su discurso de aceptación, y un chiste que había preparado no causó mucha gracia. Se refirió al premio como un «regalo de cumpleaños adelantado y maravilloso», y dijo: «Cumplo veinticinco a medianoche, y pretendo celebrar como si fuera 1989». Después de algunas risitas nerviosas, agregó: «Sabía que era un chiste malo cuando lo escribí, ¡y aun así lo conté!».

Era una época en la que Taylor igual hacía lo que quería. Para ser una artista con veinticinco años, ya había logrado demasiado. La magnitud de sus logros se hace evidente cuando se la compara con otras artistas a su misma edad. A los veinticinco años, Madonna recién empezaba su meteórico ascenso al estrellato. Beyoncé estaba despegándose de su éxito con Destiny's Child y todavía no se había consolidado como la fuerza que es dentro de la industria.

Whitney Houston y Britney Spears son ejemplos de artistas que habían logrado mucho a los veinticinco años, pero el ascenso de Swift ha sido constante y tenía más álbumes que ellas a esa misma edad. La experiencia de Adele se parece más a la de Swift: a los veinticinco años ya había lanzado cuatro álbumes. También, como Swift, mantenía un ritmo constante en su producción musical y había acumulado una gran cantidad de premios.

Swift estaba orgullosa de su talento como compositora, y de cómo estaba evolucionando en términos de sonido. Supo apoyarse en su éxito inicial para evolucionar de manera constante, sin perder la conexión íntima que tiene con sus fans. La reinvención que hizo de sí misma para este álbum fue una movida audaz y arriesgada. Fue muy gratificante para ella que hubiera sido todo un éxito.

Más allá de la música, la vida amorosa de Taylor seguía fascinando al público, en especial ahora que había terminado su período de soltería. En 2015 empezó a salir con el productor, cantante, compositor y DJ escocés Calvin Harris. Se conocieron por primera vez en el *backstage* de los premios *Elle* Style, cuando los presentó su amiga en común Ellie Goulding. Se cayeron bien y al día siguiente volvieron a verse en los BRIT Awards, y también el día después. Después de hacerlo «oficial en Instagram», con una publicación que hizo Harris de los gatos de Swift, los vieron en público como pareja por primera vez en los *Billboard* Music Awards de 2015.

En marzo de 2016 celebraron su primer aniversario con un viaje romántico a un lugar tropical. Se cree que esta era la relación más larga en la que había estado hasta el momento. Los dos publicaron fotos románticas en sus respectivas cuentas de Instagram. «Estoy en una relación mágica en este momento», declaró en *Vogue*, pero en unos cuantos meses la magia se había esfumado. Al recordar su ruptura con Swift, Harris comentó que «los dos estábamos en la situación equivocada» y «sin duda no estaba bien, así que se acabó».

Muchos esperaban que los amantes se convirtieran también en colaboradores habituales, pero solo trabajaron juntos una vez, cuando colaboraron como compositores del tema «This Is What You Came For», que Harris grabó con Rihanna. La relación terminó de manera desagradable y las secuelas fueron dolorosas también, ya que Harris reaccionó mal cuando los periódicos revelaron que Swift era coautora de este éxito, en cuyos créditos aparecía bajo un pseudónimo. En una serie de tuits que luego borró, le dijo a Taylor: «Si estás tan feliz en tu nueva relación deberías concentrarte en ella, en vez de destrozar a tu exnovio para tener algo que hacer».

El público volvió a entusiasmarse cuando salieron fotos de Swift y el actor Tom Hiddleston besándose, cogidos de la mano y abrazados en Rhode Island, dos semanas después de que se hiciera público que se había separado de Harris. Un mes atrás, Swift había bailado con el actor en la Gala del Met de 2016, cuando todavía estaba saliendo con Harris.

La nueva pareja, conocida ahora como «Hiddleswift», fue vista en público en varias ocasiones en los Estados Unidos, Europa y Australia durante el verano de 2016. Los fotografiaron juntos en Nashville, Inglaterra y Roma. Ella celebró el 4 de julio en su casa de Rhode Island, y vieron a Hiddleston acurrucado junto a ella en el agua, y a los dos divirtiéndose mientras se deslizaban por un tobogán gigante.

Cuando se separaron, tres meses después, se insinuó que la relación había sido un montaje de los medios. En una entrevista con *GQ*, Hiddleston lo negó: «Taylor es una mujer maravillosa. Es generosa y noble y encantadora, y la pasamos superbién. Claro que fue una relación real». Según los rumores, terminaron porque estaban en desacuerdo respecto al grado de notoriedad que debía tener la relación: él quería que fuera más pública, pero ella no estaba de acuerdo. A pesar de esto, él no guardaba ningún rencor.

Taylor comentó que había sido «interesante pasar por tantas etapas frente a todo el mundo». Llevaba un tiempo reflexionando sobre sus altibajos, sobre las buenas decisiones que había tomado y también sobre sus errores. Sin embargo, dice que no cambiaría nada. «Aunque sabes en qué momentos pudiste haber tomado una mejor decisión, o dicho algo que fuera mejor, o algo así, creo que no cambiaría nada porque pienso que, cuando compones canciones, todas las experiencias que tienes… y esas experiencias moldean tu trabajo —comentó—. Así que incluso en los momentos en que me sentí horrible, me arrepentí de algo o me sentí humillada o avergonzada o que había fracasado, tomé esas emociones y las convertí en mi siguiente tanda de canciones», declaró.

Había mucho que celebrar ahora que llegaba al cuarto de siglo, pero también se avecinaban problemas, y entre ellos, un presagio de lo que sería el siguiente capítulo de su vida. En una entrevista que concedió a la BBC, habló de lo que suponía para ella ser tan famosa: «En este punto, en realidad no tengo nada que esconder —le dijo a Fearne Cotton—. Ya más o menos se entiende que cualquier cosa que haga la van a discutir y diseccionar y debatir, y ya me acostumbré a esa dinámica». Inevitablemente, su quinto álbum iba a ser luminoso. Ahora algunas nubes empañaban el cielo, pero no eran muchas. Se sentía más segura de sí misma y se manejaba bien tanto en la música como en su vida personal. Su música era un poco como su vida, pero de repente su cielo se llenó de nubarrones y se desató una tormenta de proporciones épicas.

· CAPÍTULO 10 ·

POCAS VECES LOS PRIMEROS COMPASES DE UN ÁL-
bum son tan representativos del álbum en sí, y del
impulso que le dio origen. El comienzo de «…Ready
For It?» es sombrío y solemne, con razón. En su sexto álbum, las
cosas empezaron a ponerse difíciles para Taylor. Era una mujer
y una artista diferente a la que había empezado el quinto. Con la
experiencia de *1989* había pasado de ser una estrella del pop a un
ícono del pop, y esto le trajo cosas buenas: más dinero, más fama
y un mayor reconocimiento público.

Pero la otra cara de la moneda fue que esta situación la hizo
sentir aún más presión. La expectativa frente a su último álbum
sobrepasaba todo lo que había vivido antes. Aunque era el sexto,
este lanzamiento representaba para Taylor casi la misma dificultad de un segundo álbum porque era la segunda incursión en el
pop de su carrera, así como el segundo para su nuevo ejército de
fans que solo conocía *1989*.

Por otro lado, cada vez que los medios le daban algún protagonismo, más personas sentían que ya habían escuchado demasiado sobre ella. Esta tendencia iba en aumento, pero no era nueva. Ya en marzo de 2013 el *New York Times* había afirmado que «su omnipresencia, además de su historial amoroso, han empezado a provocar lo que parece ser un incipiente rechazo». En el momento en que *Reputation* comenzaba a gestarse, el rechazo había pasado de incipiente a directo. Por supuesto, millones y millones de fans seguían amando a Taylor, pero sus detractores también aumentaban.

Mientras tanto, Taylor sentía como si la vida le diera una patada tras otra. En 2015, su madre descubrió que tenía cáncer. Swift les escribió a sus fans en Tumblr: «Tengo una noticia que no iba a contarles, pero es algo importante y estoy acostumbrada a compartir con ustedes los eventos importantes en mi vida». Contó que le había pedido a su madre que le diera el «regalo» de ir al médico «y hacerse exámenes para saber si tenía algún problema de salud, solo para dejarme más tranquila».

Andrea accedió, pero no recibió buenas noticias. Aunque su madre se sentía bien, Taylor explicó que «llegaron los resultados, y me da mucha tristeza contarles que diagnosticaron a mi madre con cáncer». Agregó que Andrea quería que los fans supieran «porque puede que sus padres estén haciendo malabares con todas sus tareas y estén demasiado ocupados como para ir al doctor, pero tal vez si ustedes les recuerdan que vayan y se hagan exámenes, pueden recibir un diagnóstico a tiempo y hacer que la batalla contra el cáncer sea mucho más fácil». Después de someterse al tratamiento, Andrea entró en remisión, pero la historia no terminaría ahí.

Swift tuvo que afrontar otro reto: llevar un asunto no resuelto a instancias legales. Interpuso una demanda contra un ex DJ al que acusó de haberle metido la mano bajo la falda en 2013. En ese entonces, David Mueller era el presentador de la estación de radio KYGO, y lo habían invitado a conocer a Swift antes de un *show*. Swift alegó que Mueller la había acosado al tocarle el trasero mientras les tomaban una foto.

Dijo que nunca le había pasado algo así, que por eso se sentía «muy afortunada» pero que «esa era una de las razones por las que había sido un episodio tan traumático». «No sabía que podía pasar algo así. Fue muy descarado, lo hizo frente a siete personas». Se quejó con KYGO y la estación despidió al DJ dos días después. La historia podría haber terminado aquí, pero lo que hizo Mueller después le pondría fin al asunto.

El incidente se hizo público solo dos años después, cuando Mueller intentó demandar a Swift alegando que sus declaraciones le habían costado su sustento. Un juez rechazó la demanda.

Después de que Mueller sacara el asunto a la luz pública, Swift presentó una contrademanda por agresión y acoso sexual, y pidió una indemnización simbólica de un dólar. El juicio duró una semana y durante este tiempo Taylor se comportó de manera ejemplar en el estrado. Se mostró fuerte y decidida ante el tribunal, y se negó a dejarse intimidar por los representantes de Mueller. Rechazó la acusación de que hubiera identificado por error a Mueller y dijo: «No voy a permitir que ni usted ni su cliente digan que fue mi culpa». Cuando le preguntaron por qué en una foto que se tomó en el momento del incidente la parte de adelante de su falda no se veía arrugada contestó: «Porque mi culo se ubica detrás».

En otro momento, dijo: «Estoy segura de quién lo hizo. No es una suposición. Es un hecho». Agregó que «pueden hacerme un millón de preguntas al respecto y no voy a decir nada diferente». Cuando el abogado le preguntó a Swift si criticaba la actitud de su guardaespaldas, que no intervino cuando Mueller le alzó la falda, Swift respondió: «Critico a su cliente, que me metió la mano bajo la falda y me tocó el culo».

Después, explicaría a la revista *TIME* por qué había sido tan directa en el momento de dar su testimonio. «Ya llevaba en la corte toda una semana y tuve que aguantarme que el abogado de este tipo intimidara, acosara y hostigara a mi equipo, incluida mi madre, con detalles absurdos y minucias ridículas, acusándolos y acusándome de estar mintiendo —comentó—. Estaba furiosa —declaró—, así que decidí pasar por alto todas las formalidades de la corte y responder las preguntas contándolo todo tal como había pasado». Agregó que, aunque le habían aconsejado que usara las palabras «parte trasera», ella había preferido decir «culo» y que le comentaron que el juicio había sido «la vez que más se escuchó la palabra culo en una corte federal de Colorado». El jurado falló a favor de Swift y le ordenó a Mueller pagarle un dólar.

Quienes estuvieron presentes quedaron fascinados de verla plantarse con tanta valentía frente a una corte llena de hombres. No es de extrañar que un periodista se haya referido al testimonio de Swift como «agudo, valiente y gratificante». La valentía con la que se presentó en la corte le valió el puesto de Persona del Año en la portada de la revista *TIME*, un honor que recibió por haber sido una de las personas que en 2017 «rompieron el silencio frente a la cultura de abuso y acoso sexual». La revista afirmó que «la claridad de su testimonio marcó un hito importante en el debate sobre acoso sexual de este año».

Swift contó que le había pedido a Mueller una indemnización

de un dólar porque no quería llevarlo a la quiebra sino más bien usar la situación para enviarles el mensaje a todas las mujeres de que «son ustedes las que deciden qué quieren tolerar en su cuerpo». En una declaración, Taylor afirmó: «Reconozco el privilegio que tengo en la vida, en la sociedad y en mi capacidad para asumir el costo enorme que tiene defenderme en un juicio como este». Más tarde, en el escenario, expresaría su amor y su apoyo a todas las personas que por miedo no han podido denunciar los abusos que sufrieron, o que hablaron y no les creyeron. Swift reconoció que no sabía qué habría hecho si no le hubieran creído. Agregó que esperaba «ayudar a otras mujeres cuyas voces también deberían escucharse» y que «en un futuro próximo haría donaciones a varias organizaciones que ayudan a las víctimas de acoso sexual a defenderse».

Otra de las consecuencias de la saga se hizo sentir en su casa: a partir del incidente, y para todas sus reuniones, Swift instaló cámaras de seguridad que apuntaban de su cintura para abajo. «Si vuelve a pasar algo podremos demostrarlo con imágenes de video desde todos los ángulos», le contó a *The Guardian.*

Sin embargo, cuando *Elle* le preguntó si había tenido alguna otra experiencia de acoso sexual, ella lo negó. La pregunta surgió de manera espontánea; era una época en la que se revelaron varios casos de acoso sexual en la industria del espectáculo. Particularmente, después del de ella salieron a la luz las denuncias por abuso sexual por parte del productor de Hollywood Harvey Weinstein. Aunque se había cruzado algunas veces con al productor, Swift afirmó que nunca la había acosado. Le había pedido que compusiera una canción para la comedia romántica *Mi gran oportunidad*, la cual le dio su segunda nominación al Globo de Oro. También le dio un papel secundario en la película de ciencia ficción de 2014 *El dador de recuerdos* y asistió a la fiesta de lanzamiento de *1989*.

Pero más allá de estas interacciones profesionales, no tuvieron ningún otro contacto. «No pasé tiempo con él, en absoluto —declaró en *The Guardian*—. Les creo a las mujeres que denuncian, a las víctimas que denuncian, a los hombres que denuncian», agregó, dando a entender que para ella los abusos de Weinstein eran un «asunto de poder», y que escogía como víctimas a mujeres que estaban en una situación vulnerable. «Así que, que no me haya tocado a mí no dice nada».

La victoria simbólica que tuvo en la corte fue un momento de luz en medio de un período oscuro para Taylor. Venía recibiendo críticas de los fans de Calvin Harris que le reprocharon su comportamiento tras la ruptura, y también de parte de los de Kanye West, quienes la acusaban de no haber sido muy honesta en sus discusiones en internet con el rapero. En 2016, Swift se peleó con Kanye después de que se refiriera a ella en su canción «Famous». En una línea, el rapero decía que él y Taylor aún podrían acostarse, y se jactaba de que él había hecho «famosa a esa perra». Esto último era una referencia bastante obvia al momento en que Kanye interrumpió el discurso de aceptación de Taylor durante los VMAs en 2009, y afirmó frente a todos que Beyoncé era mejor artista. Al día siguiente, Twitter se inundó de mensajes de apoyo a Taylor, que en ese entonces tenía diecinueve años, y miles de personas repudiaron el comportamiento de Kanye, lo que en últimas significó publicidad positiva para ella. Respecto a «Famous», Kanye insistió en que Swift había aprobado ese verso antes de que saliera la canción. Taylor lo negó, y declaró que Kanye de hecho le había pedido que promocionara este tema. Las cosas se pusieron peor cuando West publicó el video de la canción, en el que aparecían modelos de celebridades hechos en cera, desnudas y acostadas en una cama junto al rapero; uno de los modelos era de Swift.

Estos dos episodios inundaron las redes sociales con etiquetas como #TaylorSwiftEsUnaVíbora y #TaylorSwiftEstaCancelada. Kim Kardashian, entonces pareja de West, tuiteó acerca del Día Nacional de la Serpiente, lo que algunos interpretaron como un comentario dirigido a Swift.

En una entrevista para *Vogue*, Swift intentó explicar cómo se había sentido. «Es una experiencia muy alienante recibir un escarmiento público y masivo, con millones de personas que dicen que estás, entre comillas, cancelada —comentó—. No creo que haya mucha gente que entienda de verdad cómo se siente que millones de personas expresen de manera tan directa su odio hacia ti». Agregó que un mensaje así también podría percibirse como un llamado a que atentara contra su propia vida.

Swift, por esta época, tuvo que enfrentarse además a algunas críticas a través de su «escuadrón de chicas», un grupo de amigas supermodelos, actrices y estrellas del pop que se hicieron aún más famosas gracias al Instagram de Taylor, que recibía mucha atención. Como a la misma Swift, al principio todo el mundo las amaba, pero luego muchos se volvieron en su contra. Si antes se las consideraba una fuerza feminista y la expresión de una solidaridad femenina poderosa, ahora las veían como un grupo de mujeres hegemónicamente bellas, elitistas y que hacían alarde de sus vidas perfectas e inalcanzables.

Parte de este cambio de perspectiva vino desde dentro del grupo. Después de que la invitaran a subir al escenario junto a Lily Aldridge, Gigi Hadid y Hailee Steinfeld para acompañar a Swift en un concierto en Nueva Jersey, Lena Dunham aseguró que se había sentido «gordita» y bajita en comparación con sus amigas. «Estaba muy feliz de apoyar a mi amiga, y contrariada cuando me fui consciente de mi propia estatura», comentó en una charla que organizó la Film Society of Lincoln Center. «Me siento muy alta y fuerte, y me sorprendió pensar: "Ah, no soy alta, soy gordita"».

Las críticas seguían llegando. En 2016, durante la campaña presidencial en la que Hillary Clinton competía contra Donald Trump por la Casa Blanca, Swift se rehusó una vez más a expresar su apoyo por alguno de los candidatos. Lo que sí hizo fue animar a los estadounidenses a votar, sin decirles necesariamente por quién. Esto generó molestias tanto dentro como fuera de su círculo de fans. La gente se preguntaba por qué una artista que defendía los derechos de las mujeres no apoyaba de una manera más explícita a la primera candidata mujer que se postulaba a la presidencia nominada por un partido tradicional, sobre todo ahora que se enfrentaba a un candidato como Trump, que había hecho tantos comentarios desagradables contra las mujeres.

En este punto, es entendible que Taylor pensara que, sin importar lo que hiciera, alguien iba a condenarla. Muchas estrellas sienten esa misma frustración al llegar al pináculo de la fama, sobre todo hoy en día. Las redes sociales les dan la oportunidad de opinar sobre cualquier tema en un instante, y también la ocasión para que los condenen cuando deciden no opinar. Varias celebridades sienten que en estos tiempos no hay manera de salir bien paradas, y seguramente Swift ha sentido lo mismo.

Más adelante, Taylor explicaría la razón de su silencio en una entrevista a *Vogue*. La artista señaló que en el verano anterior a las elecciones «todo el mundo decía "es calculadora, es manipuladora, no es lo que parece. Es una víbora. Es una mentirosa"». Estos eran «los mismos insultos que le dirigían a Hillary», así que «¿podría yo ayudar en algo o más bien estorbaría?». Imaginaba a la gente pensando que «las víboras de la misma calaña se arrastran juntas», y que «dos mentirosas» y «dos mujeres repugnantes» podrían hacer que la gente no votara a los demócratas. «Literalmente, millones de personas me decían que desapareciera», comentó, «así que, en cierto sentido, desaparecí».

Las estrellas están acostumbradas a recibir elogios de parte de todo el mundo, y en el momento en que estos se atenúan y empiezan algunos reproches, puede dar la sensación de que el nivel de crítica es tan fuerte como los halagos que recibían antes. El siguiente álbum de Swift surgió a partir de esta sensación. Lo grabó en dos estudios en Los Ángeles, y en otros en Estocolmo, Brooklyn, Portland y Atlanta. Según ella, estaba trabajando en más de un álbum: era como si compusiera *Reputation* como un «mecanismo de defensa» frente a los ataques de los medios y como una manera de procesar el dolor. Uno de los productores, Jack Antonoff, contó en declaraciones a *Entertainment Weekly* que quería capturar el momento en el que estaba en ese entonces Swift, cuando recibía tantas críticas del público. Quería expresar en la música cómo «en el curso de un día, o de dos minutos, puedes sentir que conquistaste el mundo, o sentirte la peor basura que existió en la vida».

Sin duda el álbum reflejaría ese sentimiento, pero la campaña publicitaria no se parecería a nada de lo que había hecho antes. En agosto 18 de 2017, Swift, de repente, desapareció de internet. Se fue de Facebook, Twitter, Instagram y Tumblr; borró todas las publicaciones de sus redes sociales, dejó de seguir a todas las personas que seguía y borró los contenidos de todas sus cuentas.

Había comenzado un proceso que iba más allá de eliminar

su presencia en redes: también borró cada registro de la imagen que tanto ella como su equipo habían construido con mucho esfuerzo a lo largo de once años. «Me di cuenta de que tenía que reestructurar mi vida, sentía que estaba totalmente fuera de control —explicó—. Supe de inmediato que tenía que hacer música sobre lo que me estaba pasando porque sabía que era la única forma de sobrevivir a eso. Era la única forma de cuidar mi salud mental y al mismo tiempo quería contar cómo se siente pasar por algo tan humillante».

La campaña publicitaria inicial era bastante sombría: incluía videos algo melancólicos, sin sonido y en blanco y negro, con imágenes de serpientes generadas por computador. Su oscuridad provocó algunos malentendidos. «Cuando salió todo el mundo pensó que iba a ser un álbum lleno de rabia —le contó a *Entertainment Weekly*—, pero después de escucharlo completo se dieron cuenta de que es un álbum sobre el amor y la amistad, y sobre descubrir cuáles son tus prioridades».

Con *Reputation* hubo otro cambio: decidió no hacer ninguna entrevista para promocionarlo. Más tarde le explicaría por qué a Zane Lowe en Beats 1 para Apple Music. «Al comienzo del álbum estaba muy orgullosa de una frase que se me había ocurrido: "No habrá ninguna explicación. Solo queda mi reputación" —comentó—. Así que decidí que sería la idea central del álbum. Y me quedé con ella. No lo pensé más. No busqué explicar el álbum porque sentía que no le debía ninguna explicación a nadie».

El tema de apertura fue «...Ready For It?» (...¿Están listos?) Pocos lo estaban. Con melodías electropop, sintetizadores agresivos y un ritmo acelerado, las estrofas de esta canción no se parecían a nada de lo que había hecho antes. El sonido casi industrial desaparece por un momento en el coro, pero pronto regresa después de que cae el ritmo en el puente. «End Game», una canción en la que colaboró con Ed Sheeran, fue otro de los temas polémicos del álbum. Las estrofas inconexas, y el ritmo que sonaba más cercano al *rap-trap* confundieron a muchos de sus fans. Pero, aunque la música suene menos «ella», el despliegue emocional y esa onda pícara y a la vez autoconsciente nos recuerdan que seguimos en el territorio Swift.

En la tercera canción, «I Did Something Bad», vemos una propuesta más uniforme. El tono frontal de la canción destilaba veneno sin disculparse y de una manera que sus fans podían reconocer. El primer verso, en el que declara que no confía en los narcisistas pero que igual la aman, nos traía de vuelta a la Swift descarada que conocemos. Esta canción también incluía la letra más explícita que ha compuesto hasta el momento: en un momento dice que si un hombre «habla mierda» entonces ella no le debe nada. En cuanto a la música, el tema nos recuerda a «We Are Never Ever Getting Back Together».

«Don't Blame Me» comienza con una onda medio góspel, que al llegar al coro se pone ominosa, sobre todo cuando compara el amor con una droga que va a consumir el resto de su vida. En «Delicate» hace la primera mención explícita al tema del álbum, cuando admite que se reputación «has never been worse» (está por el suelo). La música no es la protagonista de este tema, pero el mensaje queda claro: Taylor está jugando con la percepción que el público tiene de ella.

«Look What You Made Me Do» continúa con la temática de «Don't Blame Me». En esta canción, Swift niega ser la responsable de su dolor. Con un sonido más cercano al electro*clash*, dance-pop y electropop, repasa algunos de los episodios que han mancillado su reputación y cuenta que tiene una lista de nombres y que el individuo al que va dirigida la canción tiene el suyo subrayado con rojo. Su música pocas veces transmitió una atmósfera tan pesadillesca. Comparada con este tema, «Blank Space» es una canción de cuna. De la misma manera, si en «Blank Space» había hecho una sátira de sí misma divertida y enérgica, aquí presenciamos un espíritu más sombrío.

En «Look What You Made Me Do» Swift declara que «la vieja Taylor [está] muerta», que no confía en nadie y que nadie confía en ella. Todos los que pensaron que con *1989* había destruido su imagen no habían visto nada: aquí estaba directamente tirando a la basura la imagen de mujer angelical que la había llevado a la cima del pop, y le abría paso a un tono nuevo y audaz, y a una imagen abiertamente vengativa.

Swift afirmó que la serie *Juego de tronos* había inspirado la «disyuntiva» de su sexto álbum entre explorar la «venganza» y encontrar «algo sagrado en los gritos de guerra». «Look What You Made Me Do» se basa en la «lista negra» de Arya Stark, contó en declaraciones a *Entertainment Weekly*. En este último tema vemos a una Taylor más lúgubre: hasta su característico arco de cupido —que usualmente es rojo—, esta vez es negro. Swift comentó que era «interesante» porque «nunca había compuesto un álbum que no se entendiera del todo hasta verlo en vivo».

Que Swift dijera que la «antigua Taylor» no podía pasar al teléfono porque estaba «muerta» simbolizaba de manera eficaz el cambio de imagen que había sufrido. A algunos comentaristas en el Reino Unido les recordó, de forma un poco siniestra, una broma similar de Amy Winehouse. Cuando salió en el programa *Never Mind the Buzzcocks*, le preguntaron a Winehouse qué había pasado con esa versión más fresca y saludable que habían conocido de ella en sus primeros años. «¡Está muerta!», bromeó

Amy, aunque el chiste ahora no causa tanta gracia. A muchos el tema no les gustó. «Las canciones de las que Swift toma prestado para "Look What You Made Me Do" son superiores», comentó *The Guardian*.

Entre los otros temas que se destacan están «This Is Why We Can't Have Nice Things», una canción muy similar a «Look What You Made Me Do», y «Call It What You Want», el momento más swiftiano de *Reputation*. El tono cambia por completo en «New Year's Day». En esta canción sentimental, una sola línea de piano produce una atmósfera delicada, casi minimalista. Por momentos rozando con lo sentimentaloide, este tema nos trae una Swift muy diferente a la versión desafiante y sombría de las canciones anteriores. Aquí, utiliza una fiesta de año nuevo como metáfora para hablar de sus amigos y de los recuerdos que tienen juntos. Les pide que no se conviertan en extraños; la canción transmite esa nostalgia que uno siente por algo aunque lo tenga enfrente. Es un tema musical con el que es más fácil identificarse: busca evocar a quienes están ahí para ti cuando se termina la fiesta y hay que regresar a los asuntos mundanos de la vida.

El álbum suscitó toda una gama de reacciones más interesantes que las que habían provocado sus álbumes anteriores. Es un «arma mortal, una explosión de pop» que «se enfrenta a la vulnerabilidad del corazón humano, apaleado por la fama del siglo XXI», declaró el *Daily Telegraph*. Agregó también que «sin importar por qué más se la conozca, Swift se merece la reputación de ser una artista con un auténtico talento para la música».

Reputation «muestra el lado más profundo y sombrío de la genia del pop», dijo *Rolling Stone*, mientras que *Entertainment Weekly* comentó que el álbum demostraba que «ya no era la muñequita angelical de los Estados Unidos». Para *NME*, se trataba de un «sexto álbum fascinante y colosal»; la revista les dijo a sus lectores que «si alguna vez han querido vengarse», podrán «identificarse con este álbum». La revista *Re-Edition,* por su parte, comentó que el álbum era un «disco oscuro y furioso» sobre «la venganza y la traición».

El álbum, sin embargo, recibió también sus críticas. *Consequence* dijo que era un «desastre gigantesco», y agregó que «parte del encanto de *Reputation* tiene que ver con la densidad de sus fracasos», por la que «cada gesto suena tan pobre, cada decisión tan desafortunada, y se cometen tantos errores que podrían haberse evitado». *Cinquemani*, por su parte, dijo que «los trucos EDM, repetitivos y trillados, empañaban el álbum».

No era la primera vez que, si bien todo parecía haber cambiado en su música, de alguna manera seguía siendo ella: había expresado abiertamente sus pensamientos y sentimientos, y había documentado la realidad de su vida, con todos sus altibajos. Se sentía tan diferente ahora porque su vida había cambiado.

Decidió promocionar el álbum emprendiendo una nueva gira. Un total de 2 888 922 fans se agolparían en los estadios para ver su espectáculo, lo que le reportó la considerable suma de 345,7 millones de dólares. La escenografía incluía todo el imaginario serpentino del momento. Además de una estética gótica y osados elementos teatrales, había serpientes por todos lados: desde un micrófono personalizado hasta accesorios enormes con forma de serpiente. La iconografía de la gira distaba mucho de ser sutil, pero tampoco pretendía serlo.

A la mitad del concierto que abría la gira, en Glendale, Arizona, Taylor le dijo a la audiencia: «Se deben estar preguntando por qué hay tantas serpientes por todos lados, ¿no?». Y luego se embarcó en algo parecido a un discurso sobre esta fijación serpentina:

«Hace un par de años alguien me llamó víbora en redes sociales y se volvió viral. Y luego muchas personas me dijeron otras cosas en redes sociales. Y por eso, pasé por momentos muy difíciles».

Swift contó también que las serpientes eran un «mensaje» para sus fans: «Si alguien te dice cosas horribles para hacerte *bullying* en redes sociales e incluso si muchas personas se le unen, esto no tiene por qué derrotarte, puede hacerte más fuerte». Luego se refirió al tema del álbum y del espectáculo de esa noche: la reputación. Dijo que después de las pruebas y tribulaciones recientes, había aprendido la lección de la que había estado hablándoles desde el escenario «durante más o menos diez años, pero que nunca pensé sería tan difícil de aprender».

«Esa lección tiene que ver con cuánto valoras tu reputación —dijo—. Y creo que la lección es que no debería importarte tanto si te sientes incomprendida por muchas personas que igual no te conocen, mientras sientas que las personas que te conocen sí te entienden, que van a estar ahí para ti, que te ven como un ser humano». Para ella, esas personas eran también sus fans, les dijo. De nuevo, sus palabras transformaban, como por arte de magia, un estadio enorme y repleto de gente en un lugar pequeño e íntimo.

Irónicamente, después de un período de mucha incertidumbre, una vez que salió de gira el álbum más pesado de Swift logró aligerar su ánimo. «Durante la gira de *Reputation* mi vida se sintió diferente —afirmó—. Le doy el crédito a mis fans porque gracias a ellos resurgió toda una exuberancia y una emoción por la música y por hacer música nueva». Se dio cuenta de que sus fans la veían como «una persona de carne y hueso», lo cual le dio un sentido de «humanidad» a su vida. Por segunda vez consecutiva, salir de gira la había hecho sentirse mejor. La artista también comentó que había sido liberador renunciar a su título de «la muñeca angelical de los Estados Unidos» y a la presión que acarreaba de estar «siempre feliz, siempre con una sonrisa».

Acogió la oportunidad de mostrarse más abierta y honesta. Desde que los fans desmenuzaron la letra de «Bad Blood», una de las canciones de *1989,* se rumoreaba que Swift y Katy Perry estaban peleando. Sin mencionar a Perry, Swift confirmó que la canción era sobre otra mujer conocida en el mundo del pop. «Durante años, no estuve segura de si éramos amigas o no —comentó en una entrevista—. Venía a saludarme en las entregas de premios, me decía algo y se iba y yo me quedaba como: somos amigas, ¿o me acaba de insultar de la manera más horrible?».

No fue sino hasta 2017 que una de las dos se pronunció públicamente sobre el asunto. Ese año Perry salió en *The Late Show with James Corden* y rompió el silencio. Confirmó que era cierto que tenía una relación subóptima con Swift: «Para serte sincera, ella empezó con todo esto y ya es hora de que lo termine», dijo Perry refiriéndose al desacuerdo que tuvieron, y que comenzó como una pelea por unos bailarines. Después, afirmó haber intentado hablar con Swift, pero dijo que su intento de acercarse no había sido exitoso. «Se cerró completamente y luego escribe una canción sobre mí y yo quedo como "Okey, todo bien, todo bien, ¿así es como quieres que resolvamos esto? ¡Karma!». Fue un intercambio muy distinto al de 2009, cuando las dos cantantes se elogiaban en Twitter. Incluso en ese entonces Perry sugirió que hicieran alguna colaboración.

De todos modos, a Swift no le iba mal sola: tan solo en la primera semana *Reputation* vendió dos millones de copias en todo el mundo, más que la suma de lo que vendieron los otros 199 álbumes con los que compartía la lista. Fue el álbum de una artista femenina más vendido de 2017, con más de 4,5 millones de copias, y lo nominaron a Mejor Álbum Vocal Pop en la 61.ª edición de los premios Grammy. Después de tres años y de todo el drama de su álbum anterior, *Reputation* podría ser el regreso más exitoso en la historia del pop. En el ámbito personal, también fue un triunfo para ella. Taylor se demostró a sí misma que podía resurgir de los momentos difíciles, y utilizar esas experiencias para hacer música.

Mientras tanto, se había embarcado en la que sería su relación más larga hasta la fecha. De cierta manera, el actor británico Joe Alwyn no era la persona más indicada para tener una relación con una estrella tan famosa como Swift, sobre todo porque, a pesar de ser conocido, su filosofía de vida era mantener sus asuntos privados tan privados como fuera posible. «No es que quiera ser muy reservado, es más una reacción a algo —le comentó el tímido actor a la revista *Elle*—. Vivimos en una cultura que cada vez es más invasiva... entre más das, e incluso si no das nada, más te piden».

Por supuesto, sería un milagro salir son Taylor sin que nadie se diera cuenta. Los primeros rumores empezaron en octubre de 2016, cuando ambos asistieron a un concierto de Kings of Leon. Un mes después, vieron a Swift en la *premiere* de la película de Alwyn, *Billy Lynn's Long Halftime Walk,* pero no fue sino hasta mayo de 2017, cuando una fuente cercana filtró los detalles al diario *The Sun,* que se confirmó que tenían una relación. En diciembre, vieron a Alwyn en uno de los conciertos de Taylor en el iHeartReadio's Jingle Ball de Nueva York.

El 8 de mayo de 2018, durante el concierto que abría la gira de *Reputation* en Glendale, Arizona, varios espectadores reconocieron a Alwyn, a pesar de que llevaba una gorra de béisbol para ocultar su identidad. Algunos Swifties se dieron cuenta de que, mientras Swift cantaba «Gorgeous» —una canción que según dicen era sobre Alwyn—, él la grababa y la artista lo señalaba entre la multitud. Para todos, la escena formalizaba su relación. Era oficial. Los fans no tardaron en mostrar su simpatía por Alwyn y en aprobar a la pareja.

Taylor quería conocer a Joe más de cerca, y se mudó a Londres para vivir con él. Desde el comienzo, parecía que Swift se lo tomaba más en serio que otras veces. La artista comentó que *Reputation* era un álbum que, a través del ruido, intentaba hablar sobre encontrar el amor, y que esperaba haberlo logrado.

A pesar de todas las críticas a las que se enfrentaba, en este capítulo de su vida Swift había demostrado que podía tomar cualquier experiencia negativa y convertirla en arte. Si con *Red* evolucionó como artista y en *1989* presenciamos su incursión en el mundo del pop, *Reputation* era un álbum que estaba a años luz de la chica alegre, despreocupada y fanática del country que vimos en su adolescencia.

En esta época Swift se mantenía lejos de los reflectores. Ya no se la veía tanto en la alfombra roja y los *paparazzi* la fotografiaban mucho menos. Sus publicaciones en redes sociales eran cada vez menos frecuentes y apenas concedía entrevistas. Incluso cuando salió en la portada de la edición británica de *Vogue* y en *Harper's Bazaar*, en las páginas interiores solo había un poema que había escrito para *Vogue*, o un reportaje en el que Taylor asumía el papel de entrevistadora y hablaba con Pattie Boyd, la estrella de los sesenta, en el caso de *Harper's*.

Era como si, al retirarse de la escena pública, Swift percibiera de algún modo que una tormenta tremenda se avecinaba sobre ella. Y así fue. Cuando Taylor cambió de compañía disquera debió haber sido una ocasión para celebrar. Pero en cambio, se vio envuelta en la que sería, a la fecha, la controversia más grande de su vida.

· CAPÍTULO 11 ·

L A PRUEBA MÁS DIFÍCIL PARA TAYLOR COMENZÓ EN noviembre de 2018, cuando firmó un contrato de grabación con Republic Records y Universal Music Group, ya que su contrato con Big Machine había terminado. Republic/Universal le había ofrecido un acuerdo que le daría los derechos sobre sus másteres futuros —las grabaciones originales de las canciones a partir de las cuales se hacen todas las copias—, algo que su primer contrato no había incluido. Le ilusionaba este progreso, pero el verano siguiente, cuando el empresario estadounidense Scooter Braun, financiado por varias empresas de capital privado, le compró por 330 millones Big Machine a su fundador, Scott Borchetta, todo se vino abajo.

Recordemos que Scott Borchetta había fichado a Swift cuando ella tenía tan solo quince años, y fue la persona que la ayudó a pasar de ser una novata de la música country a una superestrella mundial. Swift ha hablado de la relación cercana que tenían, incluso ha llegado a decir que Borchetta la veía «como la hija que nunca tuvo».

Así que a Taylor le dolió bastante cuando Borchetta le vendió Big Machine a Ithaca Holdings, un miniconglomerado de empresas de tecnología y medios de comunicación del que Braun, a quien Swift ya consideraba un enemigo mortal, era dueño. Era entendible que se sintiera traicionada. Incluso antes de la venta, Swift había acusado a Braun de hacerle *bullying* y declaró que el acuerdo era «el peor de los escenarios».

Taylor contó que se enteró de la venta el mismo día que salió al público, una declaración impactante que desató la polémica. «Esto es lo que pasa cuando firmas un contrato a los quince años con alguien para quien la palabra "lealtad" es simplemente un concepto contractual. Y cuando el tipo dice "la música tiene valor", quiere decir que su valor depende de algunos hombres que no tuvieron nada que ver en su creación», escribió en Tumblr. Agregó que «siempre que Scott Borchetta escuchó las palabras "Scooter Braun" de mi boca fue en un momento en el que estaba llorando o intentaba no llorar».

También comentó que Braun era el responsable de un «*bullying* incesante y manipulador», con lo que hacía referencia al incidente en el que Kim Kardashian, entonces esposa de Kanye West, filtró una grabación de una llamada telefónica entre su pareja y Swift. El asunto de Kanye jugó un papel central en las tensiones entre Swift y Braun, ya que este último había sido mánager de Kanye de forma intermitente desde 2015, y después de su comportamiento en los VMA y del controversial lanzamiento de «Famous» las relaciones entre Swift y West seguían tensas.

El conflicto se agudizó cuando Swift se dio cuenta de que Justin Bieber, el cliente de Braun que lo había hecho famoso, subió una foto a Instagram en la que hacía una llamada de FaceTime con tres hombres, entre ellos Braun y el dichoso Kanye West. En la descripción se leía: «Taylor Swift q'onda». Swift usó la misma imagen para su publicación en Tumblr, dibujó un círculo rojo alrededor de la cara de Braun y escribió: «Este es Scooter Braun, que me hacía *bullying* en redes sociales cuando estaba en mi peor momento. Está a punto de convertirse en el dueño de toda mi música».

Luego fue el turno de Bieber, quien subió una foto a Instagram de él y la artista, y pidió disculpas por lo «injusto y desagradable» que fue con ella en 2016. Sin embargo, no estuvo tan conciliador al referirse de manera más directa a su conflicto con Braun. Acusó a Swift de animar a sus fans a hacerle *bullying* al empresario. «No es justo que lo lleves a redes sociales y hagas que la gente termine odiando a Scooter», escribió. Insistía en que Braun no había participado del chiste de «q'onda» e incluso le había dicho a Bieber que no se comportara así. «¡Scooter te ha apoyado desde el momento en que me invitaste a ser tu telonero! ¿Qué era lo que buscabas cuando publicaste ese blog? Me parece a mí que lo que querías era que la gente simpatizara contigo. También sabías que al publicar eso tus fans iban a ir a hacerle *bullying* a Scooter», declaró en su publicación.

La ofensiva del equipo Braun se hizo sentir cuando Demi Lovato, otra de sus clientas, también salió en defensa de su mánager. «He tenido que lidiar con malas personas en esta industria, y Scooter no es una de ellas», escribió en sus historias de Instagram. «En lo personal, estoy agradecida de que haya llegado a mi vida en ese momento. Por favor, dejen de arrastrar a la gente con sus conflictos o de hacerles *bullying*. Ya hay suficiente odio en el mundo».

Yael, la esposa de Braun, también intervino. Le dijo a Swift:

«Te dieron la oportunidad de tener los derechos de tus másters y la rechazaste. Qué interesante que el hombre que te da tanto "asco" creyera en ti más de lo que tú crees en ti misma». Fue igual de directa y displicente al rechazar las acusaciones de Swift: «El mundo ha visto cómo recoges amigos y luego los desechas como si fueran flores marchitas. Mi marido es todo menos un *bully*».

Algunos críticos de Braun también se involucraron. El cantante, actor y YouTuber Todrick Hall publicó sobre el asunto; escribió en Twitter que había dejado de trabajar con Braun «hace mucho tiempo». También afirmó que le «entristecían» pero no le «sorprendían» las acusaciones de Swift. Según él, Braun era «una persona maligna cuya única preocupación es enriquecerse y alimentar el ego asqueroso que tiene», y agregó que «le he escuchado de su propia boca que no es fan de Swift».

Braun, escribió Swift en su publicación en Tumblr, le había «quitado el trabajo de su vida», que «nunca le dio la oportunidad de comprar». Agregó que su «legado musical está a punto de caer en manos de alguien que intentó desmantelarlo», que le alegraba haber «firmado con un sello que cree que debo ser dueña de mis creaciones», e instó a que los artistas reclamaran la propiedad de sus canciones. Comentó también que esperaba que la siguiente generación de cantantes y compositores «lea esto y aprenda cómo protegerse mejor en una negociación».

Swift sabía que era el personaje principal de esta saga porque sus producciones eran el punto más importante en el acuerdo original. Aunque Big Machine también era la casa de otros artistas exitosos —entre ellos Sheryl Crow, Lady Antebellum y Rascal Flatts—, en el momento de la venta el catálogo de Swift representaba el ochenta por ciento de las ganancias del sello discográfico. Si el máster es la primera grabación a partir de la cual se hacen las copias de las canciones para su venta y distribución, el dueño del máster posee los derechos de autor en todos los formatos, de modo que los másters de Swift representaban un capital importante en la transacción.

Para ese momento la historia ya había salido en primera plana y el jefe de su antiguo sello ya se había pronunciado. Borchetta no tardó en desmentir la noticia y negó que el acuerdo hubiera sido una sorpresa para ella. «Realmente dudo mucho que ella "se enterara de todo cuando se enteró el resto del mundo…" —escribió—. Taylor tuvo siempre la opción de ser dueña no solo de sus másters de grabación sino de cada video, fotografía, y de todo lo asociado con su carrera. Pero decidió irse».

Borchetta publicó algunos mensajes en los que hablaban sobre el acuerdo, y también agregó que Braun apoyaba a la artista, a pesar de que ella hubiera rechazado tocar en el concierto de Manchester One Love y en el Parkland March: "Scooter siempre creyó en Taylor. Me llamó directamente por lo de Manchester para ver si Taylor quería participar (ella se negó)».

En sus declaraciones, Borchetta siempre apoyó a Braun; parecía que quería hacer quedar mal a Swift. «Scooter siempre ha apoyado y seguirá apoyando a Taylor, custodiará con honestidad a ella y a su música, comentó». Los dos hombres niegan las acusaciones de Taylor.

Como era de esperarse, las cosas se complicaron más cuando Swift aseguró que, ahora que su contrato con Big Machine había terminado, volvería a grabar sus álbumes anteriores, para así darles a sus fans la posibilidad de comprar su música de nuevo en los términos que a ella le parecían justos.

En una entrevista con *Good Morning America* la corresponsal Tracy Smith le preguntó si planeaba grabar versiones nuevas de todos sus másters. «Claro que sí», respondió Swift. «¿Es un plan?», le preguntó Smith. «Sí, desde luego. Voy a estar ocupada».

Taylor afirmó que Borchetta y Braun le habían dicho que en los AMA no podría interpretar los temas de los que eran dueños a menos de que renunciara al plan de regrabar los álbumes. Swift anhelaba tocar sus canciones en la gala, en la que además la iban a nombrar Artista de la Década. También afirmó que los dos empresarios le habían dicho que no tenía permiso para usar sus canciones viejas en el documental de Netflix que estaba a punto de salir. «Me están dando un mensaje muy claro —escribió en redes sociales—. Básicamente, sé una chica buena y cállate. O te castigaremos». Se quejó de que además no se trataba de cualquier tipo de música, sino de la que escribió «tirada en el suelo en mi habitación y de videos que me inventé y que pagué con el dinero que ganaba tocando en bares, luego en discotecas, luego en escenarios y ya después en estadios».

Existían precedentes de este tipo de disputas. Durante 2012, en lo que sería una disputa épica con Universal por las tarifas de regalías digitales, Def Leppard le prohibió a su sello utilizar su música para cualquier cosa que no fuera un producto físico, y empezó a grabar versiones «piratas» de sus antiguos éxitos —de los que se llevaría el 70 % de los ingresos— para descargas y servicios de *streaming*. En el pasado, la banda británica Squeeze había lanzado un álbum con grabaciones nuevas de sus antiguos éxitos bajo el nombre de *Spot the Difference* (Encuentra la diferencia). Ahora estaban de nuevo en disputas con Universal.

Por lo general, este tipo de desacuerdos se resuelven a puerta cerrada y con abogados aburridos que revisan con aburrimiento estatutos y contratos aburridos, hasta llegar a una solución. Pero en este caso la pelea ocurría ante los ojos de todo el mundo.

Cada vez que Swift hablaba del tema en sus redes sociales, en un instante sus palabras llegaban a 85 millones de seguidores, muchos de los cuales las compartían de inmediato, con lo que llegaban a muchos millones más. El hashtag #IStandWithTaylor (#ApoyoATaylor) fue tendencia en redes sociales, y Swift demostró que el mundo empresarial no la intimidaba.

Al poco tiempo, Braun y Borchetta empezaron a recibir amenazas de muerte. Se echaron para atrás con el asunto de los AMA, aunque en su declaración no se pronunciaron sobre la cuestión de Netflix. El conflicto se extendió hasta el viernes previo a la premiación, cuando Braun publicó una carta abierta a Swift, en la que exponía las amenazas de muerte que, según él, su familia había recibido por parte de Swifties. Según el *US Sun*, le pedían a Taylor que les dijera a sus fans que dejaran de enviar amenazas a Scooter y a su familia.

Taylor llegó con un atuendo bastante llamativo a los AMA, que lució mientras interpretaba una mezcla de sus grandes éxitos para celebrar su coronación como Artista de la Década. Llevaba una sencilla camisa blanca en la que se leían los títulos de sus álbumes anteriores —*Taylor Swift, Fearless, Speak Now, Red, 1989* y *Reputation*—, lo que forzosamente se interpretó como una indirecta a Big Machine, sobre todo porque no incluía el título de su último álbum, *Lover*, del que no era dueño el sello discográfico. Para algunos el estilo de la camisa se parecía al de los uniformes que usan los presos, y compararon su actuación con lo que hizo Prince en los Brit Awards de 1995, cuando apareció con la palabra «SLAVE» (Esclavo) en la cara, como protesta contra Warner, su sello en ese entonces, que tenía los derechos sobre su nombre y sobre toda la música que se lanzara bajo el mismo.

Al recibir el premio a Artista de la Década, pronunció un

discurso cargado de mensajes. «En este último año he tenido momentos maravillosos y también he pasado por las cosas más duras; muchas de ellas no han sido públicas —dijo—. Quiero agradecerles por ser lo único constante en mi vida. Esta industria es muy rara». En abril de 2020, Taylor rechazó un álbum que había sido lanzado con su nombre; lo describió como de mal gusto y «de una codicia descarada». El álbum, *Live from Clear Channel Stripped 2008*, se grabó cuando Swift tenía dieciocho años, durante la época de *Fearless*, y lo lanzó Big Machine.

Dejó clara su postura en Instagram. «Nunca aprobé este lanzamiento. Me parece que Scooter Braun y sus patrocinadores, 23 Capital, Alex Soros y la familia Soros y el Grupo Carlyle, han visto los últimos balances financieros y se han dado cuenta de que pagar 330 millones de dólares no fue la decisión más sabia y ahora necesitan dinero. —Y agregó—: En mi opinión… es solo otro caso de una codicia descarada en épocas del coronavirus. Lo que hicieron es tan de mal gusto, pero muy obvio».

En el otoño de 2020 Braun vendió los másters de los primeros álbumes de Swift a Shamrock Holdings, la compañía de inversiones del grupo Disney. El acuerdo, que se rumorea fue de unos 405 millones de dólares, fue una victoria para Braun, quien le sacó ganancias considerables a su inversión inicial. Swift, en cambio, no estaba tan contenta: aseguró que los másters de las grabaciones «no estuvieron a la venta para mí».

«Es la segunda vez que mi música está a la venta sin mi consentimiento —afirmó—. En la carta me decían que querían contactarse conmigo e informarme antes de la venta, pero que Scooter Braun les había exigido que no se pusieran en contacto conmigo ni con mi equipo, o se cancelaría el trato». Declaró también que Braun seguiría beneficiándose de sus canciones «durante muchos años».

Al recordar toda la controversia, Braun admitió que se arrepentía de lo que había pasado. «Aprendí una lección importante», declaró. Reconoció que había creído que las cosas se desarrollarían de otra manera. «Así que de lo que me arrepiento es de haber asumido que, una vez que se cerrara el trato, todo el mundo iba a tener una conversación conmigo, iban a conocer mis intenciones, mi personalidad, y decir: "Genial, hagamos negocios juntos". Asumí eso de parte de gente que no conocía, y aprendí... que jamás puedo volver a darlo por supuesto». Admitió que entendía que Swift «probablemente sintiera que era injusto», y agregó que les «deseaba lo mejor a todos los implicados».

En cuanto a Swift, le declaró a *Variety* que tenía la conciencia tranquila. «Bueno, duermo bien en la noche porque sé que tengo la razón, y sé que en diez años reconocerán que estuvo bien que hablara sobre los derechos que tienen los artistas sobre su arte, y que pusiéramos sobre la mesa conversaciones del tipo: ¿no deberían los contratos discográficos tener una duración más corta? O ¿cómo estamos ayudando en verdad a los artistas si no les damos el derecho a rechazar la compra de su obra si así lo quieren?».

Al empezar a defender su música, también encontró la fuerza para hacer declaraciones públicas sobre temas más importantes. Swift, que se había mostrado como una celebridad más bien apolítica, se pronunció en mayo de 2020 sobre uno de los temas más candentes del momento: la muerte de George Floyd, el hombre afroamericano asesinado por un agente de la policía en Minneapolis, Minnesota. Floyd había sido detenido en la calle después de que el empleado de una tienda sospechara que había pagado con un billete de veinte dólares falso.

Mientras Minneapolis y otros lugares de los Estados Unidos ardían de ira por el asesinato de Floyd, Donald Trump empezó a lanzar amenazas en Twitter: «Cuando empiecen los saqueos, empezarán los disparos», escribió. Algunos, incluida la Swift de antes, habrían evitado involucrarse en un debate tan polémico, pero la Swift de 2020 era una persona diferente. «Después de avivar el fuego de la supremacía blanca y el racismo durante toda tu presidencia, ¿tienes el descaro de fingir superioridad moral y amenazar a la gente con el uso de la violencia? —escribió en un tuit dirigido a Trump—. Te expulsaremos en noviembre», prometió, refiriéndose a las elecciones venideras.

El tuit atrajo de inmediato miles de reacciones. En cuestión de horas, recibió más de 800 000 «me gusta» y más de 200 000 «retweets». Era un ataque significativo, contundente y directo: Swift no entraba de puntillas a las discusiones de la esfera pública, arremetía con todo en una de las batallas culturales más importantes del momento; una que muchas otras celebridades querían evitar. Pero Swift se metió de lleno ahí, e incluso se refirió a la «supremacía blanca», un término que muchos de los críticos más feroces de Trump no se atrevían a usar con el expresidente republicano.

El mensaje de Swift terminó definitivamente con la idea de que simpatizaba de alguna manera con Trump. Como pasa con muchos cantantes de música country, se asumía que era de derecha. En 2017 *The Guardian* había sentenciado que las canciones de Swift «con las frecuentes referencias a sus peleas con otras celebridades, hacen eco de la obsesión del Sr. Trump por saldar cuentas con otros» y que parecía que Swift «no era solo un producto de la era Trump, sino que difundía a través de su música los valores del presidente». Eran argumentos un poco exagerados, por decirlo de alguna manera, pero el hecho de que aparecieran en la editorial de un respetado periódico nacional demostraba que no carecían de adeptos.

Swift también se pronunció en Twitter cuando aparecieron imágenes del asesinato de Ahmaud Arbery a manos de un expolicía blanco y su hijo, un hecho que ocurrió mientras Arbery trotaba en la calle. «Estoy absolutamente devastada y horrorizada por el asesinato de Ahmaud Arbery, cometido a sangre fría, sin sentido, y por motivos raciales», escribió. Más tarde, en junio de 2020, volvería a pronunciarse sobre estos temas. Escribió en Twitter que «la injusticia racial está profundamente arraigada en los gobiernos locales y estatales, y es ahí donde DEBEN producirse cambios». Añadió que para alcanzar el cambio que se necesitaba en los Estados Unidos, el país «tendría que elegir a personas que luchen contra la brutalidad policial y contra cualquier tipo de racismo». Para respaldar estas últimas declaraciones, compartió el enlace de un ensayo escrito por Barack Obama en el que el expresidente argumentaba un punto similar.

Gran parte del cambio en la postura política de Taylor puede verse en el documental *Miss Americana,* que lanzó Netflix en 2020. En él, las cámaras la siguen durante las giras de 2018 y 2019 y ella habla sobre su vida y su carrera. En una de las escenas, luego de que revelara su intención de votar por un candidato demócrata en las elecciones primarias de Tennessee, le advierten a Swift que podría haber problemas con los medios. «En el pasado he sido reacia a expresar públicamente mis opiniones sobre la política, pero debido a varios acontecimientos en mi vida y en el mundo en los últimos años, tengo una posición muy diferente ahora», escribió en su momento. Agregó que creía «en la lucha por los derechos LGBTQ» y también denunció la discriminación por motivos de género y raza.

En el documental le advierten a Swift que podría perder fans y generar titulares que digan que está en contra de Trump. «¡Qué me importa que escriban eso!», responde, y agrega que se arrepiente de no haberse manifestado en las elecciones de 2016, pero que no hay nada que pueda hacer ahora al respecto. «Lo que quiero decir es que sé que es lo correcto... Tengo que estar en el lado correcto de la historia», comentó. «Si me hacen mala prensa por decir "No pongan a un homofóbico y racista de presidente", pues que me hagan mala presa. De verdad no me importa», afirmó.

Parte de la reticencia que tuvo en el pasado se debe a la comunidad musical de la que surgió. Para muchas personas, todo el que esté relacionado con la música country tiene una conexión con los republicanos y posiblemente una postura política de derecha. Se trata de una suposición que no está necesariamente justificada. Según los archivos de la Comisión Electoral Federal, en 2020 Tim McGraw y Faith Hill hicieron donaciones a la campaña del candidato presidencial demócrata Joe Biden. Las Chicks, conocidas antes como Dixie Chicks, se pronunciaron en contra de George Bush durante la guerra de Irak que comenzó en 2003 y un tiempo después se presentaron en un evento del Partido Demócrata. De hecho, en sus primeros años, la música country tuvo una conexión fuerte y abierta con los sindicatos y las luchas por la justicia social.

La música country tiene sus raíces en la música negra, pero en la actualidad la gran mayoría de los artistas son blancos. También es uno de los géneros musicales menos reivindicativos. Las canciones de música country abarcan una gran variedad de temas, pero decirles la verdad a los poderosos rara vez ha sido uno de ellos. Sin embargo, esto ha empezado a cambiar, y Swift ha sido solo una parte del cambio. En 2020, la CMT, conocida antes como Country Music Television, se unió a otros canales en redes sociales para apoyar el movimiento Black Lives Matter y condenar la brutalidad policial. La cadena también se unió a un apagón colectivo de ocho minutos y cuarenta y seis segundos, el tiempo que el oficial de policía apretó con su rodilla el cuello de Floyd. Dolly Parton declaró a *Billboard* que «por supuesto que las vidas negras importan», y añadió: «¿Acaso creemos que nuestros culitos blancos son los únicos que importan? ¡Pues no!».

Pero la imagen del country como una música de derechas no surgió de la nada. Una encuesta de Gallup durante la época en que George Bush fue presidente reveló que aproximadamente el sesenta por ciento de los fans de la música country se identificaban como republicanos, y el rechazo que Las Chicks recibieron de parte del mundo del country por pronunciarse contra Bush fue fuerte.

Mientras tanto, la carrera de Swift seguía avanzando. En 2019 Taylor apareció en la versión cinematográfica del musical de Andrew Lloyd Webber, *Cats*; una experiencia que describió como agridulce. En lo que resultó siendo poco más que un cameo, Taylor interpretó a Bombalurina, una gata de bengala naranja que sale por primera vez a los noventa minutos de la película. El personaje es una gata coqueta, orgullosa y atrevida, con un característico pelaje rojo. También escribió para la película la letra de una canción de Lloyd Webber, «Beautiful Ghosts». «Nos sentamos al piano y le toqué una melodía —recuerda Lloyd Webber—. Fue una alegría. Es toda una profesional. Realmente profesional».

Webber se refirió a lo difícil que fue el rodaje de la película; dijo que «Beautiful Ghosts» había sido «una de las pocas experiencias que disfrutó» durante el proyecto y «probablemente la única». La vara estaba baja: la película perdió 113,6 millones de dólares y recibió el no tan honorable título de una de las peores películas de la historia. El *Los Angeles Times* publicó que era «tan desagradable a la vista como puede llegar a serlo un espectáculo de Hollywood», el *Detroit News* que era «el mayor desastre de la década, y tal vez de lo que va del milenio», mientras que *Rolling Stone* le dio cero estrellas y dijo que hacía que al público «le dieran ganas de llorar y suplicar clemencia».

En la película, otros miembros del reparto cantan la canción de Swift, lo que, según *Vox*, «podría ser la mejor parte», y luego ella canta su versión cuando salen los créditos. En declaraciones a *Billboard*, Taylor describió el anhelo que expresaba la canción, dijo que «está compuesta desde la voz de una joven que se pregunta si alguna vez tendrá días gloriosos», y que «anhela ese sentimiento de pertenencia que ve que todos tienen» y «trata de alcanzarlo, guiada por el terror de no tener recuerdos hermosos a los que aferrarse cuando sea mayor».

Aunque la película fue un fracaso, Swift se quedó con algo positivo. «No voy a decidir en retrospectiva que no fue la mejor experiencia —afirmó—. Nunca habría conocido a Andrew Lloyd Webber ni habría visto cómo trabaja, y ahora somos amigos. Trabajé con los mejores bailarines e intérpretes. No me quejo».

«La pasé muy bien con *Cats* —le dijo al propio Andrew Lloyd Webber, que la entrevistó para la revista *Vogue*—. Creo que me gustó su rareza. Me encantó la sensación de que nunca iba a tener la oportunidad de ser así otra vez».

Puede que su breve incursión en el mundo del cine no haya sido un éxito rotundo, pero Swift no tardó en compensarlo con un nuevo álbum. Ella misma lo describió como una «carta de amor al amor»: su séptimo álbum fue la calma después de la tormenta. Valiéndose del espectro más amplio de estilos musicales que había intentado hasta la fecha, en *Lover* Taylor nos presenta una mezcla de electropop, pop rock y synth-pop, pasando por el country y el folk hasta llegar al funk y al *bubblegum*. La artista comentó que este álbum era una invitación a celebrar el amor en «todo su esplendor: apasionado, enloquecedor excitante, encantador, horrible, trágico y maravilloso».

El álbum surgió del entusiasmo que sintió tras la gira *Reputation*. «Esta vez me siento más cómoda con ser valiente y capaz de mostrarme vulnerable, porque mis fans también son valientes y vulnerables conmigo», dijo. Ella mantenía su deseo de triunfar, pero de una manera más sana. En resumen, había recordado que la música debía ser divertida.

Swift produjo su nuevo disco en seis estudios diferentes: tres en Los Ángeles, uno en Nueva York, otro en Auckland y otro en Londres. Le explicó a *Vogue* que grabó la mayoría de las canciones en «tomas enteras», lo que le permitía capturar con mayor autenticidad la emoción y la narrativa de las canciones. «Cuando tocas en vivo, estás narrando y metiéndote en la historia; haces muecas raras y le das un significado diferente a la canción cada vez que la interpretas», explicó.

Lover era su trabajo más ambicioso hasta la fecha, y también tuvo el lanzamiento más politizado. Compuso «Miss Americana & the Heartbreak Prince» después de las elecciones primarias de 2018, utilizando la escuela secundaria como metáfora de la política estadounidense. «The Man» se inspiró en la doble moral que experimentan las mujeres en la industria discográfica, mientras que «You Need to Calm Down» habla en favor de los derechos LGBTQ. Su adolescencia había quedado muy lejos, pero aún le decían que no se metiera en nada remotamente político.

Swift compuso el tema que da título al disco sola en el piano, una madrugada en una de sus propiedades en Nashville. Cuando sintió que ya estaba listo, lo llevó a un estudio de Nueva York junto a su antiguo colaborador Jack Antonoff. Pasaron seis horas seguidas construyendo la versión final. Según le declaró al *New York Times*, tenía el concepto de la canción bastante claro. «En mi cabeza, imaginaba a las dos últimas personas en una pista de baile, a las tres de la madrugada, abrazadas —dijo—. Quería descubrir cómo sonaría eso».

Para Taylor, era como si el sol hubiera salido después de un largo periodo de oscuridad: en términos conceptuales, quería que *Lover* fuera como «el suelo de madera de un granero, unas cortinas rasgadas que se mueven con la brisa y campos repletos de flores». El rosa brillante y pastel del arte de la tapa fue un gran cambio en relación con la estética oscura y en blanco y negro de *Reputation*.

Cuando salió a la venta el 23 de agosto de 2019, el álbum fue como un soplo de aire fresco en una escena musical que se sentía agotada. Vendió casi un millón de copias solo en preventas. En la semana del lanzamiento, superó la suma de las ventas de los otros 199 álbumes del *ranking*, el primer álbum en lograrlo desde *Reputation,* su disco anterior. Para sorpresa de muchos, las dieciocho canciones de su nuevo álbum entraron en la lista *Billboard* Hot 100, con lo que la cantante volvió a batir el récord de mayor número de éxitos simultáneos para una artista femenina en esa lista.

Lover fue su sexto álbum consecutivo en debutar en el puesto número uno del *Billboard 200* de los Estados Unidos, y también encabezó las listas en otros países, incluidos Australia, Canadá, México, Reino Unido, Nueva Zelanda, Letonia y Grecia. Solo en 2019, vendió más de 3,2 millones de copias en todo el mundo, convirtiéndose en el álbum de un artista solista más vendido del año.

Para endulzar aún más la situación, mientras su carta al amor se agotaba en las estanterías, ella misma se había enamorado, aunque hablar en público de su relación con Joe no era algo con lo que se sintiera cómoda. «He aprendido que, si lo hago, la gente piensa que puede opinar, y nuestra relación no es asunto de nadie». Alywn decía algo similar cada vez que surgía el tema en las entrevistas. «Soy consciente de que la gente quiere conocer esas cosas —declaró en *British Vogue*—. Creo que hemos tenido éxito en mantener privada nuestra relación y ahora se ha hecho pública, pero yo prefiero hablar del trabajo».

En otra entrevista que le concedió a *Total Film*, Alwyn se explayó un poco más. «No siento que sea algo que quiera ofrecer a la gente para que lo analicen cuando no saben del tema y no les corresponde», dijo. Pero admitió que se sentía halagado por el hecho de que ella hubiera escrito canciones sobre él. Cuando el *Sunday Times* le preguntó si le molestaba, Joe respondió: «No, en absoluto. No. Es un halago».

De todas maneras, Taylor incluyó una entrada de diario alusiva a la relación en la edición especial de *Lover*. «Prácticamente vivo en Londres, escondiéndome y tratando de protegernos de la gente desagradable que solo quiere arruinar las cosas —escribió en una entrada de enero de 2017—. Hemos estado juntos durante tres meses y nadie se había enterado».

The Telegraph describió *Lover* como «electropop feminista y animado sobre el amor juvenil» y «un álbum dotado de melodías brillantes, ligeras y enérgicas». Además, dijeron que «dejando de lado la política, el tema principal [de Swift] sigue siendo el más antiguo de la música pop: el amor, en todos sus aspectos». *Rolling Stone* dijo que «deja atrás la rabia que alimentó a su predecesor y, en su lugar, opta por canciones de amor apasionadas». Y concluyó: «Digamos que la Taylor anterior no puede atender el teléfono ahora mismo, porque está ocupada componiendo canciones que le vuelven a quedar bien». El *New York Times* dijo que la vio «emerger intacta de la oscuridad», mientras que *Vanity Fair* afirmó que la producción reúne «muchos de los mejores impulsos del pop reciente».

En *The Guardian*, Alexis Petridis cuestionaba si Swift estaba «manteniéndose a flote» con *Lover*. «El disco evidencia que Swift es mejor compositora que cualquiera de sus competidoras en las altas esferas del pop», escribió, «pero con esa intención de hacer algo para todo el mundo parece que se está consolidando, y no progresando». La revista *Slate* consideró que los esfuerzos de Swift por satisfacer a su audiencia debilitaban el álbum, y *The Observer* se preguntó si se trataba «de un repliegue parcial hasta que Swift decida qué hacer a continuación».

Taylor sorprendería con sus próximos pasos. En diciembre de 2019 cumplió treinta años; había pasado casi la mitad de su vida en el foco de la opinión pública. Según ella, en esas fechas aprendió una lección clave, que «no se puede controlar cada aspecto de la vida». Pocos meses después, el COVID-19 le demostraría a todo el mundo que tampoco se puede controlar la vida, pero sí se puede elegir cómo se responde a ella. Cuando una pandemia sin precedentes en los tiempos modernos se expandió por todo el mundo, Swift vio allí una oportunidad para cambiar su forma de grabar música, lo que grababa y cómo lo lanzaba.

· CAPÍTULO 12 ·

NTES DE QUE LA ENFERMEDAD GOLPEARA AL mundo entero, golpeó primero a la madre de Taylor. En 2019, le diagnosticaron cáncer a Andrea por segunda vez, después de haber entrado en remisión luego de su primer diagnóstico en 2015. Al anunciar la noticia, Swift confirmó que su padre, Scott, también había padecido la enfermedad en el pasado. «Mis dos padres tuvieron cáncer, y mi madre está de nuevo dando esa batalla». Comentó que la noticia le había dado una nueva perspectiva: «Me enseñó que hay problemas reales, y después está todo lo demás», escribió para *Elle*.

Más adelante, en 2020, mientras luchaba contra el cáncer de mama, a Andrea le diagnosticarían un tumor en el cerebro. Swift dijo que los médicos habían descubierto el tumor mientras Andrea, de sesenta y dos años, estaba en tratamiento. «Estaba recibiendo quimioterapia, que ya es algo demasiado difícil de atravesar —le dijo Swift a *Variety*—. Durante ese proceso, le descubrieron un tumor cerebral». Añadió que «los síntomas por los

245

que pasa una persona cuando tiene un tumor cerebral no se parecen en nada a lo que habíamos vivido antes con su cáncer», por lo que había sido «un momento muy duro para la familia». Como en sus canciones, Taylor se mostraba transparente y vulnerable al contar sobre la enfermedad, y esperaba que sus comentarios públicos ayudaran a otras personas que estuvieran lidiando con los mismos problemas.

Taylor confirmó las especulaciones de que había acortado su gira para poder pasar más tiempo con su madre. Era inconcebible que Swift saliera de gira durante nueve meses, como suele hacerlo, mientras su madre enfrentaba los numerosos desafíos del cáncer. «Todo el mundo quiere a su madre —dijo—, porque para todo el mundo su madre es muy importante». Pero para Swift, Andrea es «realmente la fuerza que la guía», porque «casi todas las decisiones que tomo, las discuto primero con ella». Taylor le ha dedicado a su madre varias canciones, entre ellas «Best Day» y «Soon You'll Get Better»; ambas son homenajes conmovedores.

Mientras tanto, su carrera no paraba de avanzar. Es muy difícil mantener el nivel de éxito de Taylor y al mismo tiempo explorar nuevos terrenos creativos tanto como lo ha hecho. La magnitud de ese cambio se hizo evidente cuando lanzó por sorpresa su siguiente álbum, *Folklore*. Las canciones, que escribió durante la cuarentena por el COVID, surgieron como un «conjunto de historias que brotaron como un flujo de conciencia». El tono más apacible de los temas refleja que Swift, adicta al trabajo, se había visto obligada a disminuir su ritmo.

La pandemia del COVID-19 presentó nuevos retos para la grabación y la producción, pero Swift y sus dos productores principales, Aaron Dessner y Jack Antonoff, pudieron colaborar a distancia. Dessner y Antonoff trabajaron en estudios de grabación en el valle del Hudson y en la ciudad de Nueva York, respectivamente, mientras Swift grababa voces en su estudio casero de Los Ángeles, que llamó Kitty Committee. Desde allí estuvo en contacto con sus dos productores, intercambiando archivos entre ciudades.

«[Dessner] también había estado componiendo música instrumental para no volverse loco durante la pandemia, así que me envió una carpeta de unos treinta archivos instrumentales, y el primero que abrí terminó siendo la canción llamada "Cardigan" —le contó Swift a la revista *Rolling Stone*—. Me enviaba una pista mientras hacía nuevas grabaciones y las añadía a la carpeta; yo componía una melodía principal, y él no sabía de qué iba a tratar la canción, cómo se iba a llamar o dónde iba a poner el coro», explicó.

De alguna manera, este ida y vuelta a distancia funcionó, sobre todo con Dessner. El guitarrista del grupo The National estaba acostumbrado a trabajar de manera virtual, debido a que él y sus compañeros de banda viven en distintas partes del mundo. En declaraciones a *Billboard*, Dessner explicó que había escrito un montón de canciones en las primeras fases del confinamiento, las cuales compartió con Swift. «Pensé que las ideas para las canciones tardarían en llegar y no tenía expectativas en cuanto a lo que podríamos lograr a distancia —dijo—, pero a las pocas horas de empezar a enviarnos música, me llegó una nota de voz de Taylor con una versión completa de una canción; el deseo por hacer música nunca se detuvo». Y añadió que Swift es «una de las artistas más trabajadoras, solidarias y talentosas que he conocido», con una «humanidad, calidez y emociones crudas, palpables» que se refleja en las canciones.

Fue una época peculiar para Swift, porque los únicos que

sabían del álbum eran el equipo con el que lo estaba produciendo, su novio Joe, su familia y sus representantes. Alywn participó en la composición de dos temas: «Exile» y «Betty». Según declaró más tarde en *GQ Hype*, «fue lo más accidental que me pasó en el encierro. No es que dijéramos: "¡Son las tres, es hora de escribir una canción!". Fue simplemente jugar con el piano, cantar mal y escucharnos, y luego pensar: "¿Y si intentamos terminar esto juntos?"». Alywn dijo que fue «divertido» componer a dúo y que estaba «orgulloso» de la «buena recepción» que tuvieron las canciones.

El aislamiento que vivió gran parte de la humanidad durante la pandemia influyó en las canciones del nuevo álbum de Swift, que explora temas como la evasión de la realidad y la melancolía. En lugar de enfocarse, como era habitual, en historias autobiográficas, decidió explorar la ficción. El ritmo relajado y desenfadado encajaba bien con el estilo de vida que se había impuesto debido a las restricciones del encierro. El tono introspectivo, muy distante del de canciones anteriores como «Bad Blood», «Shake It Off» y otras similares, también resultaba ideal. Después de haber plasmado tan bien su propia vida en álbumes previos, Taylor logró cristalizar la historia de un planeta. Parecía el álbum de la cuarentena por antonomasia.

Swift escribió un «manual» sobre el álbum, que se publicó en *Billboard*. Aunque se presenta como una «explicación» de *Folklore*, el manual es una bella obra de arte autónoma. Allí Taylor escribió que el proceso del álbum había «empezado con lo visual», en forma de «imágenes que me venían a la mente y despertaban mi curiosidad». Luego reveló algunas de esas imágenes: «Estrellas dibujadas alrededor de cicatrices; una chaqueta que, veinte años después, todavía tiene el olor de una pérdida; barcos de guerra hundiéndose en el océano profundo; el columpio del bosque de mi infancia».

También escribió sobre «el mes de agosto bañado por el sol, bebido a sorbos como una botella de vino», «manos entrelazadas a través del plástico» y «un hilo único que, para bien o para mal, te ata a tu destino». Escribió que, a estas imágenes en su mente, pronto «les surgieron caras o nombres y se convirtieron en personajes».

La noticia repentina del lanzamiento del álbum tomó por sorpresa a todo el mundo. El 23 de julio de 2020, Swift publicó nueve fotos en su cuenta de Instagram. Ninguna tenía descripción, pero juntas formaban una imagen en blanco y negro de Taylor sola, de pie, en un bosque. El público, naturalmente, sintió curiosidad. En una publicación posterior, anunció que el lanzamiento de su octavo álbum de estudio sería a la medianoche. «La mayoría de las cosas que había planeado para este verano no sucedieron, pero hay algo que no había planeado y que *sí* sucedió, y se trata de mi octavo álbum de estudio, *Folklore*», escribió.

Entre las canciones más destacadas del álbum se encuentran «The Last Great American Dynasty», una canción alegre de folktrónica e indie; «Cardigan», una balada minimalista que fusiona folk, soft rock e indie, y «Betty», una composición con armónica, una guitarra de acero con pedal y una producción sonora que propone un guiño a tiempos pasados. El álbum vendió 1,2 millones de copias tan solo en 2020, debido a que los fans encerrados por la pandemia se deleitaron con el material inesperado.

El álbum obtuvo críticas perfectas en el *Sydney Morning Herald*, en *iNews* y en el *Daily Telegraph*. *Rolling Stone* dijo que era, hasta la fecha, el trabajo más íntimo de Swift, debido a sus habilidades como compositora y a sus «profundos ingenio, compasión y empatía», y la BBC afirmó que «se trata de una cantante más calma de lo que habíamos visto antes» y que «ha dado con una valiosa veta de melancolía que se acopla de manera perfecta al presente». *Folklore* es «un álbum poco convencional, al menos para la mayor estrella mundial del pop actual —afirmó *The Independent*—, y es brillante». Chris Willman, de *Variety*, dijo que *Folklore* era un «álbum de primera categoría», y que su cambio de estilo musical era un «acto serio de renovación de su paleta sonora».

Lo más parecido a una crítica negativa en una publicación reconocida fue la reacción ambigua del *New York Times*. El indie rock «desolado, obstinado y sobrecargado es una maleza difícil de domar», publicó. «A veces lo logra, luchando contra ella hasta abrirse paso, pero cuando se ve atrapada, se merece todas las miradas de exasperación que le dirijan», añadió.

Esperas años por un nuevo álbum de Taylor Swift, y llegan dos a la vez. Luego de sorprender al mundo con *Folklore*, lo volvió a hacer con *Evermore*. «Para ser honestos, no podíamos dejar de escribir canciones», fue la simple explicación de Swift que compartió en Instagram, sobre por qué publicaba un nuevo álbum menos de cinco meses después del último. «Para decirlo de forma más poética —continuó—, es como si estuviéramos al borde de un bosque mitológico y tuviéramos que elegir entre dar la vuelta y regresar, o adentrarnos más en la espesura de esta música».

Decidieron adentrarse. Taylor y su equipo grabaron en Los Ángeles, el valle del Hudson y Londres, pero el verdadero camino estaba en la propia música, articulada con maestría por los productores Aaron Dessner, Jack Antonoff y Bryce Dessner. El resultado es una atmósfera cálida, con arreglos sencillos y letras vulnerables. Desde «Willow», a la manera de Ed Sheeran, pasando por la enérgica «Gold Rush», con sus reminiscencias al álbum *1989*, y el esplendor navideño de «'Tis the Damn Season», es un excelente trabajo.

El lanzamiento del segundo álbum se anunció nuevamente con apenas unas horas de antelación. El 10 de diciembre de 2020, a pocos días de cumplir treinta y un años, Taylor compartió nueve fotos en Instagram. El conjunto formaba una imagen que mostraba a la cantante de espaldas, con el pelo recogido en una trenza, frente a un bosque. «Todos han sido tan cariñosos, comprensivos y atentos en mis cumpleaños, que esta vez he pensado en regalarles algo a ustedes», escribió en su siguiente publicación, que anunciaba formalmente el inminente lanzamiento.

«Willow», una canción de folk cargada de metáforas, incluye guitarras punteadas, *glockenspiel*, flauta, cuerdas y percusión para crear una maravilla atmosférica que se eleva por encima de gran parte de la producción de Swift. Siguiendo el pulso de un vals, la más rockera «Coney Island» fue también una de las primeras canciones favoritas de los fans, y «Dorothea», con el piano estilo *honky-tonk* y la batería folk, fue el trasfondo ideal para una de las letras más distinguidas de la carrera de la cantante hasta la fecha. El álbum vendió un millón de copias en su primera semana en tiendas.

El *Sydney Morning Herald* le dio por segunda vez consecutiva un puntaje perfecto y afirmó que Swift es «más fuerte que antes», y que el álbum revela «su capacidad para asumir un personaje, exprimirlo hasta dejarlo completamente seco y pasar al siguiente papel, manteniéndose a sí misma intacta». Según *NME*, *Evermore* es «el hermano menor y despreocupado» de *Folklore*, que es «la introspectiva y romántica hermana mayor». *The Guardian* dijo que «no todo funciona», pero que, en conjunto, *Folklore* y *Evermore* «demuestran con firmeza la capacidad de Swift para cambiar de forma, y la habilidad de sus canciones para moverse entre géneros».

Las críticas negativas fueron escasas. «En *Evermore* su voz se escucha todavía un poco tenue —dijo *The Observer*—, con una música opaca que empaña su lente, que en general es tan sagaz». El *Washington Post* dijo que el álbum era demasiado largo, y el *Los Angeles Times* lo calificó como las sobras de *Folklore*. *Evermore* «tal vez carece de la impactante emoción de *Folklore* —opinó *The Telegraph*—, pero es, no obstante, otra delicia de composiciones elegantes y conmovedoras».

Los dos lanzamientos de Swift de 2020 volvieron a demostrar que es una amante de la literatura. En ambos álbumes, abundan las referencias literarias. Desde el «camino menos transitado» en «Illicit Affairs», hasta la frase sobre «Peter está perdiendo a Wendy» de «Cardigan» en *Folklore*, pasando por las temáticas de Daphne du Maurier en «Tolerate It» en *Evermore*, se trata de dos álbumes con un gran despliegue literario.

Luego de los dos lanzamientos, Swift se sintió más cómoda compartiendo los detalles de su relación con Alwyn y lo «aterrador» que puede ser enamorarse de alguien que tiene una «forma de vivir muy terrenal y tradicional». En declaraciones a *Rolling Stone*, explicó que «a menudo, durante mis momentos de ansiedad, puedo controlar cómo soy como persona, actuar normal y racionalizar las cosas, pero no puedo controlar si hay veinte fotógrafos afuera, entre los arbustos, ni lo que hacen, ni si siguen nuestro auto e interrumpen nuestras vidas. —Y añadió—: No puedo controlar si mañana va a salir un titular falso sobre nosotros en las noticias».

Swift también dijo que Alwyn entendía «por completo» su

situación y su vida como figura pública. «Pero creo que conociéndolo y estando en la relación en la que estoy ahora, he tomado decisiones definitivas que han hecho que mi vida se sienta más como una vida real y menos como una historia para ser comentada en las revistas de chismes», dijo.

En la edición número 63 de los premios Grammy, celebrada en Los Ángeles en marzo de 2021, Alwyn ganó por su contribución al álbum. Aunque no subió al escenario con su pareja para recoger el premio, Swift le dedicó un agradecimiento en su discurso. «Joe es la primera persona a la que le muestro cada una de las canciones que compongo, y la pasé increíble escribiendo canciones contigo durante la cuarentena», dijo.

Si bien sus últimos álbumes se adentraban en nuevos territorios, también era hora de que Taylor volviera a una zona más familiar, y fue así como empezó a publicar nuevas versiones de su catálogo anterior. Resultaba sorprendente que consiguiera ser tan suave y apacible en *Folklore* y *Evermore* pero tan decidida y repleta de energía al regresar a su trabajo previo. Empezó con su segundo álbum, *Fearless*, porque quería volver a conectar con la «efervescencia». Su equipo produjo todos los temas, excepto los inéditos, para replicar las grabaciones originales, que presentan arreglos indistinguibles, pero con instrumentos y voces más definidas y controladas. La producción es más nítida y, en general, más cálida. En cuanto a su voz, su sonido más maduro no encaja a la perfección con los sentimientos juveniles de *Fearless*, pero las versiones que tituló «vault tracks» (de la bóveda) ofrecen una visión de la mente de Taylor en el momento de la composición del álbum original. «Solo ella podía hacer que el capitalismo feroz se sienta como un acto moral», dijo el *Los Angeles Times*. Vendió 980 000 copias en 2021.

A continuación, llegó su versión de *Red*, que se convirtió en una aventura épica de treinta canciones. Como en todos los lanzamientos de estas versiones hasta la fecha, las nuevas grabaciones no pretendían representar la música de una nueva manera; los temas se regrabaron laboriosamente, nota por nota, para reemplazar los originales. Para el oyente casual, las canciones no son notablemente diferentes, ni se pretendía que lo fueran. Sin embargo, para el oído más entrenado, algunos aspectos de la instrumentación son un poco más dinámicos, lo que genera la sensación de una presentación en vivo. La batería es más enérgica en «I Knew You Were Trouble» y las guitarras se destacan más en «22».

Algunas diferencias hicieron que la nueva versión del álbum fuera un poco más sofisticada que la original. Inevitablemente, la voz de Swift había madurado y mejorado desde la grabación de las versiones originales, por lo que aportaba un manto de delicadeza. La versión de diez minutos de «All Too Well» fue lo más destacable de la nueva versión del álbum y aportó mucho a la extensión de la duración total, que alcanzó las dos horas y once minutos. En la tapa del álbum, aparece Taylor con los labios pintados de rojo, una chaqueta *beige* y una gorra de pescador «Matti» de terciopelo violeta. Va sentada en un Chevrolet descapotable de 1932 con un fondo otoñal *swiftiano*.

El álbum «se siente un poco como una prenda preciada después de haber pasado por el lavarropas», dijo el *New Yorker*, mientras que *The Guardian* aseguró que la nueva madurez vocal de Swift «embota ligeramente el filo rabioso y deliciosamente vengativo» del original. A *NME* le encantó la «extensa colección», y *The Independent* dijo que era una «mejor y más brillante versión de un álbum maravilloso del pop».

El *Wall Street Journal* se fijó más en la repercusión general del álbum que en las canciones en sí. *Red (Taylor's Version)* está «reconfigurando la industria de la música», afirmó, y señaló que las canciones regrabadas estaban superando a sus originales en los servicios de *streaming*, haciéndose virales en TikTok y consiguiendo «beneficiosos» acuerdos sobre los derechos para el uso de las canciones en películas. Para el gran lanzamiento, varias marcas comerciales se subieron al descapotable de Swift. Desde empresas de golosinas como M&M's y Skittles hasta equipos deportivos como los Kansas City Chiefs añadieron las nuevas versiones a sus marcas en las redes sociales.

La influencia de Taylor fue muy fuerte. *Billboard* la nombró su artista número uno de 2021, afirmando que «reescribió las reglas de la industria y tuvo uno de los años de mayor impacto de su carrera sin siquiera haber lanzado un álbum nuevo». Fue la artista musical que más dinero ganó durante 2021 en todo el mundo, con ingresos netos estimados de 65,8 millones de dólares. ¿Había alcanzado el techo del éxito y ya no podía escalar más alto? En realidad, la taylormanía recién estaba empezando.

• CAPÍTULO 13 •

¿CÓMO LO HACE TAYLOR SWIFT? EN EL DISCURSO que pronunció tras ser nombrada Compositora-Artista de la Década en los Premios Nashville Songwriter, en septiembre de 2022, le dio al mundo algunas pistas de la fórmula que usa para componer canciones. Fue todo un discurso, empezando por el «Holi» con el que arrancó.

«Tenemos tanta suerte de llamar a esto nuestro trabajo, me encanta hacerlo», declaró. Explicó también que «componer canciones es el oficio de mi vida y mi pasatiempo y algo que siempre me emociona», y dijo que «me conmueve muchísimo que ustedes, mis colegas, hayan decidido honrarme de esta manera por un trabajo que haría de todos modos, aunque no me lo hubieran reconocido».

Admitió que, aunque era una «tontería», «en secreto, establecí categorías para las letras que escribo, tres categorías, para ser exacta». Explicó que «les puse los nombres de: letras escritas con pluma, letras de estilográfica y letras de bolígrafo con gel de brillantina», y aclaró que las canciones en el estilo «pluma» «surgen cuando me salen palabras o frases anticuadas» o cuando «me sentía inspirada y las componía después de leer a Charlotte Brontë o después de ver una película en la que todo el mundo parece poeta o lleva corsés».

El estilo más común de sus canciones, el «de estilográfica», tenía «una historia o referencias modernas con un giro poético», que era posible al «tomar una frase común y cambiarle el significado». Comentó que estas canciones «suenan como una confesión que escribiste rápido y metiste en un sobre, pero que es tan honesta que nunca vas a enviarla». El tercer estilo, «las letras de bolígrafo con gel de brillantina», «le hace honor a su nombre». Son canciones «frívolas, despreocupadas, enérgicas y sincronizadas a la perfección con el ritmo». A este tipo de letra «no le importa si no te la tomas en serio porque ella tampoco se toma en serio». Por supuesto, los Swifties analizaron a fondo estas categorías.

En la conclusión de su discurso, Swift admitió que «componer canciones es una vocación, y si puedes llamar a este oficio tu carrera es que tienes mucha suerte», así que «tienes que agradecerlo todos los días, y agradecerle también a toda la gente que creyó en que valía la pena escucharte». Nashville «fue la escuela que me enseñó esto», comentó.

Durante el discurso también reveló que una de las canciones nuevas de su próximo álbum se llamaba «Mastermind». Su décimo disco, *Midnights*, tenía un toque moderno, y se lanzó a la medianoche del 21 de octubre de 2022. Todo el álbum suena como si se hubiera divertido muchísimo, y así lo fue. Desde «Lavender Haze», que nos transporta a un mundo de ensueño y al mismo tiempo prepara el terreno para lo que se viene, y «Snow on the Beach», con ese sonido también fantasioso; pasando por la distorsión vocal que escuchamos en «Midnight Rain», hasta en el enérgico electropop confesional que oímos en «Mastermind», presenciamos una Taylor que nunca habíamos escuchado. «Haze» es una canción que sobresale en particular ya que está inspirada en su relación con Joe. «Fue una relación que duró seis años, tuvimos que esquivar unos rumores rarísimos, chismes, los ignorábamos y ya —comentó—. Así que esta canción es sobre ignorar esas cosas para proteger lo que en verdad importa». Para «Sweet Nothing» colaboró con el mismo Alwyn.

De todos modos, ninguno iba a dar más detalles sobre la relación en las entrevistas. Frente a los frecuentes rumores que circulaban de que estaban comprometidos, Joe afirmó que: «Si me dieran un dólar por cada vez que me han dicho que estoy comprometido, tendría un montón». Agregó que «la verdad es que si la respuesta fuera *sí*, no lo diría, y si la respuesta fuera *no* tampoco diría nada».

Rolling Stone, *The Guardian* y *The Independent* le dieron diez de diez al nuevo álbum. «Las canciones, algunas minimalistas, inquietantes, otras sentidas e intensas, tienen una cualidad crepuscular que desentona con la alegría y el esplendor que le conocemos», comentó *The Times* pero «sobre todo», *Midnights* llama la atención «porque a pesar de los toques modernos que tiene, es en esencia un álbum sobre la vulnerabilidad de los seres humanos, compuesto de una forma tradicional».

Por su parte, *NME* comentó que el disco «era un deslumbrante retorno al pop puro», y agregó que puede ser que el álbum «muestre a Swift en su faceta más cándida, en la que nos lleva a través de un tipo de revelaciones que solo salen a la luz, o solo pueden expresarse, en las primeras horas de la madrugada». *The*

Observer describió *Midnights* como «un álbum de una contemplación fascinante», y *Variety* dijo que era «un regreso al pop electrónico y confesional por el que vale la pena perder horas de sueño». Clash comentó que «para aquellos que ya están convencidos de su talento», *Midnights* «puede ser, a la fecha, su mejor álbum; un recordatorio de que más allá de las frustraciones, fantasías y condenas que nos presenta en su, casi perfecto, último trabajo, la magia prevalece».

Sin embargo, para algunos medios, incluyendo el *New York Times* y el *Washington Post,* en este álbum Taylor no había tomado ningún riesgo. *Midnights* «representa a Swift en un punto de inflexión», comentó *The Telegraph*, y lanzó la pregunta de «si era esta la señal de que, luego de su fase imperial, se bajaba el telón, o si es el nacimiento de un tipo de pop nuevo».

En lugar de embarcarse en una gira exclusiva para *Midnights,* Taylor emprendió una gira para promocionar su nuevo álbum y también los anteriores. La gira *Eras* fue su sexta gran gira de conciertos y, por supuesto, la más grande. Incluía 146 conciertos en cinco continentes; comenzó el 17 de marzo del 2023 en Glendale (Estados Unidos) y terminó el 8 de diciembre de 2024 en Vancouver (Canadá). El espectáculo, que se pensó como un viaje a través de sus distintas «eras», duraba más de tres horas: Taylor tenía un repertorio de cuarenta y cuatro canciones divididas en diez actos distintos, que representaban sus distintos álbumes.

Como suele pasar con Taylor, la gira tuvo un impacto más allá de las paradas que hizo y de los conciertos en sí. La astronómica demanda de entradas se convirtió en una saga que se comentó en todo el mundo. Más de 22 millones de compradores en toda Asia hicieron cola en internet para conseguir entradas para sus conciertos en Singapur. En los Estados Unidos, unos

3,5 millones de personas se inscribieron en el programa de preventa para fans verificados de Ticketmaster. Cuando se abrió la venta por internet el 15 de noviembre de 2022, el sitio web colapsó en una hora, sacó de la sesión a varios usuarios frustrados, o los dejó en espera. Pero incluso con este desastre, se vendieron unos 2,4 millones de entradas, batiendo el récord del mayor número de entradas vendidas en un día para el concierto de una sola artista. Swift superó a Robbie Williams, que había vendido 1,6 millones de entradas para su gira *Close Encounters* en 2005.

Ticketmaster afirmó que se había producido una «demanda sin precedentes históricos; millones de personas se conectaron», pero hubo un descontento general al notar que algunos revendedores compraron un gran número de entradas y las pusieron en sitios web de reventa a precios desorbitantes. El asunto llegó a adquirir tintes políticos: varios miembros del Congreso estadounidense pidieron la cancelación de la fusión entre las empresas Ticketmaster y Live Nation, que ocurrió en 2010, y el Departamento de Justicia de los Estados Unidos inició una investigación federal. El presidente de los Estados Unidos, Joe Biden, afirmó que «el capitalismo sin competencia no es capitalismo, es explotación».

Se trata de un acontecimiento que el jurista William Kovacic llamó el «ajuste de la política Taylor Swift»: Ticketmaster anunció que empezaría a informar por adelantado las tarifas «ocultas» o los cargos adicionales, después de que los fans de Swift exigieran furiosos un cambio y la Comisión Federal de Comercio propusiera nuevas regulaciones. Algunos meses después, Ticketmaster se disculpó con Swift y sus fans en una audiencia frente al Senado estadounidense. Joe Berchtold, presidente de Live Nation, la casa matriz de Ticketmaster, declaró ante los legisladores: «Tenemos que hacerlo mejor, y lo haremos». Swift declaró que había sido «insoportable» para ella ver a los fans intentando conseguir entradas, e insistió en que le habían asegurado que Ticketmaster podía manejar ese nivel de demanda. Un grupo de fans decidió demandar a Ticketmaster, alegando que la empresa era culpable de fraude, fijación de precios y de violar las leyes antimonopolio.

En las ciudades que fueron parte de la gira, hubo un aumento de la actividad comercial y económica, lo cual les dio un estímulo importante a los negocios locales, incluyendo hoteles, tiendas de ropa, empresas de transporte y al turismo. De acuerdo con *Fortune* el gasto neto de los consumidores durante la gira, tan solo en los Estados Unidos, fue de 4,6 mil millones de dólares. Algunos políticos, como el primer ministro canadiense, Justin Trudeau, y el presidente chileno, Gabriel Boric, le pidieron a Swift que se detuviera en sus países. El alcalde de Budapest, Gergely Karácsony, le escribió una carta a Swift pidiéndole que pasara por Hungría.

Quienes lograron asistir a alguno de sus conciertos tuvieron una experiencia maravillosa. Taylor abría con temas de su álbum *Lover*, como «Miss Americana & the Heartbreak Prince» y «Cruel Summer». En su repertorio, destacaban «Fearless», una épica versión de diez minutos de «All Too Well» y la conmovedora «We Are Never Ever Getting Back Together», y terminaba con dos canciones sorpresa, que variaban entre un concierto y otro. *The Telegraph* describió la gira como «uno de los espectáculos de pop más ambiciosos, espectaculares y cautivadores jamás vistos», y *The Times* dijo que demostraba que Swift era «una genia del pop en la cima de su carrera». *Variety,* por su parte, afirmó que hasta octubre de 2023 la gira había recaudado 2 mil millones de dólares.

La gira quedó inmortalizado en una película que se convirtió a su vez en un éxito cinematográfico. Es el típico documental sobre un concierto, y se filmó durante las seis noches que Swift se presentó en el estadio SoFi en Inglewood, un suburbio de Los Ángeles. «Los tengo atrapados, porque me voy a sentar acá con ustedes a ver esto», le dijo a la multitud en el estreno de 2023, que se llevó a cabo en el complejo comercial Grove de Los Ángeles. Llevaba un vestido azul pálido de Oscar de la Renta, sombras azules, su característico delineado de ojos de gato y labios rojos. También lucía un collar de diamantes y el pelo con un recogido bajo. Bailó desde su asiento durante gran parte de la película. Los fans gritaron, cantaron y bailaron de principio a fin, y muchos apenas ni se despegaron de sus sillas durante las casi tres horas que duró la película.

Muchas de las fans llevaban vestidos brillantes, botas vaqueras e incluso se vio uno que otro vestido de gala. En el estreno, Swift les dijo a sus fans que eran los «personajes principales» de la película y que habían hecho que la gira fuera «mágica». Añadió que «el hecho de que esta gira haya sido una gran aventura tiene mucho que ver con que ustedes se hayan interesado por esta gira y por estos conciertos».

Incluso antes del estreno, la película ya estaba batiendo récords. La cadena estadounidense AMC Theatres, con 103 años de historia, anunció que había batido el récord de ganancias por la venta de entradas en un día. A las 24 horas del estreno, AMC Theatres anunció que la preventa mundial de entradas ya había superado los 100 millones de dólares. Solamente las ventas del primer día superaron los 26 millones de dólares, batiendo récords de taquilla.

La película «justifica con creces el bombo que se le ha dado» y es «un filme espectacular, hecho con cariño, que de alguna manera captura todo lo increíble del espectáculo en vivo», comentó *The Times*. «No parece que la aplanadora Taylor Swift vaya a parar, jamás», declaró *The Telegraph*. «Llorosa o acusadora, destrozada o sarcástica» Swift «pone en escena todas las versiones de sí misma en la gira *Eras*», comentó *Screen Daily*. «Vas a cantar con todas». El *NME* lo declaró una «hazaña asombrosa» porque «en una misma actuación perfecta, Swift logra mostrarse como una artista excéntrica, una estrella del country y un auténtico ícono del pop». La gira fue «el testimonio disonante de una superestrella», opinó por su parte *The Guardian*.

Sin embargo, la película *Eras* fue una de las raras ocasiones en las que Swift no estuvo a la altura de las expectativas en cuanto a las cifras. No cabe duda de que fue un gran éxito: el estreno recaudó un récord de 92,8 millones de dólares en el mercado nacional y 123,5 millones en todo el mundo solo durante el fin de semana del 13 al 15 de octubre. Pero las predicciones apuntaban a una recaudación mayor: 100 millones de dólares en el estreno en Norteamérica y 150 millones en todo el mundo. Se cuestionó si haber animado a los asistentes a bailar y cantar durante las dos horas y cuarenta y ocho minutos que duraba la película podría haber disuadido a algunas personas de comprar las entradas. En el Reino Unido, un portavoz de Odeon declaró que los espectadores «desde luego que podían cantar y bailar», mientras que Cineworld invitó a los fans a «*Shake It Off* y bailar». Los cines independientes también se quejaron de una falta de comunicación con la empresa cinematográfica en el momento del lanzamiento, lo cual pudo haber disminuido las ventas.

Aun así, no había ninguna duda de la influencia que Swift seguía ejerciendo. Mientras que los cines acogían miles de Swifties, en Europa se había puesto en marcha el primer curso de literatura inspirado en Taylor Swift. Se trataba de una materia optativa en la Universidad de Ghent, en Bélgica, que se enfocaba en los temas, estilos y técnicas de escritores famosos desde la perspectiva de Swift. El curso señalaba que la producción de Swift «bordea» los clásicos de la literatura inglesa y que se inspira en temas que también aparecen en *Romeo y Julieta*, *Jane Eyre* y *Las aventuras de Alicia en el país de las maravillas*, entre otros.

Por supuesto, el curso suscitó las críticas de algunos puristas literarios. Un periodista flamenco lanzó una opinión fulminante: «Es un auditorio, no un jardín infantil». Pero otros críticos apoyaron la iniciativa. Un profesor de Shakespeare, Jonathan Bate, argumentó que Swift era una «gigante literaria», y declaró que «la compararía (en términos favorables) con los grandes de la poesía y la prosa». La directora del curso, Elly McCausland, escribió que había «recibido correos electrónicos de estudiantes y profesores de todo el mundo cuyo interés por la literatura había revivido gracias a sus conexiones con Swift». En declaraciones a *The Sun*, añadió: «Ya se han escrito suficientes libros sobre Shakespeare y otros hombres blancos que están muertos».

También ha habido estudios académicos sobre Swift. *Taylor Swift y la literatura* fue el tema de un curso de verano en la Universidad Queen Mary de Londres, hubo un módulo de Psicología Social sobre Taylor en Arizona y el curso de diez semanas «All Too Well 10 Week Version» en la Universidad de Stanford. El Clive Davis Institute de Nueva York organizó también una clase sobre «la evolución de Swift como empresaria musical, el legado de los compositores country y pop, discursos de la juventud y la infancia, y la política racial en la música popular contemporánea». Algunos se preguntaban cuánto tiempo pasaría antes de que se abriera la universidad de Taylor Swift.

En abril de 2023, una fuente cercana a Joe le declaró a *People* que él y Swift se habían separado, debido a «diferencias de personalidad». Se había especulado sobre el estado de su relación después de que Alywn no apareciera por ningún lado durante la primera parte de la gira *Eras*, pero en un principio se entendió que no le gustaba ser el centro de atención. Sin embargo, después de cuatro conciertos, en la fecha en Arlington, Texas, Taylor retiró de su repertorio el tema de su álbum *Folklore* «Invisible String» y lo reemplazó por «The 1», una canción sobre un amor del pasado. Algunos concluyeron que esa era su manera de insinuar que la relación con Joe ya había terminado.

«Ya han pasado por momentos difíciles antes y siempre han solucionado las cosas, así que los amigos pensaron que se tomarían un tiempo, pero luego volverían a estar juntos», contó la fuente, pero al final, «no eran el uno para el otro». Cuando tiempo después Taylor lanzó «You're Losing Me», una nueva canción de *Midnights*, muchos pensaron que era una referencia a la manera como había terminado la relación con Joe. En la letra se queja de que un hombre no quería casarse con ella y de que era «alguien con un deseo enfermizo de agradar a otros». Por un momento se especuló que la pareja se hubiera casado en secreto en algún momento, pero luego el rumor se desmintió.

«Tenían mucho en común y se enamoraron en un momento en que estaban en una burbuja, cuando ella se retiró de la escena pública en la época de *Reputation* —le contó una fuente a *People*—. En ese momento llegó la pandemia y se encerraron juntos y pudieron tener una relación aislados del mundo. Pero él no la "conocía" de verdad fuera de esa burbuja». A diferencia de otras, esta ruptura nadie se la esperaba. Muchos de los fans de Swift y la mayoría de los medios creían que su relación con Alwyn iba para largo.

Según algunos reportes, en tres meses Taylor ya tenía una nueva pareja: la estrella del fútbol americano Travis Kelce. Kelce nació en 1989 en Westlake (Ohio), y comenzó a practicar fútbol americano, baloncesto y béisbol en la escuela. Se convirtió en una estrella del fútbol, y representó a los Cleveland Heights y a los Cincinnati Bearcats. Después de fallar una prueba de detección de marihuana, lo obligaron a pasar un año en el banquillo. Pero una vez que pudo regresar a la cancha, fue reclutado los Kansas City Chiefs.

Antes de conocer a Swift, Kelce ya había tenido sus encuentros con la fama gracias a su participación en el *reality Catching Kelce*, y después de aparecer como una versión ficcionalizada de sí mismo en el primer episodio de la comedia *Moonbase 8*. También fue presentador invitado de *Saturday Night Live* en marzo de 2023 y apareció en anuncios publicitarios de varias marcas, entre ellas Pfizer y Bud Light. También había salido con la ganadora de su *reality*, Maya Benberry, y con una *influencer* de las redes sociales, Kayla Nicole.

Pero estas experiencias no lo habían preparado para la atención que empezó a recibir desde el momento en que surgió el primer rumor que lo relacionaba con Swift. Después de unas semanas de intensas especulaciones, vieron a Swift en el estadio Arrowhead, donde había ido a ver a Kelce y a los Chiefs, quienes derrotaron esa noche a los Chicago Bears con un marcador de 41-10. Cuando volvieron a verla en el estadio MetLife, en el partido entre los Chiefs y los New York Jets, los rumores se descontrolaron.

El ya conocido efecto Swift empezó a sentirse en el fútbol. Hubo un incremento de más del cuatrocientos por ciento en las ventas de la camiseta de Travis, y los Jets vendieron más entradas para su partido contra los Chiefs en un día que todo lo que habían vendido desde el inicio de la temporada. NBC aprovechó el revuelo para promocionar el partido de los Chiefs contra los Jets de Nueva York, y produjo un video con la canción de Swift «Welcome to New York». La estrategia funcionó: un promedio de 27 millones de espectadores sintonizó el partido —al que asistió la misma Swift—, lo que lo convirtió en el partido de la NFL más visto desde el Super Bowl LVII.

El entusiasmo que produjo su relación con el jugador coincidió con el revuelo ante el lanzamiento del álbum más esperado hasta la fecha: su versión de *1989 (Taylor's Version)*. «Nací en 1989, me reinventé en 2014 y recuperé una parte de mí en 2023, con el relanzamiento de este álbum que tanto amo», escribió en el momento de anunciar el lanzamiento.

La ocasión no estuvo exenta del típico drama. Varios usuarios del servicio de *streaming* de Apple tuvieron problemas cuando intentaron descargar y escuchar el nuevo álbum. Una de las canciones nuevas, «Slut!», hacía referencia a uno de los temas del álbum original; una metareferencia que los Swifties amaron. Si bien en «Blank Space» se había referido a sí misma como «a rose garden filled with thorns» (un jardín de rosas lleno de espinas), en «Slut!» cantaba que había «love thorns all over this rose» (espinas de amor en toda esta rosa).

La versión regrabada del álbum fue «un triunfo», comentó *The Times,* y las canciones, tanto las nuevas como las viejas, eran «una clase magistral sobre cómo componer canciones para el público *mainstream*». Su «mejor álbum», «nunca pasará de moda», escribió NME, y *iNews* comentó que el relanzamiento confirmaba que «pocas estrellas del pop pueden competir con la efervescencia de Swift como compositora». Las canciones «son algunas de las mejores muestras del pop del siglo XXI», comentó *The Independent*, y «algunos momentos mediocres en la producción o los instantes en que la voz suena demasiado bien no pueden cambiar este hecho».

Como si se necesitaran más pruebas de su éxito rotundo, las ventas de *1989 (Taylor's Version)* superaron a las del álbum original en la primera semana. Después de vender 1 287 000 copias en los Estados Unidos, el *1989* original había sido el arranque más exitoso de un álbum en más de una década, pero Swift superó el total de ventas que consiguió en la primera semana de la versión original con su regrabación: de acuerdo con su nuevo sello, Republic Records, vendió el equivalente a 1 653 000 copias en los Estados Unidos —el mayor número de ventas en una semana de su carrera— y 3,5 millones en todo el mundo.

La influencia y popularidad de Taylor siguen creciendo y creciendo a un ritmo tan vertiginoso que a veces da la sensación de que todo el mundo es Swiftie. Cuando Flavor Flav, el rapero de Public Enemy, asistió al estreno de la película *Eras*, comentó que había visto a la «maravillosa» Swift en sus dos giras anteriores. «Soy Swiftie desde hace mucho tiempo, hermano», comentó. ¿Y no lo somos todos? Swift empezó a presentarse en 2004, es una estrella desde 2006, la artista más querida de los Estados Unidos desde 2010, una superestrella desde 2013 y desde entonces ha superado incluso ese estatus: se ha convertido en un tipo de figura que el mundo del pop no veía hace tiempo. «Está Taylor Swift, y luego todos los demás», comentó *The Times* en 2023, pero ni siquiera estas declaraciones le hacen justicia al estatus que tiene como artista a comienzos de sus treinta. *Bloomberg Businessweek,* una revista poco dada a la hipérbole, comentó que Swift *es* «La Industria Musical», y el periódico *USA Today* abrió una convocatoria para un corresponsal que *solo* cubriera noticias sobre ella. Para una chica de Pensilvania que estaba destinada a una carrera en el mundo de las finanzas, el recorrido que ha hecho es increíble.

Swift es más que una estrella del pop, más que una celebridad. Es un fenómeno cultural que ocurre solo una vez en cada generación. ¿Cómo fue que se volvió tan popular, famosa, exitosa e influyente?

Podríamos hablar, primero, de su música. Es una artista que se entrega en el escenario, por supuesto. Es muy profesional en sus presentaciones en vivo e incluso si su manejo de la voz no es como el de Adele, Mariah Carey o Beyoncé, sus conciertos son tan poderosos, impresionantes e impactantes como los de estas tres artistas.

Algunas de sus canciones dan cuenta de un instante, mientras que otras, como «Fifteen», son historias que se van desarrollando con cada verso, en un lapso de tiempo y que transmiten una secuencia de eventos. Aunque la música de Swift es un pop sofisticado, nunca suena demasiado intelectual ni como si fuera solo para unos pocos. De hecho, la progresión de acordes en sus canciones es casi siempre estándar y sencilla. A medida que escuchas los versos y después el coro, sigues oyendo lo que esperabas. Pero sus letras son memorables, algunas casi imposibles de sacar de la cabeza. Una estrella pop puede tener todo el talento vocal del mundo —y algunas lo tienen— pero en el panorama del pop actual son pocos los artistas, si es que los hay, que tienen la habilidad que tiene Taylor para componer.

Swift ha logrado reinventar su estilo musical a través de los años: hizo la transición del country al pop, luego incorporó lo indie y alternativo en álbumes como *Folklore* y *Evermore*. Su habilidad para evolucionar atrae a públicos cada vez más amplios y demuestra la versatilidad que tiene como artista, lo cual solo la hace más llamativa. Sin embargo, y como hemos visto, a pesar de que su estilo ha cambiado con el tiempo, las fortalezas de Swift siguen siendo las mismas.

En comparación con Adele, una artista que suele correr menos riesgos, Swift ha ido más allá de sus límites, y la estima que le tienen tanto sus fans como los críticos lo refleja. Después de darse cuenta de que, sea justo o no, a las artistas mujeres se les pide continuar reinventándose a lo largo de su carrera, Taylor ha estado a la altura del reto. Y funcionó: es una artista que nunca pasa de moda.

En últimas, existe una conexión emocional y profunda entre Swift y su público. Taylor tiene la capacidad de conectar con sus fans de una manera increíblemente efectiva. Ha logrado mantener esta capacidad de identificarse con ellos, incluso después de convertirse en una celebridad multimillonaria. El contenido de sus letras, la emoción que transmite su música y sus declaraciones públicas siguen hablándoles a sus fans, sobre todo a los *millennials*, que crecieron con ella y que pasaron por momentos importantes de la vida al mismo tiempo. Luego toda una generación de fans la descubrió gracias a sus prolíficos lanzamientos y, durante la pandemia, a sus contenidos en TikTok que pronto bautizaron «SwiftTok». Taylor llegó a las vidas de muchos y muchas jóvenes en un momento en que necesitaban algo, o a alguien, diferente.

Muchos de los fans que han crecido con ella en las últimas décadas se convirtieron en padres y madres, y algunos incluso han empezado a llevar a sus hijos a los conciertos, y a subir videos de ellos cantando al ritmo de «Long Live». Mientras tanto, los fans que son mayores que Swift pueden revivir indirectamente su juventud siguiéndola en redes. Hemos visto a Swift crecer frente a nosotros. Ha pasado de ser una chica joven a una mujer fuerte y poderosa que no tiene miedo de mostrar sus defectos ni de reconocer sus errores. Sus canciones son cortes detallados y minuciosos de las emociones de la vida, emociones que Taylor no se limita a esbozar: llega hasta el fondo de ellas. Es algo que resuena y con lo que pueden identificarse distintas generaciones y culturas. Sus canciones, en últimas, son más que canciones, se sienten como novelas o películas para quienes las escuchan.

Cuando compone, Swift no se limita a producir temas pop genéricos: cuenta historias, crea imágenes y transmite emociones tan profundas que se siente como si leyera directamente de los diarios personales de sus fans. Cada canción es como el capítulo de una novela, una novela que no solo trata de ella, también de sus fans. En sus letras, Taylor comparte algo de su mundo interior, y en lo que respecta a sus seguidores, esto no se ve en muchos otros artistas hoy en día.

Su franqueza es increíblemente potente. En una época en la que tantas personas, famosas y no famosas, comparten en redes sociales una versión filtrada y curada de su vida, mostrarse de verdad es cada vez menos frecuente, y por lo tanto mucho más valorado. Con frecuencia Swift transmite en su música una vulnerabilidad, e incluso le da lugar al deseo de venganza. Si bien muchos artistas se muestran vulnerables, y algunos también trabajan con la idea de la venganza, la mayoría de las canciones que compone Swift tocan estos temas, lo cual hace que quienes la escuchan puedan conectarlos con sus propias experiencias.

Gracias a que Swift se muestra de manera auténtica, sus fans pueden encontrar su propia historia en las historias que ella cuenta.

Swift, además, ha animado a sus fans a que desarrollen un vínculo no solo con ella sino también entre sí. Este sentimiento de unidad entre «Swifties» ha convertido a este grupo de fans en uno más amistoso y conectado entre sí que los de otros grandes artistas pop de los últimos tiempos. Los fans de Justin Bieber y One Direction, por ejemplo, son sin duda un ejército, pero siempre ha habido una distancia entre ellos, ya que ansían la atención o una conexión romántica con sus ídolos. Casi todos ellos se empujarían unos a otros por ver cara a cara a sus artistas favoritos. Pero la mayoría de Swifties no quieren ese tipo de relación con ella, así que han podido conectarse de una manera más profunda entre sí.

Este sentimiento de unidad ha sido bien aprovechado. Toda la producción de Taylor, ya sean sus canciones o el contenido que publica en internet, es un campo lleno de tesoros. Se sabe que Swift esconde mensajes, referencias y pistas en sus letras, en sus videos musicales e incluso en las tapas de sus discos. Creó un mundo propio e invitó a los y las Swifties a desentrañar con ella sus misterios. Lo que ha desarrollado es mucho más que un truco de *marketing*, es una forma única de comunicarse con sus fans, una estrategia directa y personal que crea una experiencia compartida increíble y que va mucho más allá de la música. Antes del lanzamiento de *1989 (Taylor's Version)* Swift presentó una serie de acertijos en Google, que aparecían como pequeños íconos azules cada vez que alguien escribía «Taylor Swift» en el buscador. Les encargó a sus fans la tarea de resolverlos juntos para adivinar los nombres de sus próximas canciones. Sus fans resolvieron colectivamente los 33 millones de acertijos en menos de 24 horas.

Taylor se comunica con sus Swifties de manera personal; les responde en redes sociales, donde ahora suma más de 220 millones de seguidores, e incluso invita a fans a sesiones secretas en su casa. A pesar de la enorme fama y fortuna que tiene, no parece una celebridad encerrada en una torre de marfil; está ahí para sus fans, con quienes comparte con sus triunfos y sus problemas. Muchos la sienten como una amiga; Taylor no solo pertenece al mundo del espectáculo, también tiene un lugar en sus corazones. Swift es un faro en sus vidas, una defensora de la integridad artística, y una verdadera amiga. Les ha llegado al corazón con su música, su valentía y su bondad incondicional. Seguirán apoyándola, sin miedo, por siempre y para siempre.

No es solo su música lo que conmueve a sus fans, también su personalidad. Se ha enfrentado a otras celebridades, a empresas de *streaming* y a figuras destacadas de la industria como Scooter Braun, y esto ha sido muy inspirador para sus fans más jóvenes. No se ha dejado intimidar y ha encontrado siempre la manera de esquivar los obstáculos que se le presentan, o de derribarlos por completo si es necesario.

Taylor es conocida por su inteligencia al momento de tomar decisiones empresariales y por su lucha por los derechos de otros artistas, algo que fue evidente en la batalla que dio por tener los derechos sobre sus másteres. Gracias a la lucha que emprendió por ser dueña de su música se ganó el respeto de muchos, y recibió un reconocimiento único frente a otros artistas: pasó a destacarse como una figura que defiende la autonomía en la industria.

Su omnipresencia también nos da algunas respuestas. Al

contrario de artistas como Adele, que suelen alejarse de la escena pública cuando no han lanzado un álbum, y sin contar su desaparición durante el período previo a *Reputation*, Swift suele estar siempre presente. Sin embargo, hay algo de elegancia en su ubicuidad. No es una celebridad que esté desesperada por llamar la atención, así que siempre la recibe. Su energía creativa parece no tener fin, sobre todo cuando se la compara con otros artistas. En la misma etapa de su carrera, los Rolling Stones, Bob Dylan y Bruce Springsteen ya habían publicado sus obras más importantes. ¿Pero quién no siente que, en el caso de Swift, lo mejor está por llegar? Quizás la única de sus colegas que contradice la idea de que Swift es una estrella que vemos «una vez en cada generación» es Beyoncé, quien ha vendido más de 200 millones de discos en el mundo y tiene una influencia similar a la de Swift. Curiosamente, cuando Beyoncé asistió al estreno de la película *Eras*, Swift escribió en su Instagram que la artista había sido una gran influencia para ella; le había enseñado a «romper las reglas y desafiar las normas de la industria».

Luego están sus opiniones. Las acciones de Swift van más allá de la música: se la conoce por expresar su apoyo a causas políticas, por ser una defensora de la comunidad LGBTQ, de los derechos de las mujeres, de las reformas en las leyes de derechos de autor, entre otros temas importantes. Su voluntad de tomar partido en los asuntos más relevantes ha hecho que su reconocimiento se haya extendido más allá de la música, y que sea ahora un personaje influyente en la cultura. Puede que en sus inicios no haya cargado el estandarte de estas causas, pero una vez que empezó a pronunciarse, se han adherido a su marca.

Todos estos factores la han puesto a un nivel inigualable dentro de la escena cultural actual. Se ha convertido en una gigante de la industria, y en medio de todo, lo lleva muy bien. Las figuras más importantes y veneradas de la industria la respetan y estiman. Con frecuencia las estrellas pop que forman parte de la misma generación suelen elogiarse unas a otras, muchas veces para acceder a otros fans, pero cuando la realeza de la música elogia a una artista suele ser un elogio sincero.

Cuando se refirió al éxito de Swift, Billy Joel le dijo al *New York Times* que «con lo único que puedo compararla es con el fenómeno de la Beatlemanía». Justamente, uno de los Beatles, sir Paul McCartney, dijo que lo había inspirado la manera que tiene Swift de componer, y otro Beatle, Ringo Starr, confirmó que también era fan. Carole King comentó que Swift era una rareza en el sentido de que era una gran compositora, una gran cantante y también era genial en el escenario. Dolly Parton afirmó que «está ahí en la cima, es tal vez la número uno», y Shania Twain se refirió a ella como una artista «tan brillante». Bruce Springsteen, por su parte, comentó que es «una tremenda compositora». Ninguno de estos artistas tiene necesidad que elogiarla, no ganan nada al hacerlo, así que sus palabras tienen un peso enorme.

Podríamos calcular los beneficios de la fama y el éxito astronómicos de Swift de muchas maneras. El dinero es solo una de ellas, pero suele ser buen indicador. De acuerdo con los reportes de octubre de 2023, Taylor se ha convertido en billonaria. *Bloomberg* anunció que había adquirido un patrimonio neto de 1100 millones de dólares, lo que la convertía en una de las pocas multimillonarias que ha llegado a esta cifra a través de la música. «Swift ha pasado de ser un fenómeno del pop-country adolescente a una celebridad mundial», afirmó la revista.

Más de la mitad de su fortuna proviene de regalías y de sus

giras: solo la primera parte de la gira *Eras* le dejó unos 190 millones de dólares después de impuestos, y recibió otros 35 millones de las dos primeras semanas de proyecciones de la película basada en el concierto. Otros 500 millones de sus ganancias provienen del valor de su catálogo musical, cada vez mayor, y se calcula que tiene 125 millones en propiedades inmobiliarias, entre ellas seis casas, un hotel y un avión privado calculado en 10 millones de dólares. Ya que es la única compositora de una cuarta parte de sus éxitos más famosos, y es coautora de muchos otros, su éxito le ha generado más dinero que a muchas otras estrellas del pop menos prolíficas.

La mayoría de las estrellas que han llegado a ser billonarias han recurrido a un par de «negocios extra» más rentables —como marcas de cosméticos, líneas de ropa e inversiones en bebidas alcohólicas— para alcanzar ese nivel de riqueza. Jay-Z tenía empresas de licores y acciones de Uber, mientras que Rihanna acumuló gran parte de su riqueza a partir de su marca de cosméticos y su línea de lencería. Bruce Springsteen, por su parte, es uno de los pocos músicos que como Swift ha llegado al billón de dólares con su música.

Como hemos visto, cuando Taylor era una niña sus padres esperaban que se convirtiera en corredora de bolsa e hiciera una fortuna en el mundo de los negocios. En su lugar, ha alcanzado una enorme riqueza a través de un camino más artístico. Pero la verdadera riqueza de Taylor no puede medirse en términos financieros. En una época de artistas manufacturados que caen estrepitosamente después de llegar a la fama, Swift lo ha hecho a su manera y ha llegado para quedarse. Es una artista que conoce sus fortalezas y sus debilidades y no solo las presenta al mundo, sino que saca provecho de ellas al mismo tiempo que navega en la inclemencia de la fama. A medida que continúe grabando y saliendo de gira, ahora en sus treintas, pero también en el futuro, vendrán más retos, dilemas y giros en su historia, pero por el momento Taylor Swift no tiene competencia. Es la reina de su propio imperio.

· BIBLIOGRAFÍA ·

Blair, Linda, *Birth Order* (Piaktus, 2013)

Cameron, Julia, *The Artist's Way* (Pan, 1994)

Govan, Chloe, *Taylor Swift: The Rise of the Nashville Teen* (Omnibus Press, 2012)

Jepson, Louisa, *Taylor Swift* (Simon & Schuster, 2013)

Newkey-Burden, Chas, *Adele: The Biography* (John Blake, 2011)

Spencer, Liv, *Taylor Swift: The Platinum Edition* (ECW Press, 2013)